# Os Segredos matemáticos dos Simpsons

# Simon Singh

# Os Segredos Matemáticos dos Simpsons

TRADUÇÃO DE
Catharina Pinheiro

REVISÃO TÉCNICA DE
Ricardo Doninelli

2ª edição

EDITORA RECORD
RIO DE JANEIRO • SÃO PAULO
2023

CIP-BRASIL. CATALOGAÇÃO NA PUBLICAÇÃO
SINDICATO NACIONAL DOS EDITORES DE LIVROS, RJ

S624s
2ª ed.
    Singh, Simon
        Os segredos matemáticos dos Simpsons / Simon Singh ; tradução de Catharina Pinheiro, revisão técnica de Ricardo Doninelli. - 2ª ed. - Rio de Janeiro: Record, 2023.
    il.

        Tradução de: The Simpsons and their mathematical secrets
        Inclui apêndices
        Inclui índice
        ISBN 978-85-01-10374-1

        1. Simpsons (Programa de televisão). I. Título.

15-22761                                             CDD: 791.4572
                                                    CDU: 621.397

Texto revisado segundo o Acordo Ortográfico da Língua Portuguesa de 1990.

Título original em inglês:
The Simpsons and their mathematical secrets

Todas as imagens sem crédito ao longo do livro foram criadas
por Nicole Gastonguay e Na Kim.

Copyright © Simon Singh, 2013

Todos os direitos reservados. Proibida a reprodução, armazenamento ou transmissão de partes deste livro, através de quaisquer meios, sem prévia autorização por escrito.

Direitos exclusivos de publicação em língua portuguesa para o Brasil
adquiridos pela
EDITORA RECORD LTDA.
Rua Argentina, 171 - Rio de Janeiro, RJ - 20921-380 - Tel.: (21) 2585-2000,
que se reserva a propriedade literária desta tradução.

Impresso no Brasil

ISBN 978-85-01-10374-1

Seja um leitor preferencial Record.
Cadastre-se no site www.record.com.br e receba
informações sobre nossos lançamentos e nossas promoções.

Atendimento e venda direta ao leitor:
sac@record.com.br

*Dedicado a*
*Anita e Hari*
$\eta + \psi = \varepsilon$

# SUMÁRIO

• • • • •

0 • **A VERDADE SOBRE *OS SIMPSONS***    *9*
1 • **BART, O GÊNIO**    *13*
2 • **VOCÊ É π-CURIOSO?**    *25*
3 • **O ÚLTIMO TEOREMA DE HOMER**    *35*
4 • **O ENIGMA DO HUMOR MATEMÁTICO**    *47*

    EXAME I    *60*

5 • **SEIS GRAUS DE SEPARAÇÃO**    *63*
6 • **LISA SIMPSON, RAINHA DA ESTATÍSTICA E DOS TACOS**    *73*
7 • **FÊUGEBRA E FEGORITMOS**    *89*

    EXAME II    *99*

8 • **UM PROGRAMA DO HORÁRIO NOBRE**    *103*
9 • **AO INFINITO E ALÉM**    *117*
10 • **O TEOREMA DO ESPANTALHO**    *129*

    EXAME III    *141*

11 • **MATEMÁTICA EM QUADROS CONGELADOS**    *145*
12 • **OUTRA FATIA DE π**    *159*
13 • **HOMER TRIDIMENSIONAL**    *171*

| EXAME IV | 181 |
|---|---|
| 14 • O NASCIMENTO DE *FUTURAMA* | 187 |
| 15 • 1.729 E UM INCIDENTE ROMÂNTICO | 201 |
| 16 • UMA HISTÓRIA DE UM LADO SÓ | 215 |
| 17 • O TEOREMA DE *FUTURAMA* | 227 |
| EXAME V | 239 |
| EπLOGO | 243 |
| APÊNDICE 1 • A ABORDAGEM SABERMÉTRICA NO FUTEBOL | 245 |
| APÊNDICE 2 • ENTENDENDO A EQUAÇÃO DE EULER | 247 |
| APÊNDICE 3 • A RECEITA DO DR. KEELER PARA A SOMA DOS NÚMEROS QUADRADOS | 249 |
| APÊNDICE 4 • FRACTAIS E DIMENSÕES FRACIONÁRIAS | 251 |
| APÊNDICE 5 • O TEOREMA DE KEELER | 253 |
| AGRADECIMENTOS | 255 |
| FONTES ONLINE | 259 |
| ÍNDICE | 261 |

# 0
# A VERDADE SOBRE *OS SIMPSONS*

•••••

Os *Simpsons* provavelmente é o programa de mais sucesso da história da televisão. Inevitavelmente, seu apelo global e sua popularidade duradoura levaram estudiosos (que tendem a analisar tudo) a identificar mensagens implícitas na série e a formular algumas indagações profundas. Quais são os significados ocultos dos comentários de Homer sobre donuts e a cerveja Duff? Os conflitos entre Bart e Lisa representam mais que meras desavenças entre dois irmãos? Os escritores de *Os Simpsons* usam os moradores de Springfield como exemplo para explorar controvérsias políticas ou sociais?

Um grupo de intelectuais escreveu um texto argumentando que *Os Simpsons* essencialmente apresenta aos telespectadores uma lição filosófica semanal. O livro *Os Simpsons e a filosofia* identifica ligações claras entre vários episódios e as questões propostas pelos grandes pensadores da história, incluindo Aristóteles, Sartre e Kant. Os capítulos incluem "A motivação moral de Marge", "O mundo moral da família Simpson: uma perspectiva kantiana" e "Assim falava Bart: Nietzsche e as virtudes de ser mau".

Já *The Psychology of The Simpsons* argumenta que a família mais famosa de Springfield pode nos ajudar a alcançar uma compreensão mais profunda da mente humana. Essa coleção de ensaios faz uso de exemplos da série para explorar questões como o vício, a lobotomia e a psicologia evolucionária.

Por outro lado, em *O Evangelho segundo Os Simpsons*, Mark L. Pinsky ignora a filosofia e a psicologia, concentrando-se nos significados espirituais de *Os Simpsons*. Isso é surpreendente, pois muitos personagens não parecem muito dispostos a respeitar dogmas religiosos. Telespectadores regulares sabem que Homer resiste insistentemente à pressão de ir à igreja todos os domingos, conforme demonstrado pelo episódio "Homer, o Herege" (1992): "Ora, o que tem de errado em não ir à igreja todo domingo? Não dizem que Deus está em todo o lugar? (...) E se a gente escolher a religião errada? Cada dia a gente deixa Deus mais e mais danado?" Não obstante, Pinsky argumenta que as aventuras dos Simpsons com frequência ilustram a importância de muitos dos principais valores cristãos. Muitos sacerdotes concordam, e muitos já se inspiraram nos dilemas morais dos Simpsons para escrever seus sermões.

Até o presidente George H. W. Bush afirmou ter encontrado a verdadeira mensagem por trás de *Os Simpsons*. Ele acreditava que a série fora criada para representar os piores valores sociais possíveis. Foi daí que veio a sua declaração mais memorável, feita na Convenção Nacional Republicana de 1992, um momento importante da sua campanha de reeleição: "Continuaremos tentando fortalecer a família americana e tornar as famílias americanas muito mais parecidas com os Waltons e menos parecidas com os Simpsons."

Os autores de *Os Simpsons* responderam alguns dias depois. O episódio seguinte foi uma reprise de "Papai muito louco" (1991). A abertura, porém, foi editada para incluir uma cena adicional na qual a família assiste ao discurso do presidente Bush sobre os Waltons e os Simpsons. Homer fica chocado demais para falar, mas Bart ataca: "Ei, nós somos como os Waltons. Estamos orando por um fim para a depressão também."

No entanto, nenhum desses filósofos, psicólogos, teólogos e políticos identificou as principais mensagens por trás da série favorita do mundo inteiro. A verdade é que muitos dos autores de *Os Simpsons* são apaixonados por números, e seu maior desejo é inserir doses do conhecimento matemático no subconsciente dos telespectadores. Em outras palavras, por mais de duas décadas assistimos, sem saber, a uma introdução animada abarcando de tudo: do Cálculo à Geometria, do $\pi$ à teoria dos jogos, e dos infinitesimais ao infinito.

"Homer tridimensional", o último segmento do episódio em três partes "A casa da árvore dos horrores VI" (1995), demonstra o nível da matemática presente em *Os Simpsons*. Em uma única sequência, é feita uma homenagem à equação mais elegante da história, uma piada que só funciona se você conhece o Último Teorema de Fermat, e uma referência a um problema matemático de 1 milhão de dólares, tudo isso embutido em uma narrativa que explora as complexidades da geometria das dimensões mais elevadas.

O episódio foi escrito por David S. Cohen, graduado em Física e mestre em Ciência da Computação. São qualificações muito impressionantes, principalmente para alguém que trabalha na indústria televisiva, mas muitos dos colegas de Cohen da equipe de autores de *Os Simpsons* têm formações igualmente notáveis na área da Matemática. Na verdade, alguns são Ph.Ds. e já ocuparam importantes posições na pesquisa acadêmica e industrial. Conheceremos Cohen e seus colegas ao longo deste livro. Enquanto não chegamos lá, segue-se uma lista dos títulos de cinco dos autores mais nerds:

| | |
|---:|:---|
| J. Stewart Burns | Bacharel em Matemática, Universidade de Harvard<br>Mestre em Matemática, Universidade da Califórnia, Berkeley |
| David S. Cohen | Bacharel em Física, Universidade de Harvard<br>Mestre em Ciência da Computação, Universidade da Califórnia, Berkeley |
| Al Jean | Bacharel em Matemática, Universidade de Harvard |
| Ken Keeler | Bacharel em Matemática Aplicada, Universidade de Harvard<br>Ph.D. em Matemática Aplicada, Universidade de Harvard |
| Jeff Westbrook | Bacharel em Física, Universidade de Harvard<br>Ph.D. em Ciência da Computação, Universidade de Princeton |

Em 1999, alguns desses autores ajudaram a criar uma segunda série chamada *Futurama*, ambientada no futuro, a mil anos do presente. Esse cenário de ficção científica permitiu-lhes explorar temas matemáticos ainda mais a fundo, de forma que os últimos capítulos deste livro foram dedicados à matemática de *Futurama*. O programa permitiu aos autores, pela primeira vez na história, formularem algo inovador dentro da matemática com o único intuito de servir ao propósito de um roteiro de comédia.

Antes de nos aventurarmos nesse terreno, tentarei provar que nerds e geeks* prepararam o caminho para que *Futurama* se tornasse o principal veículo televisivo da cultura matemática popular, com menções a teoremas, conjecturas e equações inseridos nos episódios. Porém, não documentarei cada exibição do Museu Simpsoniano de Matemática, já que isso significaria incluir muito mais de cem exemplos individuais. Assim, me concentrarei em um punhado de ideias a cada capítulo, indo de algumas das maiores descobertas da história a alguns dos problemas não resolvidos mais complexos da atualidade. Em cada caso, você verá como os autores usaram os personagens para explorar o universo dos números.

Homer nos apresentará ao teorema do Espantalho, usando os óculos de Henry Kissinger; Lisa mostrará como uma análise estatística pode ajudar a conduzir times de beisebol à vitória; Professor Frink explicará as implicações do seu *frinkaedro*; e outros residentes de Springfield cobrirão temas que vão dos Primos de Mersenne ao googolplex.

Bem-vindo a *Os segredos matemáticos dos Simpsons*.

O último a chegar é um quadrilátero regular.

---

* Em 1951, a *Newsweek* apontou que *nerd* era um termo depreciativo que começava a ganhar popularidade em Detroit. Na década de 1960, estudantes do Instituto Politécnico Rensselaer elegeram a pronúncia *knurd*, o equivalente a *drunk* [bêbado] escrito ao contrário — com isso querendo dizer que os "knurds" eram o oposto dos animais que frequentavam festas. Entretanto, com o surgimento do orgulho nerd na última década, o termo passou a ser abraçado por matemáticos e outros profissionais do gênero. Analogamente, *geek* é um rótulo a ser admirado, conforme demonstrado pela popularidade da moda geek e por uma manchete da revista *Time* de 2005: "The Geek Shall Inherit the Earth" [Os geeks herdarão a Terra].

# 1
# BART, O GÊNIO

·····

Em 1985, o cartunista cult Matt Groening foi convidado para uma reunião com James L. Brooks, um diretor, produtor e roteirista lendário que havia sido responsável por programas de televisão clássicos como *The Mary Tyler Moore Show*, *Lou Grant* e *Taxi*. Apenas dois anos antes, Brooks também havia ganhado três Oscars como produtor, diretor e autor de *Laços de ternura*.

Brooks queria conversar com Groening sobre a possibilidade de este contribuir para *The Tracey Ullman Show*, que se tornaria um dos primeiros sucessos da recém-fundada Fox Network. O programa era uma série de esquetes cômicos estrelando a apresentadora britânica Tracey Ullman, e os produtores queriam sequências animadas rápidas para servir de ponte entre os esquetes. Sua primeira opção para essas sequências, chamadas de "bumpers", era uma versão animada de *Life in Hell*, uma tirinha de Groening que girava em torno de um coelho depressivo chamado Binky.

Enquanto aguardava ser chamado para a sua reunião com Brooks sentado na recepção, Groening avaliava a oferta que estava prestes a receber. Ela seria a grande oportunidade que ele esperava, mas seus instintos lhe diziam para recusá-la, pois *Life in Hell* havia lançado sua carreira e o ajudara a passar por fases difíceis.

Vender Binky para a Fox parecia uma traição ao coelho. Por outro lado, como ele poderia recusar uma oportunidade única? Naquele momento, na recepção do escritório de Brooks, Groening se deu conta de que a única maneira de resolver o dilema seria criar alguns personagens para oferecer no lugar de Binky. De acordo com a mitologia, ele inventou o conceito inteiro de *Os Simpsons* em questão de minutos.

Brooks gostou da ideia, então Groening criou várias sequências animadas com os membros da família Simpson. Elas foram usadas em três temporadas de *The Tracey Ullman Show*. Cada animação durava apenas um ou dois minutos. Essas aparições rápidas poderiam ter marcado o início e o fim de *Os Simpsons* não fosse pelo fato de a produção ter começado a observar algo estranho.

Ullman com frequência precisava de muita maquiagem e próteses para criar seus personagens. Isso era problemático, pois os quadros eram filmados diante de uma plateia. Para distrair os espectadores enquanto Ullman se preparava, alguém sugeriu juntar e exibir algumas das animações dos Simpsons. Essas animações já haviam ido ao ar, então se tratava apenas de uma reciclagem oportunista de material antigo. Para a surpresa de todos, as plateias pareceram gostar tanto das sequências prolongadas das animações quanto dos esquetes ao vivo.

Groening e Brooks começaram a se perguntar se Homer, Marge e seus filhos poderiam garantir o sucesso de um desenho animado completo, e logo se juntaram ao autor Sam Simon para criar um especial de Natal. O palpite estava certo. "O prêmio de Natal" foi transmitido nos Estados Unidos no dia 17 de dezembro de 1989, e foi um sucesso, tanto de público quanto entre os críticos.

Pode-se dizer que o primeiro episódio genuíno de *Os Simpsons*, "Bart, o Gênio", veio um mês depois, já que foi a estreia da famosa abertura e do bordão de Bart "Coma meus shorts!". Mais notadamente ainda, "Bart, o Gênio" contém uma grande dose de matemática. De várias formas, o episódio foi a base do que se seguiria nas próximas duas décadas — uma série incansável de referências numéricas e à geometria que renderia aos Simpsons um lugar especial nos corações dos matemáticos.

• • • •

Em retrospecto, a matemática por trás de *Os Simpsons* estava clara desde o início. Na primeira cena de "Bart, o Gênio", os telespectadores podem ver a equação matemática mais famosa da história da ciência.

O episódio tem início com uma cena em que Maggie está construindo uma torre com seus blocos do alfabeto. Depois de colocar o sexto bloco no topo, ela observa a pilha de letras. A menina de 1 ano que estaria fadada a ter essa idade para sempre coça a cabeça, chupa a chupeta e admira sua criação: EMCSQU. Como não podia representar um sinal de igual e não tinha blocos com números, isso era o mais perto que Maggie poderia chegar de homenagear a famosa equação científica de Einstein: $E = mc^2$.

Alguns argumentariam que a matemática usada para a glória da ciência é uma matemática de segunda classe, mas esses puristas encontrariam outras referências à medida que a trama de "Bart, o Gênio" se desenvolve.

Enquanto Maggie forma $E = mc^2$ com seus blocos de brinquedo, também vemos Homer, Marge e Lisa jogando Scrabble com Bart. Ele reúne triunfantemente as letras KWYJIBO no tabuleiro. A palavra kwyjibo não pode ser encontrada em nenhum dicionário, então Homer desafia Bart, que define *kwyjibo* como "um grande burro careca e um macaco norte-americano que não tem queixo..."

Durante esse jogo um tanto acirrado de Scrabble, Lisa lembra a Bart que no dia seguinte ele fará um teste de aptidão na escola. Assim, após o fiasco de *kwyjibo*, o episódio passa para uma cena na Escola Primária de Springfield, onde Bart fará o teste. A primeira questão é um problema clássico (e, francamente, um pouco tedioso) de matemática. É sobre dois trens que partem de Santa Fe e Phoenix, cada um viajando a uma velocidade distinta e com um número diferente de passageiros que parecem embarcar e desembarcar em grupos estranhos e confusos. Bart não sabe o que fazer, e decide trapacear roubando a folha de respostas de Martin Prince, o cê-dê-efe da classe.

O plano não apenas dá certo, mas funciona tão bem que Bart é levado à sala do diretor Skinner para um encontro com o dr. Pryor, o psicólogo da escola. Graças à trapaça, Bart obtém uma pontuação que indica que seu QI é 216, e o dr. Pryor acredita ter encontrado uma criança prodígio. Suas suspeitas são confirmadas quando o psicólogo pergunta a Bart se ele acha as aulas chatas e frustrantes. Bart dá a resposta esperada, mas pelas razões erradas.

O dr. Pryor convence Homer e Marge a matricularem Bart no Centro de Aprendizado Superior Para Crianças Superdotadas, o que, inevitavelmente, se transforma em um pesadelo. Durante o primeiro intervalo para o almoço, os colegas de classe de Bart exibem seus intelectos oferecendo-lhe tratos baseados em termos matemáticos e científicos. Um aluno faz a seguinte oferta: "O que é que você acha, Bart? Eu troco com você o peso de uma bola de boliche na oitava lua de Júpiter do meu lanche pelo peso de uma pluma na segunda lua de Netuno do seu lanche."

Antes que Bart possa decifrar as implicações das luas netunianas e das bolas de boliche jupterianas, outro aluno faz uma nova oferta, igualmente confusa: "Eu troco com você mil picolitros do meu leite por quatro gills do seu." É outro enigma insípido, elaborado com a única intenção de humilhar o novato.

No dia seguinte, Bart fica ainda mais desanimado quando vê que a primeira aula é de matemática. A professora propõe um problema aos alunos, e é nesse momento que encontramos o primeiro exemplo de uma piada matemática clara em *Os Simpsons*. A professora escreve no quadro uma equação e diz: "Então, *y* é igual a *r* ao cubo sobre três, e se determinarem a taxa de variação desta curva corretamente, acho que vão ter uma agradável surpresa."

Há uma rápida pausa antes que todos os alunos, exceto um, descubram a resposta e comecem a rir. A professora tenta ajudar Bart em meio às gargalhadas escrevendo algumas dicas no quadro. No final das contas, ela escreve a solução para o problema. Bart continua sem entender, então a professora se vira para ele e diz: "Não pegou a piada, Bart? A derivada *dy* é igual a três *r* ao quadrado *dr* sobre três, ou *r* ao quadrado *dr*, ou *r dr r*."

A explicação da professora se encontra na imagem a seguir. Entretanto, mesmo com esse recurso visual, suspeito que o leitor ficará tão confuso quanto Bart. Nesse caso, talvez ajude se concentrar na última linha do quadro. Essa linha (*r dr r*) não apenas é a resposta do problema, mas também deveria ser o gancho da piada. Isso nos leva a duas questões: por que *r dr r* é engraçado e por que é a resposta para o problema de matemática?

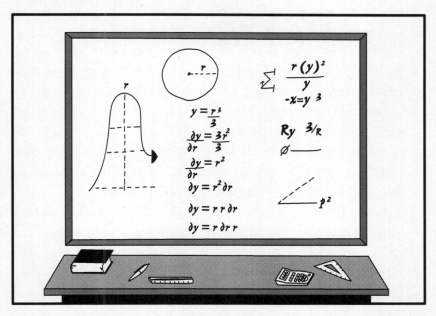

Quando a professora apresenta um problema de cálculo em "Bart, o Gênio", ela usa uma representação pouco convencional e uma notação inconsistente, além de cometer um erro. Ainda assim, obtém a resposta correta. O quadro reproduz o conteúdo por ela formulado, mas aqui o problema é apresentado com mais clareza. As equações importantes são as seis linhas abaixo do círculo.

A classe ri porque *r dr r* soa como *har-de-har-har*, expressão usada para indicar uma risada sarcástica em resposta a uma piada ruim. A expressão *har-de-har-har* foi popularizada por Jackie Gleason, que interpretou Ralph Kramden na série clássica de TV dos anos 1950 *The Honeymooners*. Depois, nos anos 1960, tornou-se ainda mais famosa quando o estúdio de animação Hanna-Barbera criou um personagem chamado Hardy Har Har. Essa hiena pessimista com um chapéu pork pie estrelou inúmeros desenhos ao lado de Lippy, o leão.

Portanto, o gancho envolve um trocadilho com base em *r dr r*, mas por que esta é a resposta para o problema? Ele está relacionado a uma área abominada da matemática conhecida como Cálculo. Esse tópico aterroriza muitos adolescentes e provoca lembranças igualmente horripilantes em algumas pessoas mais velhas. Como a professora explica ao apresentar o problema, o objetivo desse cálculo é "determinar a taxa de variação" de uma grandeza, neste caso y, em relação a outra, que aqui é *r*.

Se você tem alguma lembrança das regras do Cálculo,* conseguirá acompanhar a lógica da piada com facilidade e chegar à resposta correta *r dr r*. Se for um daqueles que se sentem aterrorizados pelo Cálculo ou sofrem ao lembrar dessa matéria, não se preocupe, pois não é hora de embarcar em uma longa explicação sobre seus fundamentos. Em vez disso, a questão principal é por que os autores de *Os Simpsons* inseriram referências matemáticas complicadas nos episódios da série.

O núcleo de autores responsável pela primeira temporada da série era composto por oito dos autores de comédia mais inteligentes de Los Angeles. Eles estavam dispostos a criar roteiros com referências a conceitos sofisticados de todas as áreas do conhecimento humano, e o Cálculo era uma de suas prioridades, pois dois deles eram devotos da matemática. Esses dois nerds foram os criadores da piada sobre *r dr r*, e merecem o crédito por terem transformado *Os Simpsons* em um veículo para piadas matemáticas.

O primeiro é Mike Reiss, que conheci quando passei alguns dias com os autores da série. Como Maggie, ele começou a demonstrar seus talentos matemáticos logo cedo, quando ainda engatinhava e brincava com blocos de montar. Ele se lembra bem do momento em que

---

* Lembrando aos leitores mais enferrujados nos fundamentos do Cálculo que uma das suas regras gerais é: a derivada de $y = r^n$ é $dy/dr = n \times r^{n-1}$. Já aqueles que não têm nenhum conhecimento da matéria não devem se preocupar, pois isso não comprometerá a compreensão do resto do capítulo.

observou que os blocos seguiam uma regra binária: dois blocos pequenos equivaliam a um bloco médio, dois blocos médios equivaliam a um grande e dois grandes equivaliam a um muito grande.

Assim que aprendeu a ler, o interesse de Reiss por matemática o levou a se apaixonar por charadas. Particularmente, ele começou a devorar os livros de Martin Gardner, o principal autor de matemática recreativa do século XX. A abordagem bem-humorada de Gardner dos problemas atraía tanto os mais jovens quanto os mais velhos, como colocou um amigo seu: "Martin Gardner transformou milhares de crianças em matemáticos, e milhares de matemáticos em crianças."

Reiss começou com *The Unexpected Hanging and Other Mathematical Diversions*, e então começou a gastar toda a mesada em outros livros de Gardner. Aos 8 anos, ele escreveu para o autor explicando que era um fã e fazendo uma observação inteligente sobre os *quadrados perfeitos palindrômicos*, apontando que eles apresentavam um número ímpar de dígitos. Quadrados perfeitos palindrômicos são simplesmente quadrados perfeitos que escritos ao contrário permanecem os mesmos, como 121 ($11^2$) ou 5.221.225 ($2.285^2$). O menino de 8 anos estava certo, pois existem 35 números que se encaixam nessa descrição menores que 100 bilhões, e apenas um — 698.896 ($836^2$) — tem um número par de dígitos.

Reiss admitiu para mim, embora com alguma relutância, que sua carta para Gardner também continha uma questão. Ele perguntava se os *números primos* eram finitos ou infinitos. Hoje, ele se lembra da pergunta com constrangimento: "Ainda posso visualizar perfeitamente a carta, e aquela era uma pergunta estúpida e ingênua."

A maioria das pessoas acharia que Reiss foi severo com sua versão aos 8 anos, pois a resposta não é tão óbvia. A questão se baseia no fato de que cada número inteiro possui *divisores*, ou seja, os números pelos quais podem ser divididos sem produzir restos. Um número primo é especial porque seus únicos divisores são 1 e ele mesmo (chamados divisores triviais). Assim, 13 é um número primo, pois só tem divisores triviais, mas 14 não é, porque pode ser dividido por 2 e 7. Todos os números ou são primos (por exemplo, 101) ou podem ser quebrados em números primos (por exemplo, 102 = 2 × 3 × 17). Entre 0 e 100 existem 25 números primos, mas entre 100 e 200 existem apenas 21, e entre 200 e 300 são só 16, então eles de fato vão se tornando mais raros. No entanto, em algum momento ficamos sem primos, ou a lista deles é infinita?

Gardner ficou feliz em apresentar a Reiss uma prova do estudioso da Grécia antiga Euclides.* Trabalhando em Alexandria por volta de 300 a.C., Euclides foi o primeiro matemático a provar que existia um número infinito de primos. Curiosamente, ele chegou a esse resultado depois de presumir o oposto, empregando uma técnica conhecida como *prova por contradição* ou *reductio ad absurdum*. Uma forma de interpretar a abordagem usada por Euclides para o problema é começar pela seguinte afirmação ousada:

> Supondo que o número de primos seja finito e que todos esses primos tenham sido reunidos em uma lista:
>
> $p_1, p_2, p_3, ..., p_n.$

Podemos explorar as consequências dessa declaração multiplicando todos os primos na lista e acrescentando 1, o que cria um novo número: $N = p_1 \times p_2 \times p_3 \times ... \times p_n + 1$. Esse novo número N pode ou não ser um primo, mas, de qualquer forma, contradiz a afirmação inicial de Euclides.

(a) Se N é primo, então não se encontra na lista original. Por consequência, a afirmação de que temos uma lista completa é falsa.

(b) Se N não é primo, então deve ter divisores primos. Esses divisores devem ser novos primos, pois os primos contidos na lista original produzirão o resto 1 se divididos por N. Portanto, mais uma vez, a afirmação de que temos uma lista completa é falsa.

---

* Por coincidência, Gardner na época morava na Euclid Avenue [Avenida Euclides].

Resumindo, a afirmação original de Euclides é falsa — sua lista finita não contém todos os números primos. Além disso, qualquer tentativa de consertar a afirmação original com a adição de algum novo primo à lista está fadada ao fracasso, pois esse argumento pode ser repetido para mostrar que a nova lista de primos continua incompleta. Tal argumento prova que qualquer lista de números primos estaria incompleta, o que implica que o número de números primos é infinito.

Com o passar dos anos, Reiss se tornou um jovem matemático bem-sucedido, ganhando um lugar no time estadual de matemática de Connecticut. Ao mesmo tempo, ele começou a gostar de escrever textos cômicos, e até começou a ser reconhecido pelo seu talento. Por exemplo, quando seu dentista contou, se gabando, que sempre mandava piadas inteligentes para o concurso semanal de humor da revista *New York*, mas nunca tinha sucesso, o jovem Michael anunciou que também participara da competição, mas fora recompensado pelo esforço. "Eu tinha muitas vitórias na infância", conta Reis. "Não me dava conta de que estava competindo com escritores de comédia profissionais. Mais tarde, descobri que todos os escritores do *Tonight Show* participavam da competição, e lá estava eu, com 10 anos, ganhando também."

Quando ofereceram a Reiss uma vaga na Universidade de Harvard, ele teve que decidir entre se formar em Matemática ou Inglês. No final, o desejo de se tornar escritor venceu a paixão pelos números. Porém, sua mente matemática continuou ativa, e ele nunca esqueceu seu primeiro amor.

O outro matemático talentoso que ajudou a criar *Os Simpsons* passou por experiências semelhantes na infância. Al Jean nasceu em Detroit em 1961, um ano depois de Mike Reiss. Ele compartilhava o amor de Reiss pelos problemas de Martin Gardner e também participava de competições de matemática. Em 1977, em uma competição realizada em Michigan, ele chegou ao terceiro lugar entre 20 mil estudantes de todo o estado. Chegou até mesmo a participar dos escaldantes acampamentos de verão da Lawrence Technological University e da Universidade de Chicago. Esses acampamentos haviam sido fundados durante a

Guerra Fria como parte de um programa para criar mentes matemáticas capazes de enfrentar as que surgiam na rede soviética de programas de treinamento de elite em matemática. Como resultado desse treinamento intensivo, Jean foi aceito para estudar Matemática em Harvard quando tinha apenas 16 anos.

Em Harvard, ele ficou dividido entre seus estudos e um novo interesse por textos de comédia. No final, foi aceito como membro da *Harvard Lampoon*, a revista de humor mais antiga do mundo ainda publicada, o que o levou a passar menos tempo pensando em provas matemáticas e mais tempo criando piadas.

Reiss também escrevia para a revista, que se tornaria famosa em toda a América depois de publicar em 1969 *Bored of the Rings*, uma paródia do clássico de Tolkien. Na década de 1970, veio um show teatral ao vivo chamado *Lemmings*, e então um programa de rádio intitulado *The National Lampoon Radio Hour*. Reiss e Jean tornaram-se amigos e se tornaram parceiros na *Harvard Lampoon*. Foi essa experiência na faculdade que lhes deu a confiança para começarem a se candidatar a oportunidades como escritores de comédia para a TV quando os dois se formaram.

A grande chance veio quando foram contratados como escritores do *Tonight Show*, onde sua nerdice inata era muito apreciada. Além de ser um astrônomo amador, o apresentador Johnny Carson tinha como hobby desmistificar a pseudociência, e periodicamente doava 100 mil dólares para a Fundação Educacional James Randi, uma organização dedicada ao pensamento racional. Quando deixaram o *Tonight Show* para fazer parte da equipe de escritores de *It's Garry Shandling's Show*, eles descobriram que Shandling havia se formado em Engenharia Elétrica na Universidade do Arizona antes de optar por uma carreira na comédia.

Posteriormente, quando Reiss e Jean se juntaram à equipe de escritores da primeira temporada de *Os Simpsons*, eles sentiram que aquela era a oportunidade ideal para expressar seu amor pela matemática. *Os Simpsons* não apenas era um programa completamente novo, mas também tinha um formato completamente novo — uma série animada exibida no horário nobre e dirigida a todas as idades. As regras de costume não se aplicavam, o que talvez explique por que Reiss e Jean tiveram permissão — e até encorajamento — para dar um toque nerd aos episódios sempre que possível.

Na primeira e na segunda temporadas de *Os Simpsons*, Reiss e Jean foram membros essenciais da equipe de autores, o que lhes permitiu incluir várias referências matemáticas. Entretanto, o coração matemático de *Os Simpsons* bateu ainda mais forte na terceira temporada e depois dela, porque os dois formandos da *Harvard Lampoon* foram promovidos a produtores executivos.

Isso representou um divisor de águas crucial na história matemática de *Os Simpsons*. Desse ponto em diante, Jean e Reiss não apenas puderam continuar inserindo suas próprias piadas matemáticas nos episódios, mas também começaram a recrutar outros escritores de comédia com boas credenciais matemáticas. Nos anos seguintes, as sessões de edição do roteiro ocasionalmente ganhariam uma atmosfera que lembraria uma aula de geometria ou um seminário sobre a teoria dos números, e os programas resultantes conteriam mais referências matemáticas do que qualquer outra série da história da televisão.

# 2
# VOCÊ É π-CURIOSO?

•••••

À s vezes, as referências matemáticas inseridas em *Os Simpsons* são muito obscuras. Encontraremos algumas dessas referências no próximo capítulo. Já em outras ocasiões as piadas de Reiss, Jean e seus colegas contêm conceitos matemáticos com os quais muitos telespectadores estão familiarizados. Um exemplo clássico é o número π, que fez várias participações especiais na série ao longo das duas últimas décadas.

Caso você tenha esquecido, π é simplesmente o quociente da circunferência de um círculo dividida pelo seu diâmetro. Qualquer um pode ter uma ideia do valor de π desenhando um círculo e em seguida cortando um pedaço de linha com o mesmo comprimento que o diâmetro do círculo. Essa linha pode ser estendida ao longo da extremidade do círculo um pouco mais de três vezes. A circunferência corresponde a 3,14 vezes essa linha, para ser mais preciso. Esse número é o valor aproximado de π. A relação entre π, a circunferência e o diâmetro do círculo é resumida pela seguinte equação:

$$\text{circunferência} = \pi \times \text{diâmetro}$$
$$C = \pi d$$

Como o diâmetro de um círculo equivale ao dobro do comprimento do raio, a equação também pode ser representada da seguinte forma:

$$\text{circunferência} = 2 \times \pi \times \text{raio}$$
$$C = 2\pi r$$

Talvez esse seja o primeiro pequeno passo para levar as crianças da aritmética simples rumo a ideias mais complexas. Até hoje me lembro do meu primeiro encontro com $\pi$, pois fiquei impressionado. A matemática não se resumia mais a longas multiplicações e frações vulgares, mas agora incluía algo esotérico, elegante e universal; cada círculo do mundo inteiro obedecia à equação de $\pi$, das rodas-gigantes aos Frisbees, dos chapatis ao equador da Terra.

E, além de prever a circunferência de um círculo, $\pi$ também pode ser usado para calcular a área da circunferência:

$$\text{Área} = \pi \times \text{raio}^2$$
$$A = \pi r^2$$

Um trocadilho com essa equação foi inserido no episódio "Homer Torta" (2004). Nesse episódio, Homer se disfarça de um super-herói chamado Simple Simon, o Amigável Homem Torta do Bairro, e pune malfeitores jogando tortas em seus rostos. O primeiro ato heroico do Homem Torta é dar o troco a alguém que maltrata Lisa. Um personagem chamado Drederick Tatum, o famoso ex-boxeador de Springfield, testemunha a cena e declara: "We all know '$\pi r^2$', but today 'pie are justice'. I welcome it."*

Embora essa piada tenha sido inserida no roteiro por Al Jean, ele se mostra relutante em receber todo o crédito (ou talvez toda a culpa): "Ah, isso é uma piada antiga. Definitivamente, foi uma piada que eu já tinha ouvido anos atrás. O cara que deveria receber o crédito é alguém de 1820."

Jean está exagerando ao dizer 1820, mas as palavras de Tatum realmente acrescentam um toque atual a uma piada tradicional que vem sendo passada de uma geração de matemáticos a outra. A versão mais

---

* Em inglês, a pronúncia de $\pi$, ou "pi", é a mesma de "pie", que quer dizer "torta". Em uma tradução livre: "Todos conhecemos '$\pi r^2$', mas hoje 'a torta fez justiça' e eu vou lhe dar as boas-vindas." Como a piada não fazia sentido em português, quando o episódio foi exibido no Brasil, a frase foi traduzida para: "Todos conhecemos super-heróis, mas hoje a torta fez justiça e eu vou lhe dar as boas-vindas." (*N. da T.*)

famosa da piada apareceu em 1951 na série de comédia americana *The George Burns and Gracie Allen Show*. Durante um episódio intitulado "Teenage Girl Spends the Weekend", Gracie ajuda a jovem Emily, que reclama da sua tarefa de casa:

**EMILY:** Eu queria que geometria fosse tão fácil quanto espanhol.
**GRACIE:** Bem, talvez eu possa ajudá-la. Diga-me algo em geometria.
**EMILY:** Dizer algo em geometria?
**GRACIE:** Sim, vamos lá.
**EMILY:** Ok, tudo bem. Errr... $\pi r^2$.
**GRACIE:** Isso é o que eles ensinam na escola hoje em dia? $\pi r^2$?
**EMILY:** É.
**GRACIE:** Emily, tortas são redondas, biscoitos são redondos, bolachas são quadradas.

Essas piadas se baseiam no fato de que, em inglês, "torta" e "$\pi$" são homófonos, o que nos leva ao trocadilho. Assim, os comediantes têm uma dívida para com William Jones, o responsável por ter popularizado o símbolo $\pi$. Esse matemático do século XVIII, como muitos outros, ganhava a vida oferecendo aulas nas cafeterias de Londres por 1 pêni. Enquanto lecionava nas chamadas Penny Universities [Universidades do Pêni], Jones também trabalhava em um tratado intitulado *A New Introduction to the Mathematics*, o primeiro livro a empregar a letra grega $\pi$ ao discutir a geometria dos círculos. Foi assim que nasceu o potencial para o novo trocadilho matemático. Jones escolheu $\pi$ porque ela é a letra inicial da palavra grega περιφέρεια (*periphéreia*), o que quer dizer "circunferência".

• • • •

Três anos antes de a piada sobre $\pi$ ir ao ar em "Homer Torta", os autores de *Os Simpsons* haviam incluído outra referência a $\pi$ no episódio "Adeusinho, boboca" (2001). Em vez de ressuscitar uma antiga piada, os autores inovaram, embora tenham se baseado em um incidente curioso da história de π. Para compreendermos essa piada, primeiro é necessário relembrar o valor de π e como ele foi medido ao longo dos séculos.

Já vimos que π = 3,14 é um valor aproximado. Isso se deve ao fato de que π é conhecido como um *número irracional*, o que significa que é impossível especificar seu valor com total precisão, pois suas casas decimais são infinitas e não seguem nenhum padrão. Não obstante, os primeiros matemáticos encaravam como um desafio a tarefa de ir além da estimativa de 3,14 e encontrar o valor mais preciso possível para esse número elusivo.

A primeira tentativa real de se obter uma medida mais precisa de π foi feita por Arquimedes no século III a.C. Ele sabia que uma medida precisa de π dependia de uma medida perfeita da circunferência de um círculo. Isso é difícil, pois círculos são formados por curvas fechadas, e não linhas retas. O grande feito de Arquimedes foi resolver o problema de medir curvas aproximando o formato de um círculo com linhas retas.

Considere um círculo cujo diâmetro (*d*) é igual a 1 unidade. Sabemos que *C* = π *d*, o que significa que ele tem uma circunferência *C* igual a π. Em seguida, desenhe dois quadrados, um circunscrito no círculo e outro inscrito.

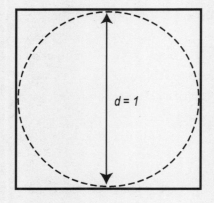
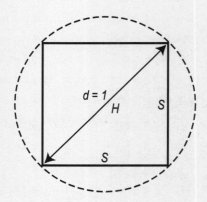

A circunferência propriamente do círculo deve, é claro, ser menor do que o perímetro do quadrado maior, e maior do que o perímetro do quadrado menor. Assim, se medirmos os perímetros dos quadrados, poderemos obter um limite superior e um inferior para a circunferência.

É fácil medir o perímetro do quadrado maior, pois cada lado tem a mesma medida que o diâmetro do círculo, que sabemos ser igual a 1 unidade. Portanto, o perímetro do quadrado maior é 4 × 1 = 4 unidades.

É mais difícil medir o perímetro do quadrado menor, mas podemos encontrar a medida de cada um dos seus lados usando o teorema de Pitágoras. A diagonal do quadrado e dois de seus lados formam um triângulo retângulo. A hipotenusa ($H$) não apenas é igual em comprimento à diagonal do quadrado, como corresponde ao diâmetro do círculo, ou seja, a 1 unidade. De acordo com o teorema de Pitágoras, o quadrado da hipotenusa é igual à soma dos quadrados dos catetos. Se chamarmos os lados do quadrado [que correspondem aos catetos do triângulo retângulo] de $S$, então $H^2 = S^2 + S^2$. Se $H = 1$, então os outros lados medem $1/\sqrt{2}$ unidades. Assim, o perímetro do quadrado menor mede $4 \times 1/\sqrt{2}$ unidades = 2,83 unidades.

Como a circunferência do círculo deve ser menor do que o perímetro do quadrado maior e maior do que o perímetro do quadrado menor, podemos declarar com confiança que a medida da circunferência está entre 2,83 e 4,00.

Lembre-se, declaramos anteriormente que um círculo de diâmetro igual a 1 unidade tem uma circunferência igual a π. Por consequência, o valor de π também deve estar entre 2,83 e 4,00.

Esta foi a grande descoberta de Arquimedes.

Talvez isso não impressione, pois já sabemos que π é, aproximadamente, igual a 3,14, então um limite inferior de 2,83 e um superior de 4,00 não são muito úteis. Porém, a importância da descoberta de Arquimedes foi seu potencial para o refinamento. Depois de usar quadrados para estabelecer limites para a circunferência do círculo, ele aplicou dois hexágonos da mesma forma. Se você tiver alguns minutos disponíveis e alguma confiança nos números, poderá ver que medir os perímetros de dois hexágonos o levará a descobrir que π está entre 3,00 e 3,464.

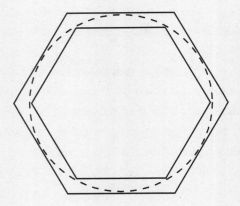

Um hexágono possui mais lados do que um quadrado, o que o torna uma aproximação melhor em relação ao círculo. Isso explica por que ele oferece limites mais precisos para o valor de π. Não obstante, continuamos com uma grande margem de erro. Então, Arquimedes persistiu, repetindo seu método com polígonos de cada vez mais lados, usando formas que se aproximavam ainda mais de um círculo.

Arquimedes perseverou até colocar o círculo entre dois polígonos de 96 lados, e calculou os perímetros das duas formas. Esse foi um feito impressionante, principalmente se considerarmos o fato de que Arquimedes não tinha acesso à notação algébrica moderna, não conhecia decimais e teve que fazer todos os longos cálculos à mão. Mas o esforço valeu a pena, pois ele conseguiu colocar o verdadeiro valor de π entre 3,141 e 3,143.

Avançando oito séculos para o século V d.C., o matemático chinês Tsu Ch'ung Chih pegou a abordagem arquimediana e avançou mais um passo — ou outros 12.192 passos, para sermos mais exatos. Ele usou polígonos de 12.288 lados para provar que o valor de π estava entre 3,1415926 e 3,1415927.

A abordagem do polígono alcançou seu ponto máximo no século XVII, com matemáticos como o holandês Ludolph van Ceulen, que empregou polígonos com mais de 4 bilhões de lados para medir π até a 35ª casa decimal. Depois da sua morte, em 1610, sua lápide explicava que π era maior do que 3,14159265358979323846264338327950288 e menor do que 3,14159265358979323846264338327950289.

Como você já deve ter deduzido, medir π requer um árduo trabalho que se arrastaria pela eternidade. Isso se deve ao fato de π ser um número irracional. Então, existe algum ponto em que é possível dizer termos calculado π com uma precisão maior? Voltaremos a essa pergunta mais tarde, mas por enquanto já temos as informações essenciais para o contexto da piada matemática do episódio "Adeusinho, boboca".

A trama do episódio gira em torno do bullying de nerds, que continua sendo um problema global mesmo apesar das palavras do educador Charles J. Sykes, que escreveu em 1995: "Seja gentil com os nerds. É provável que você acabe trabalhando para um." Quando Lisa se aventura a explicar por que os valentões não conseguem resistir a perseguir nerds, ela suspeita que os últimos exalam um odor que acaba marcando-os como vítimas. Assim, convence um dos amigos mais nerds da escola a produzir sudorese para que ela colete e analise. Depois de um bom tempo pesquisando, Lisa finalmente isola o feromônio emitido por cada "boboca, panaca e quatro-olhinhos", o qual poderia ser o responsável por atrair os valentões. Lisa dá ao feromônio o nome de *bobocose*.\*

A fim de testar sua hipótese, Lisa esfrega um pouco de bobocose no casaco do incrível boxeador Drederick Tatum durante uma visita deste à escola. O feromônio não falha, e atrai Nelson Muntz, o valentão da escola. Apesar de Nelson ter consciência de que é ridículo e inapropriado um valentão mirim atacar um ex-boxeador, ele não consegue resistir à atração exercida pela bobocose e dá um "cuecão" em Tatum. Assim, Lisa tem a prova de que precisa.

Animada com a descoberta, ela decide apresentar um estudo ("Feromônios Hereditários e Agressão nos Intimidadores") na 12ª Reunião Anual da Ciência. A conferência é apresentada por John Nerdelbaum Frink Jr., o professor distraído favorito de Springfield. Cabe a Frink

---

\* Originalmente, o nome dado ao feromônio por Lisa era "poindextrose", uma homenagem ao gênio mirim de *O Gato Félix*. (N. da T.)

apresentar Lisa, mas os ânimos estão tão acalorados e a plateia tão excitada que ele não consegue fazê-la se acalmar. Frustrado e desesperado, Frink grita: "Cientistas... Cientistas, por favor! Vamos manter a ordem! Por favor, a ordem. Seus olhos para a frente e as mãos quietas. Prestem atenção... *π é exatamente três!*"

De repente, o barulho é interrompido. A ideia do Professor Frink funcionou, pois ele percebeu corretamente que declarar um valor exato para π chocaria a plateia de intelectuais, levando-os a ficarem quietos. Após milhares de anos lutando para medir π com a maior precisão possível, como alguém ousaria substituir 3,1415926535897932384626433832795028841971693993751058209749445923078164062862089986280 3482534211706798214808651... por 3?!

A cena nos remete aos versos satíricos do professor Harvey L. Carter (1904-1994), um historiador da Colorado College:

> 'Tis a favorite project of mine,
> A new value of pi to assign.
> I would fix it at 3
> For it's simpler, you see,
> Than 3 point 1 4 1 5 9.*

Entretanto, a declaração ultrajante de Frink não se baseou no poema de Carter. Em vez disso, Al Jean explicou que havia sugerido a fala "*π é exatamente três!*" porque recentemente lera sobre um incidente ocorrido em Indiana em 1897, quando políticos tentaram estipular um valor oficial (e completamente incorreto) para π.

O Projeto de Lei Para Pi de Indiana, oficialmente chamado House Bill No. 246, do congresso de 1897 da Assembleia Geral de Indiana, foi ideia de Edwin J. Goodwin, um físico da cidade Solitude, localizada no extremo sudoeste do estado. Ele abordara a assembleia e propusera um

---

* "É um projeto que me comove, / Um novo valor a atribuir a π. / Eu fixá-lo-ia em 3. / Posto que é mais simples, como você vê, / Do que 3 ponto 1 4 1 5 9." (N. da T.)

projeto de lei para a solução de um problema conhecido como "quadratura do círculo", problema antigo que já fora provado impossível em 1882. A complexa e contraditória explicação de Goodwin continha a seguinte linha a respeito do diâmetro do círculo:

"[...] o quarto fato importante, de que a proporção entre a circunferência e o diâmetro é de quatro para cinco quartos".

A proporção entre a circunferência e o diâmetro é igual a π, então Goodwin na realidade estava ditando um valor para π de acordo com a seguinte receita:

$$\pi = \frac{circunferência}{diâmetro} = \frac{4}{5/4} = 3{,}2$$

Goodwin disse que as escolas de Indiana poderiam usar sua descoberta sem ônus, mas que o estado e ele dividiriam os lucros dos direitos autorais cobrados de outras escolas que quisessem adotar o valor de 3,2 para π. A princípio, a natureza técnica do projeto de lei deixou os políticos confusos, levando-os a passá-lo da Câmara dos Representantes para o Comitê de Finanças, depois para o Comitê de Zonas Úmidas e, por fim, para o Comitê de Educação, onde uma atmosfera de confusão levou-o a ser aprovado sem qualquer objeção.

A partir daí, cabia ao Senado Estadual aprovar o projeto de lei. Felizmente, um certo professor C. A. Waldo, na época presidente do Departamento de Matemática da Universidade de Purdue, em West Lafayette, Indiana, por acaso estava visitando o palácio do governo durante esse período para discutir o financiamento da Indiana Academy of Science. Por acaso, alguém do comitê de financiamento lhe mostrou o projeto de lei e se ofereceu para apresentá-lo ao dr. Goodwin, mas Waldo respondeu que não seria necessário, pois já conhecia loucos o bastante.

Em vez disso, o professor Waldo se esforçou para alertar os senadores, que começaram a ridicularizar Goodwin e seu projeto de lei. O *Indianapolis Journal* citou o senador Orrin Hubbell: "O Senado pode tanto tentar ordenar que a água suba uma montanha quanto estabelecer uma verdade matemática pela lei." Por consequência, quando o projeto de lei voltou a ser discutido, houve uma bem-sucedida petição para adiá-lo indefinidamente.

A declaração absurda do Professor Frink de que $\pi$ era igual a 3 lembra o fato de que o projeto de lei adiado de Goodwin ainda existe nos fichários no porão do palácio do governo de Indiana, à espera de um político ingênuo o bastante que o ressuscite.

# 3
# O ÚLTIMO TEOREMA DE HOMER

• • • • •

De vez em quando, Homer Simpson explora seus talentos como inventor. Em "Mamãe coruja" (2001), por exemplo, ele cria o Cilindro Milagroso Para a Coluna do dr. Homer, que é basicamente uma lata de lixo velha com saliências que "combinam perfeitamente com os contornos das vértebras humanas". Ele promove sua invenção como um tratamento para a dor nas costas, apesar de não haver nenhuma evidência que confirme sua teoria. Os quiropráticos de Springfield, temendo que Homer possa roubar seus pacientes, ameaçam destruir sua invenção. Isso lhes permitiria mais uma vez dominar o mercado de problemas de coluna e promover seus próprios tratamentos inúteis.

As aventuras de Homer no mundo das invenções alcançam seu auge em "O Mágico de Springfield" (1998). O título é um trocadilho com O Mágico de Menlo Park, o apelido dado a Thomas Edison por um jornalista depois que ele estabeleceu seu laboratório principal em Menlo Park, Nova Jersey. Quando morreu, em 1931, Edison tinha 1.093 patentes americanas em seu nome e havia se tornado uma lenda das invenções.

O episódio se concentra na determinação de Homer em seguir os passos de Edison. Ele constrói vários aparelhos, de um alarme que toca a cada três segundos apenas para informar que está tudo bem a uma espingarda que aplica maquiagem atirando-a diretamente no rosto. É durante essa fase intensa de pesquisas e desenvolvimento que vemos Homer de pé diante de um quadro-negro com várias equações matemáticas. Isso não deveria ser uma surpresa, pois muitos inventores amadores são matemáticos perspicazes, e vice-versa.

Consideremos Sir Isaac Newton, que apareceu na série em um episódio intitulado "A última tentação de Homer" (1993). Newton é um dos pais da matemática moderna, mas também era inventor no tempo livre. Alguns creditam a ele a instalação da primeira porta rudimentar para gatos na base de sua porta, permitindo que seu felino entrasse e saísse quando quisesse. Curiosamente, havia uma segunda passagem menor para filhotes! Poderia Newton realmente ser tão excêntrico? Há um debate sobre a veracidade dessa história, mas, de acordo com um relato de 1827 de J. M. F. Wright: "Seja esse relato verdadeiro ou falso, a verdade é que, até hoje, a porta possui dois buracos tapados com as dimensões exatas para as saídas, respectivamente, de um gato e um filhote de gato."

$$M(H°) = \pi \left(\frac{1}{[3]}\right)^8 \sqrt{\frac{hc}{G}}$$

$$3987^{12} + 4365^{12} = 4472^{12}$$

$$\Omega(t_0) > 1$$

O conteúdo dos rabiscos no quadro-negro de Homer em "O Mágico de Springfield" foi introduzido no roteiro por David S. Cohen, que integrava uma nova geração de escritores apaixonados por matemática, e que começou a escrever para *Os Simpsons* na metade da década de 1990. Como Al Jean e Mike Reiss, Cohen exibira um talento genuíno para a matemática logo cedo. Em casa, ele costumava ler regularmente a cópia da *Scientific American* de seu pai, e brincava com os enigmas matemáticos na coluna mensal de Martin Gardner. Além disso, na Dwight Morrow High School, em Englewood, Nova Jersey, ele foi cocapitão do time de matemática que venceu o campeonato estadual em 1984.

Com os amigos do colegial David Schiminovich e David Borden, ele formou uma gangue de adolescentes programadores chamada Glitchmasters, e, juntos, eles criaram a FLEET, sua própria linguagem de programação, desenvolvida para gráficos de alta velocidade e jogos para o Apple II Plus. Ao mesmo tempo, Cohen cultivava um interesse por textos de comédia e revistas em quadrinhos. Ele atribui o início da sua carreira profissional aos desenhos que fazia no colegial e vendia para a irmã por 1 centavo.

Mesmo depois que começou a estudar Física na Universidade de Harvard, ele manteve seu interesse pela comédia, e entrou para o *Harvard Lampoon*, acabando por se tornar presidente. Com o passar do tempo, como aconteceu a Al Jean, a paixão de Cohen por comédia e por escrever superou o amor pela matemática e pela física, o que o levou a rejeitar uma carreira acadêmica para se tornar um escritor de *Os Simpsons*. De vez em quando, contudo, Cohen retorna às raízes inserindo matemática em séries de TV. Os símbolos e diagramas no quadro-negro de Homer são um bom exemplo disso.

Cohen reconhecia o interesse existente em incluir equações científicas ao lado de cálculos matemáticos, então entrou em contato com um amigo do colegial, David Schiminovich, que havia seguido o caminho acadêmico e tornara-se um astrônomo na Universidade de Columbia.

A primeira equação no quadro é essencialmente trabalho de Schiminovich, e prevê a massa do bóson de Higgs $M(H^0)$, uma partícula elementar proposta pela primeira vez em 1964. A equação é uma combinação bem-humorada de vários parâmetros fundamentais — a constante de Planck, a constante gravitacional e a velocidade da luz. Se consultar os valores dessas constantes e fizer as substituições na equação,* você verá que ela prevê uma massa de 775 gigaelétron-volts (GeV), o que é muito maior do que a estimativa de 125 GeV que emergiu quando o bóson de Higgs foi descoberto em 2012. Entretanto, 775 GeV não foi um palpite ruim, particularmente se levarmos em conta que Homer é um inventor amador e fez os cálculos quatorze anos antes de os físicos da CERN, a European Organization for Nuclear Research [Organização Europeia para a Pesquisa Nuclear], terem localizado a elusiva partícula.

A segunda equação é... vamos deixá-la para outra hora. Ela é a mais matematicamente intrigante linha do quadro, e valerá a pena esperar.

A terceira equação diz respeito à densidade do universo, que tem implicações para o seu próprio destino. Se $\Omega(t_0)$ for maior do que 1, como inicialmente escrito por Homer, quer dizer que o universo em algum momento implodirá sob seu próprio peso. Para refletir essa consequência cósmica em um nível local, parece haver uma pequena implosão no porão de Homer logo depois que os telespectadores veem esta equação.

Em seguida, Homer altera o sinal de desigualdade, de forma que a equação muda de $\Omega(t_0) > 1$ para $\Omega(t_0) < 1$. Cosmologicamente, a nova equação sugere um universo que se expandirá para sempre, resultando em algo semelhante a uma explosão cósmica eterna. O enredo reflete a nova equação, pois há uma grande explosão no porão assim que Homer altera o sinal de desigualdade.

A quarta linha no quadro-negro é uma série de quatro diagramas matemáticos que mostram um donut se transformando em uma esfera. Essa linha está relacionada a uma área da matemática chamada *topologia*. A fim de entendermos esses diagramas, é necessário saber que um quadrado e um círculo são idênticos de acordo com as regras da topologia. Eles são considerados *homeomorfos*, ou gêmeos topológicos, pois

---

* Dicas para os que forem corajosos o bastante para fazer os cálculos: não se esqueçam de que $E = mc^2$ e lembrem-se de converter o resultado para a unidade de medida de energia GeV.

um quadrado desenhado em uma folha de borracha pode ser transformado em um círculo se esticarmos cuidadosamente a folha aqui e ali. Na verdade, há quem chame a topologia de "geometria da folha de borracha".

Os topologistas não se preocupam com ângulos e comprimentos, que são claramente alterados quando a folha de borracha é esticada, mas sim com propriedades mais fundamentais. Por exemplo, a propriedade fundamental da letra **A** é que ela é essencialmente um laço com duas pernas. A letra **R** também é um laço com duas pernas. Assim, as letras **A** e **R** são homeomorfas, pois um **A** desenhado em uma folha de borracha pode ser transformado em um **R** se a folha for cuidadosamente esticada nos lugares certos.

Entretanto, não importa o quanto estiquemos, a letra **A** não pode ser transformada na letra **H**, pois essas letras são fundamentalmente diferentes, já que o **A** consiste em um laço com duas pernas e o **H** não possui nenhum laço. A única forma de transformar um **A** em um **H** é cortar a folha de borracha no topo do **A**, o que destrói o laço. Mas, cortar é proibido na topologia.

Os princípios da geometria da folha de borracha podem ser aplicados em três dimensões, o que explica a piada de que um topologista é alguém que não pode dizer qual é a diferença entre um donut e uma xícara de café. Em outras palavras, uma xícara de café tem apenas um buraco, criado pela asa, e um donut também tem apenas um buraco no meio. Por conseguinte, uma xícara de café de borracha poderia ser esticada e torcida para adquirir a forma de um donut. Isso os torna homeomorfos.

Por outro lado, um donut não pode ser transformado em uma esfera, pois ela não tem buracos, e não importa o quanto estiquemos, comprimamos e torçamos, pois não conseguiremos tirar o buraco que faz parte do donut. Na verdade, é um teorema matematicamente provado que um donut é topologicamente diferente de uma esfera. Não obstante, os rabiscos no quadro-negro de Homer parecem alcançar o impossível, pois os diagramas exibem a transformação bem-sucedida de um donut em uma esfera. Como?

Embora cortes sejam proibidos na topologia, Homer decidiu que o mesmo não se aplica a mordidas. Afinal de contas, o objeto inicial é um donut, então quem poderia resistir? Dando mordidas o bastante no donut, ele lhe dá o formato de uma banana, que, por sua vez, pode ser remodelada para se tornar uma esfera pelo método tradicional de esticar, comprimir e torcer. Os topologistas conservadores dificilmente gostarão de ver um de seus adorados teoremas destruído, mas um donut e uma esfera são idênticos de acordo com as regras topológicas pessoais de Homer. Talvez o termo correto não seja *homeomorfo*, mas *Homermorfo*.

• • • •

A segunda linha no quadro de Homer provavelmente é a mais interessante. Ela contém a seguinte equação:

$$3.987^{12} + 4.365^{12} = 4.472^{12}$$

À primeira vista, a equação parece inofensiva, a não ser que você tenha algum conhecimento da história da matemática. Nesse caso, você está prestes a quebrar sua régua de cálculo, pois Homer parece ter alcançado o impossível e encontrado a solução para o notório mistério do último teorema de Fermat!

Pierre de Fermat propôs este teorema pela primeira vez por volta de 1637. Apesar de ser um amador que resolvia problemas no tempo livre, Fermat foi um dos maiores matemáticos da história. Trabalhando no isolamento de sua casa no sul da França, sua única companhia matemática era um livro chamado *Arithmetica*, escrito por Diofanto de Alexandria no século III d.C. Enquanto lia esse antigo texto grego, Fermat deparou-se com um trecho que continha a seguinte equação:

$$x^2 + y^2 = z^2$$

Esta equação está intimamente relacionada ao teorema de Pitágoras, mas Diofanto não estava interessado em triângulos nem no comprimento de seus lados. Em vez disso, ele desafiava seus leitores a encontrarem números inteiros como soluções para a equação. Fermat conhecia as técnicas necessárias para encontrar essas soluções, e também sabia que a equação possuía um número infinito de soluções. Esses chamados ternos pitagóricos incluem:

$$3^2 + 4^2 = 5^2$$
$$5^2 + 12^2 = 13^2$$
$$133^2 + 156^2 = 205^2$$

Assim, entediado com o problema de Diofanto, Fermat decidiu analisar uma variante dele. Ele queria encontrar números inteiros como soluções para a seguinte equação:

$$x^3 + y^3 = z^3$$

Por mais que tenha se esforçado, Fermat só conseguiu encontrar soluções triviais envolvendo zero, como $0^3 + 7^3 = 7^3$. Quando tentou encontrar soluções mais significativas, o melhor que pôde oferecer foi uma equação desviada por 1, a exemplo de: $6^3 + 8^3 = 9^3 - 1$.

Além disso, quando Fermat aumentava as potências às quais $x$, $y$ e $z$ eram elevados, seus esforços para encontrar soluções continuavam frustrados. Ele começou a pensar que era impossível encontrar números inteiros como soluções para as seguintes equações:

$$x^3 + y^3 = z^3$$
$$x^4 + y^4 = z^4$$
$$x^5 + y^5 = z^5$$
$$x^6 + y^6 = z^6$$
$$\vdots$$
$$x^n + y^n = z^n, \quad \text{onde } n > 2$$

No final das contas, porém, ele fez um avanço. Fermat não encontrou um conjunto de números que se encaixasse nessa equação, mas desenvolveu um argumento que prova que não existe nenhuma solução para ela. Ele escreveu duas frases tentadoras em latim na margem de seu exemplar de *Arithmetica*. A primeira dizia que não há números inteiros que possam solucionar nenhuma das infinitas equações acima, acrescentando com confiança a segunda frase: "*Cuius rei demonstrationem mirabilem sane detexi, hanc marginis exiguitas non caperet*". (Descobri uma prova verdadeiramente maravilhosa disso, mas a margem é estreita demais para contê-la.)

Pierre de Fermat encontrara uma prova, mas não se dera ao trabalho de escrevê-la. É possível que essa seja a passagem mais frustrante na história da matemática, particularmente porque Fermat levou seu segredo para o túmulo.

O filho de Fermat, Clément-Samuel, foi quem mais tarde encontrou o exemplar de seu pai de *Arithmetica* e se deparou com a intrigante observação marginal. Ele também encontrou várias anotações semelhantes nas margens, pois Fermat tinha o hábito de afirmar ter provado algo notável, mas raramente escrevia a prova. Clément-Samuel decidiu preservar as anotações publicando em 1670 uma nova edição de *Arithmetica* que incluía as observações do pai ao lado do texto original. Isso encorajou a comunidade matemática a encontrar as provas associadas a cada afirmação, e, uma a uma, eles conseguiram confirmar que as declarações de Fermat estavam corretas. Contudo, ninguém conseguiu provar que não havia soluções para a equação $x^n + y^n = z^n$ ($n > 2$). Com isso, a equação tornou-se conhecida como o último teorema de Fermat, pois é a única de suas afirmações a ter permanecido sem prova.

À medida que as décadas se passavam sem uma prova, o último teorema de Fermat se tornava cada vez mais infame, e o desejo por uma prova aumentava. No final do século XIX, o problema atraíra a imaginação de muitas pessoas de fora da comunidade matemática. Por exemplo, quando o industrial Paul Wolfskehl morreu em 1908, ele deixou 100 mil marcos (o equivalente na atualidade a 1 milhão de dólares) como recompensa para qualquer um que conseguisse provar o último teorema de Fermat.

Segundo alguns relatos, Wolfskehl desprezava a mulher e o resto de sua família, então seu desejo era deixá-los sem nada e recompensar a matemática, que ele sempre amara. Outros argumentam que o Prêmio Wolfskehl foi sua forma de agradecer a Fermat, pois conta-se que seu fascínio pelo problema lhe dera uma razão para viver quando ele estava à beira do suicídio.

Sejam quais tenham sido seus motivos, o Prêmio Wolfskehl catapultou o último teorema de Fermat para a notoriedade pública, e com o tempo ele se tornou parte da cultura popular. Em "The Devil and Simon Flagg", um conto escrito por Arthur Porges em 1954, o herói do título faz um pacto faustiano com o Diabo. A única esperança de Flagg de salvar sua alma é propor uma questão que o Diabo seja incapaz de responder, então ele pede uma prova para o último teorema de Fermat. Depois de aceitar sua derrota, o Diabo disse: "Você sabe que nem mesmo os melhores matemáticos de outros planetas — todos muito mais avançados do que o seu — conseguiram? Tem um sujeito em Saturno — ele parece um cogumelo com pernas de pau — que resolve equações diferenciais de cabeça; e até ele desistiu."

O último teorema de Fermat também apareceu em romances (*A menina que brincava com fogo*, de Stieg Larsson), filmes (*Endiabrado*, com Brendan Fraser e Elizabeth Hurley) e peças (*Arcadia*, de Tom Stoppard). Talvez a referência mais famosa ao teorema tenha sido a de um episódio de 1989 de *Jornada nas estrelas: a nova geração*, intitulado "Hotel Royale", em que o capitão Jean-Luc Picard descreve o último teorema de Fermat como "um enigma que talvez jamais resolvamos". Entretanto, o capitão Picard estava errado e desatualizado, pois o episódio é ambientado no século XXIV, e o teorema na realidade foi provado em 1995 por Andrew Wiles na Universidade de Princeton.*

Wiles sonhara em resolver o desafio de Fermat desde que tinha 10 anos. Ele passou três décadas obcecado pelo problema, que culminaram

---

* Devo observar que tenho um grande carinho por essa história, pois escrevi um livro e dirigi um documentário da BBC sobre o último teorema de Fermat e a prova de Andrew Wiles. Por coincidência, durante um período na Universidade de Harvard, Wiles foi professor de Al Jean, que escreveria para *Os Simpsons*.

em sete anos de trabalho em segredo total. No final, ele provou que a equação $x^n + y^n = z^n$ ($n > 2$) não possui soluções. Quando a prova foi publicada, consistia em 130 páginas densas de matemática. Isso é interessante, em parte porque indica a escala monumental da realização de Wiles, e em parte também porque a linha de raciocínio empregada é sofisticada demais para ter sido descoberta no século XVII. Na verdade, Wiles usou tantas ferramentas e técnicas modernas que sua prova para o último teorema não pode ser a mesma abordagem que Fermat tinha em mente.

Isso foi mencionado em um episódio de 2010 da série de TV da BBC *Doctor Who*. Em "A décima primeira hora", o ator Matt Smith faz sua estreia como o regenerado Décimo Primeiro Doutor, que deve comprovar suas credenciais para um grupo de gênios a fim de convencê-los a aceitarem seu conselho e salvar o mundo. Quando eles estão prestes a rejeitá-lo, o doutor diz: "Mas antes disso, vejam só. O teorema de Fermat. A prova. E me refiro à verdadeira prova. Nunca vista antes." Em outras palavras, o doutor reconhece tacitamente que a prova de Wiles existe, mas que não a aceita como a prova de Fermat, que considera "a verdadeira". Talvez o doutor tenha voltado ao século XVII e obtido a prova diretamente com Fermat.

Então, para resumir, no século XVII, Pierre de Fermat afirma poder provar que a equação $x^n + y^n = z^n$ ($n > 2$) não possui nenhum número inteiro como solução. Em 1995, Andrew Wiles descobriu uma nova evidência que comprova a afirmação de Fermat. Em 2010, o doutor revela a prova original de Fermat. Todos concordam que a equação não tem solução.

Assim, em "O Mágico de Springfield", Homer parece ter desafiado as maiores mentes de quase quatro séculos. Fermat, Wiles e até o Doutor afirmam que a equação de Fermat não tem solução. Não obstante, as anotações no quadro de Homer apresentam uma solução:

$$3.987^{12} + 4.365^{12} = 4.472^{12}$$

Você mesmo pode checar com uma calculadora. Eleve 3.987 à 12ª potência. Some o resultado a 4.365 elevado à 12ª potência. Calcule a raiz 12ª do resultado e você encontrará 4.472.

Ou ao menos é o que encontrará em qualquer calculadora capaz de mostrar apenas dez dígitos. Se você tiver uma calculadora mais precisa, de 12 ou mais dígitos, encontrará uma resposta diferente. Na verdade, o valor para o terceiro termo da equação é algo próximo a

$$3.987^{12} + 4.365^{12} = 4.472{,}00000000705761718 75^{12}$$

Então, o que está acontecendo? A equação de Homer por pouco não seria a solução para a equação de Fermat, o que significa que os números 3.987, 4.365 e 4.472 quase geram uma igualdade — a ponto de a discrepância mal ser perceptível. Entretanto, na matemática, ou temos uma solução ou não. Uma quase solução não é solução nenhuma, o que significa que o último teorema de Fermat permanece intacto.

David S. Cohen havia apenas pregado uma peça matemática nos telespectadores rápidos e bem informados o bastante para identificarem a equação e reconhecerem sua relação com o último teorema de Fermat. Quando esse episódio foi ao ar em 1998, já fazia três anos que a prova de Wiles havia sido publicada, então Cohen estava ciente de que o último teorema de Fermat fora resolvido. Ele tinha até mesmo uma ligação pessoal com a prova, pois havia tido algumas aulas com Ken Ribet quando estudava na Universidade da Califórnia, Berkeley, e Ribet fornecera a Wiles um ponto de partida essencial para a prova do último teorema de Fermat.

Cohen obviamente sabia que a equação de Fermat não tinha soluções, mas queria homenagear Pierre de Fermat e Andrew Wiles com a criação de uma solução tão próxima de estar correta que aparentemente passaria no teste se checada apenas com uma calculadora simples. A fim de encontrar essa pseudossolução, ele escreveu um programa de computador que percorreu valores para $x$, $y$, $z$ e $n$ até encontrar números que quase gerassem uma igualdade. Cohen finalmente chegou a $3.987^{12} + 4.365^{12} = 4.472^{12}$, pois a margem de erro resultante é minúscula — o lado esquerdo da equação é apenas 0,000000002% maior do que o lado direito.

Assim que o episódio foi ao ar, Cohen checou os fóruns online para ver se alguém havia identificado a pegadinha. No final, ele encontrou uma postagem que dizia: "Sei que parece refutar o último teorema de Fermat, mas digitei na minha calculadora e deu certo. O que está acontecendo?"

Ele ficou extasiado ao ver os matemáticos que desabrochavam pelo mundo intrigados com seu paradoxo matemático: "Fiquei tão feliz, porque meu objetivo era conseguir precisão o bastante para que as calculadoras das pessoas lhes dissessem que a equação funcionava."

Cohen sente muito orgulho do seu quadro-negro em "O Mágico de Springfield". Na verdade, todas as referências matemáticas que ele introduziu em *Os Simpsons* ao longo dos anos lhe dão grande satisfação: "Fico muito feliz. É muito fácil trabalhar na televisão para não se sentir bem com o que fazemos com o intuito de causar o colapso da sociedade. Então, quando temos a oportunidade de elevar o nível da discussão — particularmente, de honrar a matemática —, isso compensa os dias que passo trabalhando nessas piadas complicadas."

# 4
# O ENIGMA DO HUMOR MATEMÁTICO

• • • •

Como seria de se esperar, muitos dos escritores com conhecimentos em matemática de *Os Simpsons* têm uma paixão por enigmas. Naturalmente, essa paixão foi aplicada em vários episódios.

Por exemplo, o quebra-cabeça mais famoso do mundo, o cubo de Rubik, aparece em "Definindo Homer" (1991). O episódio contém um flashback de 1980, o ano em que o cubo foi importado pela primeira vez da Hungria, quando um jovem Homer participa de um treinamento sobre segurança nuclear. Em vez de prestar atenção na explicação do instrutor sobre o que fazer em caso de fusão do reator nuclear, ele está concentrado no seu novo cubo, percorrendo algumas das 43.252.003.274.489.856.000 permutações em busca da solução.

O cubo de Rubik também apareceu nos episódios "Furacão Neddy" (1996) e "É o Homer!" (2001), e foi invocado como uma ameaça por Moe Szyslak em "Donnie Bolasco" (2010). Como proprietário e bartender da Taverna do Moe, Moe recebe regularmente trotes de Bart pedindo para falar com pessoas de nomes fictícios e embaraçosos. Isso leva Moe a gritar por pessoas no bar com frases como "Alguém aí viu Maya Bunda Enorme?" e "Amanda Beijo e Abraço? Ei, estou procurando por Amanda Beijo e Abraço". O episódio "Donnie Bolasco" é notável porque Moe recebe um telefonema que nem é um trote nem é de Bart. Quem telefona é Marion Anthony D'Amico, chefe da notória família criminosa de Springfield, os D'Amico. Tony Gordo, como ele é conhecido entre os amigos (e inimigos), simplesmente quer que Moe encontre seu amigo russo Yuri Nator no bar. Presumindo que é apenas mais um trote de Bart, Moe comete o erro de ameaçar o interlocutor: "Vou cortá-lo em pedacinhos e transformá-lo em um cubo de Rubik que nunca vou resolver!"

Um problema mais antigo aparece em "O desaparecimento de Maggie" (2009), episódio que é uma paródia do romance de Dan Brown *O código Da Vinci*. O enredo começa com um eclipse solar total, termina com a descoberta da joia de Santa Teresa d'Ávila e gira em torno da falsa crença de que Maggie é o novo messias. Do ponto de vista de um amante de charadas, a cena mais interessante do episódio é aquela em que Homer se vê preso de um lado de um rio com sua neném (Maggie), seu cachorro (Ajudante de Papai Noel) e uma grande garrafa de cápsulas de veneno.

Homer está desesperado para atravessar o rio. Há um barco, mas ele é frágil e só suportaria Homer com um item de cada vez. É claro que ele não pode deixar Maggie com o veneno, porque o bebê poderia engolir uma cápsula, nem pode deixá-la com Ajudante de Papai Noel, pois o cachorro poderia mordê-la. Assim, o desafio de Homer é encontrar uma sequência de travessias que lhe permitam levar todos em segurança para o outro lado.

Quando Homer começa a pensar no problema, a animação muda e o problema é resumido no estilo de um manuscrito com iluminuras, acompanhado pelas palavras: "Como o tolo atravessa o rio com suas três cargas?" Isso é uma referência a um manuscrito em latim intitulado *Propositiones ad Acuendos Juvenes* (Problemas Para Estimular os Jovens), que contém a primeira referência a esse problema da travessia do rio. O manuscrito é uma compilação maravilhosa de mais de cinquenta problemas de matemática escritos por Alcuíno de York, por muitos considerado o homem mais versado da Europa do século VIII.

Alcuíno propõe um problema idêntico ao dilema de Homer, exceto pelo fato de que ele é formulado com um homem que transporta um lobo, uma cabra e um repolho, e ele precisa evitar que o lobo coma a cabra e que a cabra coma o repolho. O lobo seria o equivalente a Ajudante de Papai Noel, enquanto a cabra faz o papel de Maggie e o repolho é o veneno.

A solução para o problema de Homer, que ele mesmo se formula, é começar atravessando o rio com Maggie. Depois, ele deve retornar para a margem de origem para pegar o veneno, que levará também para a margem de destino. Contudo, ele não pode deixar o veneno com Maggie, então a leva de volta para a margem de origem e a deixa lá, ao mesmo tempo que atravessa com Ajudante de Papai Noel, deixando-o com o veneno na outra margem. Em seguida, ele deveria voltar mais uma vez para pegar Maggie. Assim, atravessaria o rio novamente com Maggie e concluiria o desafio com todos e tudo a salvo e em seu destino.

Infelizmente, Homer não consegue executar o plano, pois, quando deixa Maggie na margem de destino, ao final da primeira etapa, ela é sequestrada por freiras. Isso é algo que Alcuíno não incluiu na formulação original do problema.

Em um episódio anterior, "Lisa, uma Simpson" (1998), um enigma tem um papel ainda mais importante, pois desencadeia toda a trama. A história tem início na lanchonete da escola, onde Lisa senta em frente a Martin Prince, o matemático jovem mais talentoso de Springfield. Martin encara a vida de uma perspectiva completamente matemática, conforme demonstrado no episódio "A prova final" (1990), em que Bart por um breve período se torna amigo de Martin e lhe oferece um conselho: "De agora em diante, você vai sentar lá atrás. E não só aqui — na igreja e na escola (...). Pra ninguém ver o que você tá fazendo, cara." Martin, então, reformula o conselho de Bart em termos matemáticos: "O potencial para travessuras varia na razão inversa da aproximação da figura da autoridade!" Ele até escreve a equação que representa a sabedoria de Bart, com $M$ representando o potencial para travessuras e $P_A$, a proximidade de uma figura de autoridade:

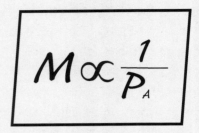

Na lanchonete, Martin se interessa pelo almoço de Lisa, que não contém o que a lanchonete costuma servir, mas uma refeição com tema espacial embalada a vácuo. Quando Lisa ergue o almoço e explica "é o que o John Glenn come quando ele não está no espaço", Martin percebe que há uma charada na parte de trás do pacote. O desafio é encontrar o símbolo que completa a sequência:

Martin resolve a charada num piscar de olhos, mas Lisa continua confusa. Ela fica cada vez mais frustrada à medida que os outros alunos ao seu redor, incluindo Bart, dizem poder identificar o símbolo seguinte na sequência. Parece que todos são capazes de encontrar a resposta... exceto Lisa. Isso a leva a passar o resto do episódio questionando sua capacidade intelectual e seu futuro acadêmico. Felizmente, você não terá que sofrer a mesma tortura emocional. Sugiro que você pense na charada por um momento, e então dê uma olhada na resposta fornecida na legenda da imagem na próxima página.

O enigma do almoço é digno de nota porque ajudou a reforçar as fundações matemáticas de *Os Simpsons*, pois atraiu outro matemático para o time de autores. J. Stewart Burns havia estudado Matemática em Harvard antes de embarcar em um Ph.D. na Universidade da Califórnia, Berkeley. Sua tese de doutorado teria envolvido teoria algébrica dos números ou topologia, mas ele abandonou a pesquisa antes de fazer muito progresso e ganhou título de mestre em vez de um Ph.D. A razão para a partida prematura de Berkeley foi uma oferta de emprego dos produtores da série

*Unhappily Ever After*. Burns sempre tivera a ambição de se tornar um escritor de comédia para a televisão, e essa era a sua grande oportunidade. Logo, ele fez amizade com David S. Cohen, que convidou Burns para fazer uma visita ao escritório de *Os Simpsons* a fim de assistir à leitura de um episódio, que por acaso era "Lisa, uma Simpson". À medida que a trama se desenrolava, incluindo a charada baseada em números, Burns começou a sentir que ali era o seu lugar, trabalhando ao lado de Cohen e dos outros escritores matemáticos. Enquanto trabalhava em *Unhappily Ever After*, Burns era rotulado como o matemático geek com mestrado. Por outro lado, quando ele entrou para a equipe de *Os Simpsons*, um mestrado em Matemática não era mais excepcional. Em vez de ser rotulado como nerd, ele se tornou conhecido como o cara para procurar quando se quer ouvir uma piada suja.

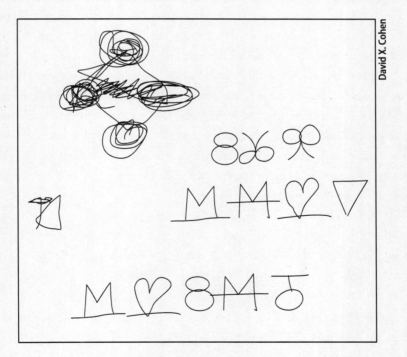

Embora David S. Cohen não se lembre se foi ele quem sugeriu a charada que aparece em "Lisa, uma Simpson", é certo que ele fez o esboço inicial. A charada, quase exatamente como apareceu no episódio, se encontra em uma das últimas linhas desta página de rabiscos. Para resolver o problema, é preciso perceber que as metades da esquerda e da direita são espelhos uma da outra. A metade da direita do primeiro símbolo é 1, enquanto a outra metade é seu reflexo. A metade da direita do segundo símbolo é 2, e a da esquerda é seu reflexo. O padrão é mantido com 3, 4 e 5, então o sexto símbolo seria um 6 combinado ao próprio reflexo.

A primeira linha sugere que Cohen pensou em usar a sequência (3, 6, 9), mas essa ideia foi abandonada, provavelmente porque o quarto elemento, 12, teria requerido dois dígitos. A linha do meio, que exibe a sequência (1, 4, 2, 7), também foi abandonada. Não está claro qual teria sido o quinto elemento da série, e Cohen não se lembra mais do que tinha em mente.

Depois de ter me contado como foi recrutado para se juntar a *Os Simpsons*, Burns traçou alguns paralelos entre charadas e piadas, e sugeriu que eles têm muito em comum. Ambas possuem estruturas cuidadosamente construídas, fazem uso de um elemento surpresa e contam com ganchos. Na verdade, as melhores charadas e as melhores piadas fazem você pensar e sorrir no momento em que as entende. E talvez isso seja parte da razão por que matemáticos se mostraram editores tão valiosos na equipe de autores de *Os Simpsons*.

Além de trazer seu amor por enigmas para as séries, os matemáticos também trouxeram um novo modo de trabalhar. Burns observou que seus colegas que não são matemáticos geralmente apresentam piadas completas, criadas em um momento de inspiração, enquanto os matemáticos do time de autores tendem a oferecer ideias cruas para piadas. Essas piadas incompletas são discutidas na sala dos escritores até serem resolvidas.

Além de empregarem essa abordagem de grupo para criar piadas, os matemáticos também recorrem a ela para desenvolver os enredos. De acordo com Jeff Westbrook, colega da equipe de escritores de Burns em *Os Simpsons*, e outro ex-matemático, esse entusiasmo pela colaboração vem de suas carreiras anteriores: "Eu era um teórico em ciência da computação, então estava sempre com outros caras provando muitos teoremas matemáticos. Quando cheguei aqui, fiquei surpreso ao descobrir que o mesmo acontece na sala dos escritores, pois nos sentamos e brincamos com ideias. Temos um processo criativo comum em que tentamos resolver problemas. Em um caso, o problema é um teorema matemático. No outro, é um elemento de uma história. Nosso objetivo é desmembrar a história e analisá-la. Sobre o que é essa história?"

Pensando nisso, comecei a perguntar a outros autores por que achavam que tantos escritores com formações que envolviam matemática haviam encontrado seu lugar em *Os Simpsons*. Na opinião de Cohen, escritores de comédia com formação em matemática têm mais confiança e se sentem mais à vontade para explorar o desconhecido armados apenas com a sua intuição: "O processo de provar algo é semelhante ao processo de escrita da comédia, pois não há garantia de que você chegará ao final desejado. Quando tenta criar uma piada do nada (que também é sobre determinado tema ou conta uma certa história), não há garantia de que exista uma piada que se encaixe no que você está tentando fazer... e seja engraçada. Da mesma forma, se você está tentando provar algo matematicamente, é possível que não exista uma prova. E com certeza é muito provável que não haja uma prova que sua mente seja capaz de apreciar. Nos dois casos — encontrar uma piada ou provar um teorema — a intuição nos diz se estamos investindo nosso tempo em uma área proveitosa."

Cohen acrescentou que uma formação em matemática pode dar a força intelectual necessária para escrever um episódio de *Os Simpsons*: "Parece divertido e simples, mas temos que bater muito a cabeça na parede. Estamos tentando contar uma história complicada em um período curto de tempo e temos que superar muitos problemas lógicos. É um grande quebra-cabeça. É difícil convencer alguém da aflição e do martírio envolvidos em fazer esses shows, porque o produto final é rápido e leve. Qualquer momento no processo de criação pode ser divertido, mas também é exaustivo."

Para obter outra perspectiva, depois conversei com Matt Selman, que havia estudado Inglês e História antes de entrar para a equipe de autores. Ele se identifica como o "cara que sabe menos sobre matemática". Quando indagado sobre o que fez *Os Simpsons* se tornar um ímã para pessoas interessadas em polinômios, Selman concordou com Cohen sobre os roteiros serem essencialmente um quebra-cabeça e os episódios complicados serem "realmente esgotantes para o cérebro". Além disso, de acordo com Selman, os escritores com formação em Matemática realmente têm uma característica peculiar: "Todos os escritores de comédia gostam de pensar que somos grandes observadores da condição humana, e que entendemos o pathos, o anticlímax, e tudo isso. Se você quisesse rebaixar os matemáticos, poderia dizer que eles são frios e sem sentimentos, e que não sabem boas piadas sobre o que é amar ou perder, mas eu discordo. Entretanto, há uma diferença. Acho que a mente matemática se aplica melhor à criação de piadas muito bobas, pois a lógica está no coração da matemática. Quanto mais você pensar em lógica, mais se diverte distorcendo-a e transformando-a. Acho que a mente racional encontra muito humor na falta de lógica."

Mike Reiss, que trabalhou no primeiro episódio de *Os Simpsons*, concorda: "Existem tantas teorias erradas sobre o humor. Você já ouviu falar no que Freud diz sobre o humor? Ele está muito errado. Porém, percebi que muitas piadas funcionam com uma lógica falsa. Vou dar um exemplo. Um pato entra na drogaria e diz 'Eu quero um ChapStick, por favor', e o farmacêutico pergunta 'Você vai pagar com dinheiro?', e o pato responde 'Não, coloque o ChapStick na minha conta'. Se a incongruência fosse o segredo da piada, seria engraçado o fato de um pato entrar em uma drogaria. Não é a incongruência, mas o fato de haver uma lógica falsa que reúne todos os elementos díspares dessa história."

Embora os escritores tenham dado várias explicações sobre o que leva mentes matemáticas a se dedicarem a escrever comédia, uma questão importante continua sem resposta: por que todos esses matemáticos acabaram trabalhando em *Os Simpsons*, e não em *30 Rock* ou *Modern Family*?

Al Jean tem uma possível explicação, que surgiu quando o lembrei da sua adolescência e do seu relacionamento com laboratórios: "Eu detestava a ciência experimental, porque eu era péssimo no laboratório e nunca conseguia obter o resultado correto. Com a matemática era muito diferente." Em outras palavras, os cientistas precisam lidar com a realidade e todas as suas imperfeições e exigências, enquanto os matemáticos praticam sua arte em um mundo abstrato ideal. Matemáticos, como Jean, têm um desejo profundo de estar no controle, enquanto cientistas gostam de lutar contra a realidade.

De acordo com Jean, a diferença entre a matemática e a ciência pode ser comparada à diferença entre escrever para uma série ao vivo e escrever para uma série de animação: "Acho que a televisão ao vivo é como a ciência experimental, pois os autores atuam como querem, e você tem que se limitar às tomadas. A animação, por sua vez, é mais parecida com a matemática pura, porque você tem um controle real sobre cada nuance de cada fala, como as falas são expressas, e assim por diante. Podemos controlar tudo mesmo. A animação é o universo de um matemático."

∴ ∴

Algumas das piadas favoritas de Mike Reiss fazem uso da matemática: "Gosto dessas piadas. Elas me dão um grande prazer. Estou pensando agora mesmo em uma piada ótima que ouvi quando era criança. É sobre uns caras que compram um caminhão cheio de melancias por 1 dólar a unidade e depois atravessam a cidade e as vendem por 1 dólar a unidade. No fim do dia, eles estão sem dinheiro, e um cara diz: 'Deveríamos ter comprado um caminhão maior.'"*

A piada de Reiss faz parte de uma longa tradição de piadas matemáticas que vão desde as mais triviais de uma só frase a narrativas complexas. Essas piadas podem parecer bizarras para a maioria das pessoas, e realmente não são o tipo de material que costumamos ouvir no repertório de um comediante de *stand-up*, mas fazem parte da cultura da matemática.

---

* Podemos reformular essa piada de forma mais matemática definindo $P_r$ como o preço de revenda, $P_w$ como o preço por atacado e $N$ como o número de melancias que o caminhão pode carregar. A fórmula do lucro (\$) é $\$ = N \times (P_r - P_w)$. Assim, se $P_w = P_r$, então comprar um caminhão maior e aumentar $N$ claramente não faz diferença para o lucro.

A primeira vez que me deparei com uma piada matemática sofisticada foi na adolescência, lendo *Concepts of Modern Mathematics*, de Ian Stewart:

> Um astrônomo, um físico e um matemático (assim contam) estavam passando férias na Escócia. Da janela de um trem, eles viram uma ovelha negra no meio de um campo. "Interessante", observou o astrônomo, "todas as ovelhas escocesas são negras!" Ao que o físico respondeu: "De jeito nenhum! *Algumas* ovelhas escocesas são negras!" O matemático olhou para o céu, exasperado, e então declarou: "Na Escócia, existe pelo menos um campo, contendo pelo menos uma ovelha, *da qual pelo menos um lado é negro*."

Guardei essa piada na cabeça por dezessete anos, e então a incluí no meu primeiro livro, que discute a história e a prova do último teorema de Fermat. A piada era uma ilustração perfeita da natureza rigorosa da matemática. Na verdade, eu gostava tanto da piada que sempre contava a história da ovelha negra nas minhas palestras, depois do que membros da plateia costumavam me procurar para contar suas próprias piadas sobre π, o infinito, grupos abelianos e o Lema de Zorn. Querendo saber que outras piadas faziam outros nerds rirem, comecei a pedir às pessoas que me mandassem suas piadas matemáticas favoritas por e-mail, e na última década recebi um fluxo constante de presentes cômicos de natureza intelectual, que vão de trocadilhos deploráveis a anedotas ricas. Uma das minhas favoritas é uma história originalmente contada pelo historiador da matemática Howard Eves (1911-2004). Ela é sobre o matemático Norbert Wiener, pioneiro da cibernética:

> Quando [Wiener] e sua família se mudaram para uma nova casa a alguns quarteirões, sua mulher lhe deu orientações por escrito sobre como chegar ao local, pois sabia que ele era desatento. Acontece que, quando saiu do seu escritório no fim do dia, ele não conseguia se lembrar de onde havia colocado o papel nem de onde ficava a nova casa.

Então, ele resolveu dirigir pela antiga vizinhança. Ele viu uma menina e perguntou: "Garotinha, você pode me dizer para onde os Wieners se mudaram?" "Sim, papai", foi a resposta, "mamãe disse que você provavelmente estaria aqui, então me mandou vir para lhe mostrar o caminho para casa."

Entretanto, nas anedotas sobre matemáticos famosos e piadas que fazem uso de estereótipos de matemáticos, as possibilidades de exploração da natureza da matemática são limitadas. Elas também podem se tornar repetitivas, como mostra essa paródia muito conhecida:

Um engenheiro, um físico e um matemático percebem que estão dentro de uma piada — na verdade, uma piada muito parecida com muitas que você com certeza já ouviu. Depois de algumas observações e cálculos aproximados, o engenheiro se dá conta da situação e começa a rir. Alguns minutos depois, o físico também entende e ri satisfeito, porque agora tem evidências experimentais o bastante para publicar um artigo. O matemático fica perplexo, pois tinha percebido desde o início que estava sendo objeto de uma piada e, como já tinha ouvido muitas parecidas, havia identificado rapidamente qual deveria ser a graça. O problema é que ele acha a piada um corolário trivial demais para ser relevante, e muito menos engraçado.

Por outro lado, em muitas piadas o humor se baseia na linguagem e nas ferramentas da matemática. Por exemplo, existe uma piada muito popular que parece ter sido criada durante um exame por um estudante brincalhão chamado Peter White, de Norwich, Inglaterra. A questão pedia que os alunos desenvolvessem a expressão $(a + b)^n$. Se você nunca se deparou com esse tipo de questão, tudo que precisa saber é que ela trata do Binômio de Newton, e que a resposta correta precisa explicar que o $n$-ésimo termo do desenvolvimento possui o coeficiente $n!/[(r-1)!\,(n-r+1)!]$. Essa resposta seria bastante técnica, mas Peter interpretou a questão de forma radicalmente diferente e apresentou uma solução inspirada:

## 58 • OS SEGREDOS MATEMÁTICOS DOS SIMPSONS

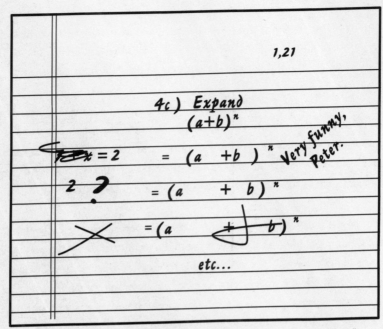

A mensagem do professor que corrigiu a prova diz: "Muito engraçado, Peter."

A resposta criativa de Peter me levou a refletir que criar uma piada matemática requer uma compreensão da matemática, e entender a piada requer um nível semelhante de entendimento. Assim, piadas matemáticas testam o seu conhecimento.

Pensando nisso, reuni as melhores piadas matemáticas do mundo, ordenando-as por nível de dificuldade, e as dividi em cinco exames distribuídos ao longo do livro. À medida que explora o humor matemático presente em *Os Simpsons*, você encontrará exames cada vez mais difíceis. Sua tarefa é ler as piadas e ver quais o fazem rir (ou lamentar). Isso o ajudará a avaliar como seu conhecimento sobre matemática e seu senso de humor estão se desenvolvendo.

Você pode começar seu primeiro exame... agora!

Boa sorte.

# ARITMÉTICLA E GEOMETRIHAHAHAH

UM EXAME EM CINCO PARTES DE AVALIAÇÃO
DE HUMOR E MATEMÁTICA

O exame foi dividido em cinco partes separadas. A primeira é de nível elementar, consistindo em oito piadas simples.*

As partes seguintes terão níveis de dificuldade gradualmente maiores.

Calcule sua pontuação de acordo com o número de vezes que rir ou lamentar pelas piadas.

Se você rir/lamentar o bastante para conseguir 50% da pontuação total, terá passado na parte em questão do exame.

---

* Esses trocadilhos, pilhérias e histórias para boi dormir foram passados de uma geração de nerds para outra, o que significa que os nomes dos autores infelizmente se perderam com o tempo (ou, como seria de se compreender, eles preferiram o anonimato).

# EXAME I
## NÍVEL DE ENSINO FUNDAMENTAL

**PIADA 1**  P: O que o número 0 disse ao número 8?  *2 pontos*
R: Belo cinto!

**PIADA 2**  P: Por que o 5 comeu o 6?  *2 pontos*
R: Porque 7 8 9.

[No original: P: "Why did 5 eat 6?"; R: "Because 7 8 9." É feito um trocadilho entre 8 (eight) e "ate" (comeu), daí "7 8 9" ("o 7 comeu o 9").]

**PIADA 3**  Toc, toc.  *3 pontos*
*Quem é?*
Convexos.
*Que convexos?*
Convexos vão para a prisão!

[O trocadilho é entre "convex" e "convicted" — respectivamente, "convexo" e "condenado(s)". Daí: "Convexos (referindo-se a condenados) vão para a prisão!"]

**PIADA 4**  Toc, toc.  *3 pontos*
*Quem é?*
Prisma.
*Que prisma?*
Prisma é para onde os convexos vão!

[O trocadilho é entre "prism" e "prison" — "prisma" e "prisão". Daí, "Convexos [referindo-se a condenados da piada anterior] vão para o prisma [referindo-se a "prisão"]".

**PIADA 5**  Professora: "Quanto é sete Q mais três Q?"  *2 pontos*
Aluno: "Dez Q."

Professora: "De nada."

[No original: Professora: "What is seven Q plus three Q?"; Aluno: "Ten Q." "Ten Q" tem quase o mesmo som que "thank you", ou "obrigado".]

**PIADA 6**  Um chefe cherokee tinha três mulheres, e as *4 pontos* três estavam grávidas. A primeira mulher deu à luz um menino, e o chefe ficou tão exultante que fez para ela uma tenda de pele de búfalo. Alguns dias depois, a segunda mulher deu à luz também um menino. O chefe ficou felicíssimo; ele fez para ela uma tenda de pele de antílope. A terceira mulher deu à luz dias depois, mas o chefe manteve os detalhes sobre o parto em segredo.

Ele fez para a terceira mulher uma tenda de pele de hipopótamo e desafiou os membros da tribo a adivinharem os detalhes do parto. Quem adivinhasse receberia um prêmio. Várias pessoas tentaram e falharam. Finalmente, um jovem corajoso declarou que a terceira mulher havia tido gêmeos. "Correto!", exclamou o chefe. "Mas como você adivinhou?"

"Foi simples", respondeu o guerreiro. "O valor da mulher do hipopótamo é igual à soma dos filhos das mulheres das outras duas peles."

*Outras versões da piada 6 têm conclusões diferentes. Você receberá pontos adicionais se rir das outras conclusões:*

**PIADA 7**  "O valor da musa hipertensa é igual à soma *2 pontos* dos valores das outras duas noivas."

**PIADA 8**  "O escudeiro do pote e do laço elevados é  *2 pontos*
igual à soma dos escudeiros dos outros
dois lados."

[Aqui, as piadas envolvem o teorema de Pitágoras: a soma dos quadrados dos catetos é igual ao quadrado da hipotenusa. São usadas palavras cuja pronúncia lembra "quadrado", "hipotenusa", "soma" e "lados" (os catetos). No texto original da piada 6, "The value of the squaw of the hippopotamus is equal to the sons of the squaws of the other two hides": "squaw" [mulher] é um trocadilho com "square" [quadrado]; "hippopotamus" [hipopótamo] é um trocadilho com "hypotenuse" [hipotenusa]; "sons" [filhos] é um trocadilho com "sum"; [soma] e "hides" [peles] é um trocadilho com "sides" [lados]. No texto original da piada 7, "The share of the hypertense muse equals the sum of the shares of the other two brides": "hypertense muse" [musa hipertensa] é um trocadilho com "hypotenuse"; "shares" [valores] é um trocadilho com "squares" [quadrados]; e "brides" [noivas] é um trocadilho com "sides" [lados]. No texto original da piada 8, "The squire of the high pot and noose is equal to the sum of the squires of the other two sides": "squire" [escudeiro] é um trocadilho com "square" [quadrado]; e "high pot and noose" [pote e laço elevados] é um trocadilho com "hypotenuse" [hipotenusa].]

**TOTAL: 20 PONTOS**

# 5
# SEIS GRAUS DE SEPARAÇÃO

• • • • •

Durante uma visita a Los Angeles em outubro de 2012, tive a sorte de participar de uma leitura de um episódio inédito de *Os Simpsons* intitulado "Quatro arrependimentos e um funeral". O elenco deveria ler todo o episódio a fim de identificar quaisquer problemas antes de o roteiro ser concluído na preparação para a animação. Foi estranho ver e ouvir uma adulta, Yeardley Smith, lendo as falas com a voz de Lisa. Experimentei a mesma extrema dissonância cognitiva quando ouvi as vozes de Homer, Marge e Moe Szyslak, cujos tons e a dicção me são tão familiares depois de anos assistindo a *Os Simpsons*, saírem das bocas das formas humanas demais de Dan Castellaneta, Julie Kavner e Hank Azaria.

Embora haja muito para apreciarmos em "Quatro arrependimentos e um funeral", infelizmente o episódio não contém referências matemáticas. Contudo, no mesmo dia recebi o roteiro preliminar de outro episódio inédito, "A saga de Carl", que continha uma cena inteira dedicada à teoria das probabilidades.

"A saga de Carl" começa com Marge arrancando a família da frente da televisão e levando-os em uma viagem educacional ao Corredor da Probabilidade, no Museu da Ciência de Springfield. Lá, eles assistem a um vídeo apresentado por um ator que interpreta o papel de Blaise Pascal (1623-1962), pai da teoria das probabilidades, e também a uma demonstração experimental da teoria conhecida como *tábua de Galton*. A demonstração envolve bolas de gude rolando pela tábua e ricocheteando sobre uma série de pinos. Em cada pino, as bolinhas ricocheteiam aleatoriamente para a direita ou esquerda, caindo sobre o pino seguinte, onde têm a mesma probabilidade aleatória. As bolinhas finalmente caem em uma série de divisórias e formam uma distribuição curva.

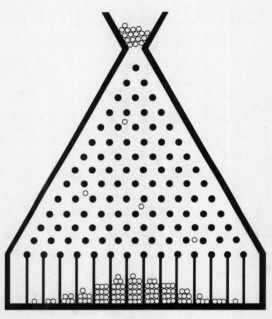

A tábua de Galton ganhou esse nome por causa do seu inventor, o polímata inglês Francis Galton (1822-1911). O experimento funciona com bolas de gude, que entram no topo da tábua, quicam nos pinos e caem na base, onde formam uma distribuição binomial. Uma versão desse experimento clássico da teoria das probabilidades aparece em "A saga de Carl".

Apenas com a leitura do roteiro era impossível saber como a tábua de Galton apareceria no episódio. A única certeza que eu tinha era que a distribuição curva seria matematicamente precisa, porque um dos escritores explicou que a natureza exata da distribuição das bolinhas de gude havia dominado as sessões de leitura do esboço do roteiro. De acordo com Jeff Westbrook, ele e dois outros matemáticos da equipe de autores discutiram qual função de probabilidade descreveria corretamente a distribuição das bolinhas, enquanto os outros escritores os observavam em silêncio. "Estávamos discutindo se deveria ser [a distribuição de] Gauss ou [a de] Poisson", lembra Westbrook. "No final, decidi que tudo depende de como a modelarmos, mas é essencialmente a distribuição binomial. Enquanto isso, os outros reviravam os olhos, entediados."

Westbrook fez mestrado em Física em Harvard, e depois fez Ph.D. matemático em Ciência da Computação na Universidade de Princeton. Seu orientador foi Robert Tarjan, um cientista da computação mundialmente famoso que em 1986 ganhou o Prêmio Turing, conhecido como o Prêmio Nobel da computação. Após ter concluído seu Ph.D., Westbrook foi professor associado na Universidade de Yale por cinco anos, e depois passou a trabalhar para a AT&T Bell Laboratories. Mas o amor de Westbrook pela comédia pastelão e pelos trocadilhos era tão grande quanto o seu amor pela estatística e pela geometria, e esse amor acabou por levá-lo a abandonar a pesquisa e ir para Los Angeles.

Sua mãe, que sempre apoiara sua ambição de se tornar um pesquisador, a princípio considerou a mudança de profissão para se tornar escritor de comédia um "crime absoluto". Westbrook acha que o pai, um matemático, tinha as mesmas reservas, mas era educado demais para expressá-las. Seus colegas pesquisadores se mostraram igualmente descrentes. Westbrook ainda se lembra das últimas palavras que ouviu do chefe ao deixar a AT&T Bell Labs: "Bem, entendo por que você está fazendo isso. Espero que fracasse, porque eu gostaria que você voltasse a trabalhar aqui."

Depois de saber qual era a sua formação acadêmica, me perguntei se Westbrook era o escritor mais qualificado em matemática de *Os Simpsons*. O certo é que ele havia alcançado o nível acadêmico mais elevado, mas talvez os outros houvessem escrito mais artigos acadêmicos ou colaborado com um número maior de matemáticos. Em busca de uma métrica para a magnificência matemática, me dei conta de que uma forma de obter uma classificação seria aplicar uma técnica baseada na teoria dos *seis graus de separação*.

Segundo essa teoria, todas as pessoas no mundo inteiro estão conectadas entre si por um máximo de apenas seis relacionamentos. Por exemplo, eu provavelmente conheço alguém que conhece alguém que conhece alguém que conhece alguém que conhece alguém que conhece você. Essa é a versão mais geral e conhecida da teoria dos seis graus de separação, mas a técnica pode ser adaptada para comunidades específicas, como a dos matemáticos. Assim, a teoria pode ser usada para identificar quem está conectado no mundo da matemática, e quem, portanto, pode ter as melhores credenciais matemáticas. Não é uma métrica perfeita, mas pode oferecer informações interessantes.

A versão matemática da teoria dos seis graus de separação se chama *número de Erdős*, assim denominada em homenagem ao matemático Paul Erdős (1913-1996). Seu objetivo é encontrar uma conexão entre qualquer matemático e Erdős. Os matemáticos com as conexões mais próximas recebem uma classificação superior à daqueles com conexões mais distantes. Mas por que Erdős é considerado o centro do universo matemático?

Erdős ocupa essa posição por ter sido o matemático mais prolífico do século XX. Ele publicou 1.525 artigos de pesquisa que escreveu com 511 coautores. Esse feito incrível foi possibilitado pelo estilo de vida excêntrico de Erdős, que envolvia viajar de um campus a outro, começando uma colaboração com um matemático diferente em questão de semanas e escrevendo artigos de pesquisa com todos eles. Ao longo da vida, ele conseguiu acomodar todos os seus pertences em uma única mala, o que era muito conveniente para um matemático nômade, sempre na estrada em busca dos problemas mais interessantes e dos colaboradores mais produtivos. Erdős abastecia o cérebro com café e anfetaminas para maximizar sua produtividade matemática, e com frequência repetia uma noção apresentada pelo colega Alfréd Rényi: "Um matemático é uma máquina para transformar café em teoremas."

O número de Paul Erdős é obtido a partir de conexões formadas por meio de artigos escritos em colaboração, geralmente artigos de pesquisa em matemática. Qualquer um que seja coautor direto de um artigo com

Erdős tem um *número de Erdős* igual a 1. Da mesma forma, matemáticos coautores de artigos com alguém que seja coautor de Erdős têm um número de Erdős igual a 2, e assim por diante. Seja por qual rede for, Erdős pode ser conectado a quase todos os matemáticos do mundo, não importa qual seja sua área de pesquisa.

Tomemos Grace Hopper (1906-1992) como exemplo. Ela desenvolveu o primeiro compilador para uma linguagem de programação de computadores, inspirou o desenvolvimento da linguagem de programação COBOL e popularizou o termo *bug* para descrever um defeito em um computador depois de encontrar uma mariposa presa no computador Mark II, na Universidade de Harvard. Hopper fez muito com seu talento matemático, na indústria e como membro da Marinha dos Estados Unidos. Grace "Fantástica" Hopper acabou por ser promovida a contra-almirante, e hoje há um destróier chamado USS *Hopper*. Para resumir, o *modus operandi* militar, obstinado, aplicado, industrial e focado em tecnologia de fazer matemática de Hopper, não tinha nenhuma semelhança com a devoção purista de Erdős aos números. Todavia, o número de Erdős de Hopper é de apenas 4. Isso se deve ao fato de ela ter publicado artigos com seu orientador no doutorado, Øystein Ore, cujos demais alunos incluíam o eminente matemático Marshall Hall, que ofereceu grandes contribuições à teoria dos grupos e também foi coautor de um artigo com o distinto matemático britânico Harold R. Davenport — o qual, por sua vez, havia publicado com Erdős.

Assim, qual é a classificação de Jeff Westbrook no número de Erdős? Ele começou a publicar artigos de pesquisa quando fazia Ph.D. em Ciência da Computação na Universidade de Princeton. Além da sua tese, publicada em 1989 e intitulada *Algorithms and Data Structures for Dynamic Graph Algorithms*, ele foi coautor de artigos com seu orientador Robert Tarjan. Este havia publicado com Maria Klawe, a qual colaborou com Paul Erdős. Isso dá a Jeff Westbrook um respeitável número de Erdős de apenas 3.

No entanto, isso não o torna exatamente o vencedor entre os autores de *Os Simpsons*. David S. Cohen publicou um artigo com Manuel Blum, não apenas outro agraciado pelo Prêmio Turing, como coautor de um artigo com Noga Alon na Universidade de Tel Aviv. Noga Alon publicou vários artigos com Erdős, de forma que Cohen também tem um número de Erdős de 3.

Para o desempate entre Cohen e Westbrook, decidi explorar outra faceta de um autor bem-sucedido de *Os Simpsons* — ou seja, as conexões na indústria do entretenimento de Hollywood. Uma abordagem para a classificação de alguém dentro da hierarquia de Hollywood é o emprego de outra versão da teoria dos seis graus de separação, conhecida como *seis graus de separação de Kevin Bacon*. O desafio é encontrar o denominado *número de Bacon* do indivíduo ligando-o ao ator por meio de filmes. Por exemplo, Sylvester Stallone tem um número de Bacon de 2, pois fez *Your Studio and You* (1995) com Demi Moore, que fez *Questão de Honra* (1992) com Kevin Bacon.

Então, que autor de *Os Simpsons* tem o menor número de Bacon — e, portanto, as melhores credenciais em Hollywood? Essa honra é do notável Jeff Westbrook. Ele estreou como ator na aventura naval *Mestre dos mares: o lado mais distante do mundo* (2003). Enquanto o filme estava em produção, o diretor anunciou que precisavam de um navegador experiente de ascendência anglo-irlandesa para fazer parte da tripulação dos navios, e Westbrook se ofereceu por se encaixar na descrição. Assim, ele recebeu um papel secundário no filme ao lado do ator principal, Russell Crowe. Crowe é importante, pois atuou em *Rápida e mortal* (1995) com Gary Sinise, que fez *Apolo 13* (1995) ao lado de Bacon. Assim, Westbrook tem um número de Bacon de 3, o que o coloca logo atrás de Stallone. Para resumir, ele tem credenciais impressionantes em Hollywood.

Portanto, Westbrook tem tanto um número de Bacon de 3 quanto um número de Erdős de 3. É possível combinar esses números em um *número de Erdős-Bacon* de 6, o que serve para indicar a conectividade geral de Westbrook nos mundos de Hollywood e da matemática. Embora ainda não tenhamos discutido os números de Erdős-Bacon dos outros autores de *Os Simpsons*, posso garantir que nenhum supera a classificação de

Westbrook. Em outras palavras, de toda gangue de nerds de Hollywood, Westbrook é ao mesmo tempo o mais nerd e a maior estrela.*

• • • •

Ouvi falar pela primeira vez no número de Erdős-Bacon graças a Dave Bayer, um matemático da Universidade de Columbia. Ele foi consultor do filme *Uma mente brilhante*, baseado na aclamada biografia escrita por Sylvia Nasar do matemático John Nash, que havia ganhado o Prêmio Nobel de Ciências Econômicas em 1994. As atribuições de Bayer incluíam checar as equações que apareceram na tela e atuar como dublê de mão de Russell Crowe nas cenas no quadro-negro. Bayer também recebeu um papel pequeno no final do filme, quando os professores de matemática de Princeton oferecem suas canetas a Nash em reconhecimento às suas grandes descobertas. Bayer explicou orgulhosamente: "Na minha cena, conhecida como Cerimônia das Canetas, eu digo 'Uma honra, professor'. Sou o terceiro a depositar uma caneta diante de Russell Crowe." Então, Bayer atuou em *Uma mente brilhante* ao lado de Rance Howard. Este, por sua vez, fez *Apolo 13* com Kevin Bacon, o que significa que o número de Bacon de Bayer é 2.

Como um matemático respeitadíssimo, não surpreende que Bayer tenha um número de Erdős de 2, o que lhe dá um número combinado de Erdős-Bacon de apenas 4. Quando *Uma mente brilhante* foi lançado em 2001, Bayer afirmou ter o número mais baixo de Erdős-Bacon.

Mais recentemente, Bruce Reznick, um matemático da Universidade de Illinois, afirmou ter um número de Erdős-Bacon ainda menor. Ele

---

* É claro que eu não poderia ter deixado de verificar minhas próprias credenciais. Meu número de Erdős é 4 e meu número de Bacon é 2, o que me deixa de igual para igual com Jeff Westbrook. Além disso, parece que também tenho um número do Sabbath, gerado como resultado de colaborações musicais que me ligam a um membro da banda de rock Black Sabbath. Aliás, de acordo com o Erdős-Bacon-Sabbath Project (http://ebs.rosschurchley.com), tenho um número de Erdős-Bacon-Sabbath de 10, o que me dá o oitavo número mais baixo de Erdős-Bacon-Sabbath, o mesmo que Richard Feynman e outros!

é coautor de um artigo junto a Erdős intitulado "The Asymptotic Behavior of a Family of Sequences", o que lhe dá um número de Erdős de 1. Igualmente impressionante é o fato de que ele teve um papel muito pequeno em *Garotas lindas aos montes*, um filme de 1971 escrito e produzido por Gene Roddenberry, o lendário criador de *Jornada nas estrelas*. Esse filme sanguinolento adolescente, que conta a história de um assassino em série que persegue suas vítimas na escola Oceanfront, conta com um elenco que inclui Roddy McDowall, que atuou em *A grande comédia* (1989) com Kevin Bacon. Isso dá a Reznick um número de Bacon de 2, o que significa que ele tem um número incrivelmente pequeno de Erdős-Bacon de 3.

Até agora, discutimos os números recorde de Erdős-Bacon de matemáticos que se aventuraram como atores, mas alguns atores também mergulharam no mundo da pesquisa e, com isso, alcançaram números respeitáveis de Erdős-Bacon. Um dos exemplos mais famosos é Colin Firth, cujo caminho para Erdős começou quando ele trabalhou como editor convidado do programa da BBC Radio 4 *Today*. Para uma das matérias do programa, Firth pediu aos neurocientistas Geraint Rees e Ryota Kanai que conduzissem um experimento para analisar as correlações entre a estrutura do cérebro e os pontos de vista políticos. Isso levou a mais pesquisas, e em dado momento os neurocientistas convidaram Firth para se juntar a eles como coautor de um artigo intitulado "Political Orientations Are Correlated with Brain Structure in Young Adults". Embora Rees seja um neurocientista, ele tem um número de Erdős de 5, pois acumulou colaborações que acabaram por ligá-lo ao mundo da matemática. Como publicou um artigo com Rees, Firth ganhou um número de Erdős de 6. Ele também tem um número de Bacon de apenas 1, pois trabalhou com o ator em *Verdade nua* (2005). Isso lhe dá um impressionante número de Erdős-Bacon de 7, ainda que ele esteja muito longe do recorde de Reznick.

Já Natalie Portman também tem um número de Erdős-Bacon notável. Ela conduziu uma pesquisa enquanto estudava na Universidade de Harvard, o que a levou a ser coautora de um artigo intitulado "Frontal

Lobe Activation During Object Permanence: Data from Near-Infrared Spectroscopy". No entanto, ela não é identificada como Natalie Portman em nenhum banco de pesquisas, pois publicou o artigo com o nome de nascença Natalie Hershlag. Uma das coautoras é Abigail A. Baird, que tem uma relação com a pesquisa matemática que lhe dá um número de Erdős de 4. Isso significa que Portman tem um número de Erdős de 5. Quanto ao número de Bacon, ela obteve um por meio do crédito como diretora em um dos segmentos do filme *Nova York, eu te amo* (2009). Algumas versões do filme contêm uma sequência estrelando Kevin Bacon, de forma que, tecnicamente, Portman tem um número de Bacon de 1. Isso lhe dá um número de Erdős-Bacon de 6 — baixo o bastante para superar o de Firth, mas alto demais para que ela tenha alguma esperança de desafiar o recorde de Reznick.

E quanto a Paul Erdős? Surpreendentemente, ele tem um número de Bacon de 4, pois aparece em *N Is a Number* (1993), um documentário sobre sua vida que também conta com a participação de Tomasz Luczak, o qual fez *O moinho e a cruz* (2011) com Rutger Hauer. Este atuou em *Aliança mortal* (1991) com Preston Maybank, que fez *Droga da sedução* (2001) com Kevin Bacon. Seu número de Erdős, por razões óbvias, é 0, então Erdős tem um número combinado de Erdős-Bacon de 4 — menor do que o de Reznick.

E, por fim, qual é o número de Erdős-Bacon de Kevin Bacon? Bem, sendo Bacon, ele tem um número de Bacon de 0. Contudo, ele não tem um número de Erdős. Em tese, é possível que ele desenvolva uma paixão pela teoria dos números e colabore em um artigo de pesquisa com alguém que tenha um número de Erdős de 1. Isso lhe daria o número imbatível de Erdős-Bacon de 2.

# 6
# LISA SIMPSON, RAINHA DA ESTATÍSTICA E DOS TACOS

•••••

Quando os Simpsons estrearam na televisão em *The Tracey Ullman Show*, suas personalidades ainda não estavam formadas no que são hoje. Em seu livro de memórias, *My Life as a Ten-Year-Old Boy* [Minha vida como um menino de 10 anos], a voz de Bart Simpson, Nancy Cartwright, destacou uma grande falha de caráter em Lisa: "Ela era só uma garota em desenho animado sem personalidade." A descrição é dura, mas justa. Se Lisa tinha alguma personalidade em suas primeiras aparições, ela não passava de uma versão leve de Bart — um pouco menos travessa e igualmente sem interesse por livros. Alcançar o "nerdvana" era a última coisa em que Lisa poderia pensar.

Porém, com a aproximação da estreia da série propriamente dita, Matt Groening e sua equipe de autores trabalharam em conjunto para dar a Lisa uma identidade própria. Seu cérebro foi reconfigurado, e ela reencarnou como uma potência intelectual, dotada de doses adicionais de compaixão e responsabilidade social. Cartwright resumiu muito bem a personalidade da sua reformulada irmã fictícia: "Lisa Simpson não é apenas o tipo de criança que queremos que nossos filhos sejam, mas também o tipo que queremos que *todas* as crianças sejam."

Embora Lisa seja uma aluna multitalentosa do tipo que só encontraríamos na Renascença, o diretor Skinner reconhece seu talento para a matemática em "A casa da árvore dos horrores X" (1999). Quando uma grande pilha de bancos cai sobre Lisa, ele lamenta: "Ela foi esmagada... Lá se foram as esperanças do nosso time de atletamática."

Vemos seu dom para a matemática em ação em "Momento da verdade" (1990), um episódio no qual Homer e Bart desafiam Ned e Todd Flanders, os vizinhos cuja grama é sempre mais verde que a deles, para um torneio de golfe em miniatura. Enquanto o grande jogo se aproxima, Bart luta para desenvolver sua técnica de *putting*,* então pede a ajuda de Lisa. Ela deveria ter sugerido que Bart adotasse uma pegada diferente, pois ele é canhoto, mas durante o episódio tenta segurar o taco como destro. Em vez disso, Lisa se concentra na geometria como a chave para o putting, pois pode usar essa área da matemática para calcular a trajetória ideal da bola e garantir que Bart acerte o buraco. Em uma das sessões de treinamento, ela consegue ensinar a Bart como fazer a bola de golfe bater em cinco barreiras antes de entrar no buraco, levando Bart a exclamar: "Eu não acredito! Achei uma aplicação prática para a geometria!"

É uma façanha e tanto, mas os autores usam a personalidade de Lisa para explorar ideias mais complexas da matemática em "MoneyBART" (2010). No início do episódio, a glamourosa Dahlia Brinkley é recebida de volta na Escola Primária de Springfield como a única aluna a ter feito uma faculdade da Ivy League.** O diretor Skinner e o superintendente Chalmers tentam agradar a srta. Brinkley, assim como alguns alunos. Isso inclui o geralmente grosseiro Nelson Muntz, que tenta impressionar a ex-aluna mais bem-sucedida de Springfield fingindo ser amigo de Lisa. Fingindo interesse pela aptidão matemática de Lisa, ele a encoraja a mostrar sua habilidade à srta. Brinkley:

**Nelson:** Ela sabe resolver problemas com letras. Saca só! Qual é o $x$ da questão, Lisa?

---

* Denominação usada no golfe para tacadas de curta distância. (*N. da T.*)

** Ivy League é o nome dado ao grupo de oito universidades de mais prestígio dos Estados Unidos: Brown, Columbia, Cornell, Dartmouth, Harvard, Universidade da Pensilvânia, Princeton e Yale. (*N. da T.*)

Lisa: Ué, não entendi.
Nelson: Foi mal. Ontem ela entendeu.

Durante esse encontro, Dahlia explica a Lisa que boas notas não são o bastante para entrar nas melhores universidades, e que seu próprio sucesso deveu-se em parte a uma grande variedade de atividades extracurriculares praticadas na Escola Primária de Springfield. Lisa menciona que é tesoureira do clube de jazz e que montou a sociedade de reciclagem da escola, mas Dahlia não se impressiona: "Dois clubes? Querida, isso é brincadeira, não passaporte para uma grande universidade."

Enquanto isso, o time de beisebol infantil de Bart, os Isotots, perdeu seu técnico, e Lisa aproveita a oportunidade para melhorar suas credenciais para a Ivy League assumindo a vaga. Embora tenha ganhado uma nova atividade extracurricular, ela percebe que não sabe nem o básico do beisebol, então vai até a Taverna do Moe para pedir ajuda a Homer. Em vez de Homer passar sua experiência, Moe aponta para um quarteto improvável de intelectuais sentados a um canto. Para a surpresa de Lisa, Benjamin, Doug e Gary, da Universidade de Springfield, estão tendo uma discussão acalorada sobre beisebol com o Professor Frink. Quando ela lhes pergunta por que estão discutindo sobre o esporte, Frink explica que "beisebol é um jogo praticado pelos habilidosos, mas compreendido apenas pelos engenhosos".*

Em outras palavras, Frink está afirmando que a única forma de entender o beisebol é por meio de profundas análises matemáticas. Ele entrega a Lisa uma pilha de livros para que ela possa estudar em casa. Antes de Lisa ir embora, Moe se dirige aos geeks e reclama por eles não estarem bebendo cerveja: "Ah, por que anunciei meus drinques especiais na revista de ciência?"

---

* Lembre-se que Poindexter era o menino gênio de *O Gato Félix* que inspirou o nome poindextrose, dado ao feromônio descoberto por Lisa no episódio "Adeusinho, boboca" (2010). No texto original em inglês, em vez de "engenhosos", o Professor Frink usa o termo "Poindexterous". No caso do episódio "Adeusinho, boboca", o texto em português também substituiu o termo "poindextrose". (*N. da T.*)

Lisa segue o conselho de Frink. Um repórter a vê debruçada sobre pilhas de livros técnicos pouco antes do seu primeiro jogo como treinadora dos Isotots. (Ver imagem 4 do encarte) Essa visão extraordinária o leva a observar: "Não vejo essa quantidade de livros numa canoa desde que Albert Einstein foi remar."

Os livros de Lisa têm títulos como $e^{i\pi} + 1 = 0$, $F = MA$ e *Schrödinger's Bat*.* Embora esses títulos sejam fictícios, o livro embaixo do laptop de Lisa é *The Bill James Historical Baseball Abstract*, um catálogo real das estatísticas mais importantes no beisebol, compilado por um dos maiores pensadores do esporte.

Bill James seria reverenciado tanto no beisebol quanto na estatística, mas sua pesquisa nessas áreas não teve início nem nos esportes nem nas torres de marfim da academia. Em vez disso, suas primeiras e mais brilhantes ideias lhe ocorreram durante suas noites longas e solitárias como vigia de uma fábrica de *pork and beans*** da Stokely-Van Camp, uma das companhias de enlatados mais veneradas dos Estados Unidos.

Enquanto protegia o suprimento de *pork and beans* da nação, James explorou verdades que escaparam a gerações anteriores de aficionados pelo beisebol. Gradualmente, ele chegou à conclusão de que a estatística usada para avaliar a força de jogadores de beisebol individuais às vezes era inapropriada, ocasionalmente mal compreendida e, o pior, com frequência levava a equívocos. Por exemplo, a principal estatística usada para a avaliação do desempenho de um apanhador era o número de erros cometidos: quanto menos erros, melhor o apanhador. Isso parece lógico, mas James tinha dúvidas em relação à validade de estatísticas baseadas em erros.

Para compreender o pensamento de James, imaginemos que o rebatedor acertou uma bola para longe de todos os apanhadores. Um apanhador rápido corre 50 jardas, alcança a bola bem a tempo, mas apenas

---

* Trocadilho com o experimento mental proposto por Erwin Schrödinger que passou a ser denominado "Schrödinger's Cat" [gato de Schrödinger]. (*N. da T.*)

** Prato típico americano cujos principais ingredientes são feijão e porco. (*N. da T.*)

bate com a mão nela, sem conseguir apanhá-la. Isso é contado como um erro. Mais adiante no jogo, um apanhador lento se vê diante da mesma situação, mas como não consegue correr nem metade da distância até o ponto onde a bola cairá, sequer espera tentar apanhá-la. Crucialmente, isso *não* é contado como um erro, pois o apanhador não espalmou a bola nem a deixou cair.

Com base apenas nessas informações, que jogador você preferiria ter no seu time? A resposta óbvia é o jogador mais rápido, pois da próxima vez ele poderá apanhar a bola, enquanto o jogador lento sempre correrá devagar demais para ter qualquer chance de fazer algo útil nesse cenário.

No entanto, de acordo com a estatística baseada em erros, o jogador mais rápido cometeu um erro, e o mais lento não. Então, se escolhêssemos um jogador com base nessa estatística, escolheríamos o jogador errado. Esse era o tipo de estatística que mantinha James acordado todas as noites. Ela tinha o potencial de dar falsas impressões do desempenho de um jogador.

É claro que James não foi a primeira pessoa a se preocupar com o uso equivocado da estatística. Mark Twain popularizou a expressão: "Existem três tipos de mentiras: mentiras, mentiras terríveis e estatísticas." Seguindo uma linha de pensamento semelhante, o químico Fred Menger escreveu: "Se você torturar os dados o bastante, eles confessarão praticamente tudo que você quiser." No entanto, James estava convencido de que a estatística poderia ser usada de forma muito eficaz para o bem. Se ao menos conseguisse identificar as estatísticas certas e interpretá-las corretamente, ele acreditava poder ganhar uma visão profunda da verdadeira natureza do beisebol.

Toda noite ele analisava os dados, anotava algumas equações e testava várias hipóteses. No final das contas, James começou a desenvolver uma metodologia estatística e organizou suas teorias em um panfleto conciso intitulado *1977 Baseball Abstract: Featuring 18 Categories of Statistical Information That You Just Can't Find Anywhere Else*. Ele o anunciou na *Sporting News* e conseguiu vender 75 exemplares.

O segundo panfleto, *1978 Baseball Abstract*, continha 40 mil estatísticas, e obteve ainda mais sucesso, vendendo 250 exemplares. No *1979 Baseball Abstract*, James explicou sua motivação para publicar todas essas estatísticas: "Sou um mecânico dos números, manipulando os registros dos jogos de beisebol para ver como funcionam as engrenagens do ataque do beisebol. Começo meu trabalho com os números da mesma forma que um mecânico começaria com uma chave inglesa. Começo com o jogo, com o que vejo e com o que as pessoas dizem. E me pergunto: Isso é verdade? Ela pode ser comprovada? Pode ser medida?"

Ano após ano, James testemunhava o aumento do número de leitores do *Baseball Abstract* à medida que analistas de números como ele percebiam ter encontrado um guru. O romancista e jornalista Norman Mailer tornou-se seu fã, bem como o fanático por beisebol e ator David Lander, que interpretou Squiggy no programa de TV *Laverne and Shirley*. Um dos fãs mais jovens de James era Tim Long, futuro integrante da equipe de autores de *Os Simpsons*, que escreveria o roteiro de "MoneyBART" e inseriria um dos livros de James sob o laptop de Lisa Simpson.

Long conta que James foi seu herói desde a adolescência: "Eu adorava Cálculo no ensino médio e era fã de beisebol. Meu pai e eu formamos um vínculo através do beisebol. Entretanto, o beisebol era conduzido com base em mera sabedoria popular, então gostei da ideia de um cara que usava números para invalidar grande parte dessa sabedoria popular. Eu era um grande fã de Bill James quando tinha 14 anos."

Entre os seguidores mais fiéis de James, havia matemáticos e programadores de computador, que não apenas absorviam suas descobertas, mas também desenvolviam suas próprias observações. Pete Palmer, por exemplo, era programador e engenheiro de sistemas em uma base com radar nas Ilhas Aleutas, onde ficava de olho nos russos. Esse era o equivalente na área da tecnologia a ser um vigia em uma fábrica de *pork and beans*, e assim como James ele pensava em estatísticas de beisebol nas noites em que trabalhava até tarde. Na verdade, Palmer era fascinado pelo esporte desde a infância, quando compilava obsessivamente recordes de beisebol na máquina datilográfica da mãe. Uma das suas contribuições

## OUTRAS OBSERVAÇÕES SOBRE O NEBULOSO MUNDO DAS ESTATÍSTICAS

"Ele usa a estatística como bêbados usam postes: como apoio em vez de fonte de iluminação." — **Andrew Lang**

"42,7% das estatísticas são inventadas na hora." — **Steven Wright**

"Dar a um estudante apenas um conhecimento pequeno, muito superficial, da estatística é como colocar uma gilete nas mãos de um bebê."
— **Carter Alexander**

"E há o homem que se afogou atravessando um riacho com uma profundidade média de 15 centímetros." — **W. I. E. Gates**

"Sempre tenho a impressão de que estatísticas são difíceis de engolir e impossíveis de digerir. A única de que sempre me lembro é que se todas as pessoas que vão dormir na igreja se deitassem, ficariam mais confortáveis."
— **Mrs. Martha Taft**

"Em média, o ser humano tem um seio e um testículo." — **Des MacHale**

A caminho de uma conferência a bordo de um trem, três estatísticos encontram três biólogos. Os biólogos reclamam do preço da passagem de trem, mas os estatísticos revelam um truque para economizar. Assim que ouvem a voz do inspetor, os estatísticos se espremem no banheiro. O inspetor bate à porta e grita: "Bilhetes, por favor!" Os estatísticos passam um único bilhete por debaixo da porta, o inspetor o carimba e o devolve. Os biólogos ficam impressionados. Dois dias depois, no trem de volta, os biólogos mostram aos estatísticos que compraram apenas um bilhete, mas os estatísticos respondem: "Bem, não compramos nenhum." Antes de poderem fazer quaisquer perguntas, a voz do inspetor é ouvida à distância. Dessa vez, os biólogos entram no banheiro. Um dos estatísticos os segue sem que percebam, bate na porta e diz: "Bilhetes, por favor!" Os biólogos passam o bilhete por debaixo da porta. O estatístico pega o bilhete, entra em outro banheiro com os colegas e espera pelo inspetor. A moral da história é simples: "Não use uma técnica estatística que não compreende."
— **Anônimo**

mais importantes foi desenvolver uma nova estatística chamada porcentagem de *on-base plus slugging* (OPS), que representa duas das qualidades mais desejáveis de um batedor: a habilidade de bater uma bola para fora do campo e a habilidade menos glamourosa de conseguir chegar à base.

Para dar uma ideia de como Palmer usou a matemática para avaliar rebatedores, a fórmula de sangue nobre da OPS é exibida a seguir. O primeiro componente da OPS é a porcentagem de *slugging* (SLG), que é simplesmente o número total de bases de um jogador dividido pelo número de *at bats*, ou seja, o número de vezes em que o jogador enfrentou o arremessador. O segundo componente é a porcentagem de *on-base* (OBP), que discutiremos mais tarde quando retornarmos a "MoneyBART", pois Lisa Simpson se refere à OBP ao selecionar o time.*

---

A fórmula da OPS, popularizada em *The Hidden Game of Baseball*, escrito por Palmer em colaboração com John Thorn. Não se sinta mal caso queira pular este campo minado de jargões da matemática e do beisebol.

$$OPS = SLG + OBP$$

$$SGL = \frac{TB}{AB} \qquad OBP = \frac{H + BB + HBP}{AB + BB + SF + HBP}$$

Portanto,

$$OPS = \frac{AB \times (H + BB + HBP) + TB \times (AB + BB + SF + HBP)}{AB \times (AB + BB + SF + HBP)}$$

OPS = *on-base plus slugging*    H = *hits*    AB = *at-bats*
OBP = *on-base percentage*    BB = *base on balls*    SF = *sacrifice flies*
SLG = *slugging percentage*    HBP = *times hit by pitch*    TB = *total bases*

---

\* No episódio em português, o termo técnico foi substituído por "bom aproveitamento". (*N. da T.*)

Como Palmer e James, Richard Cramer foi outro estatístico amador em seu tempo vago que usou a matemática para explorar o beisebol. Pesquisador na companhia farmacêutica SmithKline, Cramer tinha acesso a supercomputadores que deveriam ser usados no desenvolvimento de novos medicamentos. Em vez disso, deixava os computadores rodando a noite inteira para resolver dúvidas do beisebol, tais como decidir se os *clutch hitters* são mesmo um fenômeno. Um *clutch hitter* é um jogador com uma habilidade especial de realizar grandes jogadas nos momentos em que o time está sob grande pressão. Geralmente, o *clutch hitter* faz uma grande jogada quando o time está prestes a perder, particularmente em um jogo importante. Comentaristas e estudiosos do esporte juram há décadas que esses jogadores existem, mas Cramer decidiu verificar: os *clutch hitters* realmente existem, ou não passam de um resultado da memória seletiva?

A abordagem usada por Cramer foi simples, elegante e inteiramente matemática. Ele avaliaria o desempenho dos jogadores tanto em jogos de rotina quanto em situações de grande pressão durante uma temporada em particular — ele escolheu a de 1969. Alguns jogadores de fato pareciam se destacar em momentos cruciais, mas isso se devia a algum superpoder inato acionado quando estavam sob pressão, ou era um mero acaso feliz? A segunda etapa da análise de Cramer foi realizar os mesmos cálculos para a temporada de 1970; se essa habilidade fosse, de fato, privilégio de jogadores com dons especiais, os *clutch hitters* de 1969 repetiriam seus feitos em 1970. Por outro lado, se as jogadas extraordinárias atribuídas aos *clutch hitters* não passassem de fruto do acaso, os supostos *clutch hitters* de 1969 seriam substituídos por outros jogadores em 1970. Os cálculos de Cramer demonstraram que não havia um relacionamento significativo entre os grupos de *clutch hitters* das duas temporadas. Em outras palavras, aqueles que teriam sido os *clutch hitters* de uma temporada não conseguiram manter o mesmo desempenho. Não havia superpoderes, apenas sorte.

No *Baseball Abstract* de 1984, James explicou que não ficou surpreso: "Como pode um jogador que possui os reflexos, a força de rebater, o conhecimento e a experiência de um rebatedor de coeficiente 0,262 em outras circunstâncias por mágica se torna um rebatedor de 0,300 quando o time corre o risco de perder o jogo? Como isso acontece? Qual é o processo? Quais são os efeitos? Até podermos responder a essas questões, não vejo grande utilidade em falarmos em habilidade de *clutch*."

Derek Jeter, apelidado de "Capitão Clutch" graças ao seu desempenho como rebatedor nos New York Yankees, discordou veementemente dos estatísticos. Em entrevista para a *Sports Illustrated*, ele disse: "Pode pegar esses caras da estatística e jogá-los pela janela." Infelizmente, os números do próprio Jeter confirmavam a conclusão de James. As médias calculadas das estatísticas da média de rebatimento / porcentagem de *on-base* / porcentagem de *slugging* foram 0,317 / 0,388 / 0,462 nos jogos menos importantes da temporada e 0,309 / 0,377/ 0,469 (um pouco piores) em jogos decisivos.

É claro que todas as novas disciplinas da matemática precisam de nomes, e não demorou para que essa abordagem empírica, objetiva e analítica para a compreensão do beisebol se tornasse conhecida como *sabermetrics*. O termo, cunhado por James, vem de SABR, a sigla de Society for American Baseball Research [Sociedade de Pesquisa do Beisebol Americano], uma organização formada para estimular a pesquisa em todas as áreas do esporte, como a história do jogo, o beisebol na arte e as mulheres no beisebol. Por duas décadas, a comunidade na maior parte do tempo ignorou ou até zombou de James e seu grupo cada vez maior de adeptos da sabermetrics. Entretanto, a desforra da sabermetrics não tardaria, tendo vindo quando alguém teve a ousadia de aplicá-la da forma mais implacável possível e provar que ela continha o segredo para o sucesso no beisebol.

Em 1995, o time Oakland Athletics foi comprado por Steve Schott e Ken Hofmann, dois construtores que deixaram claro desde o início que o orçamento do time seria reduzido. Quando Billy Beane tornou-se gerente geral do time em 1997, o Athletics era famoso por ter a folha de pagamentos mais magra da Major League Baseball. Sem dinheiro, Beane se deu conta de que sua única chance de ganhar um número decente de jogos seria recorrer à estatística. Em outras palavras, ele usaria a matemática para poder enfrentar seus rivais mais ricos.

Devoto de Bill James, Beane demonstrou sua confiança na estatística ao contratar o economista formado em Harvard e obcecado por estatística Paul DePodesta como assistente. DePodesta, por sua vez, contratou outros obcecados, como Ken Mauriello e Jack Armbruster, dois analistas financeiros que deixaram Wall Street e fundaram uma companhia de estatísticas do beisebol chamada Advanced Value Matrix Systems. Eles analisaram os dados de cada jogo individual cruzados com centenas de jogos anteriores a fim de julgar a contribuição exata de cada arremessador, rebatedor e demais jogadores. Seus algoritmos minimizavam a influência aleatória da sorte e, na prática, colocavam um preço em cada jogador de cada time. Isso deu a Beane as informações de que ele precisava para adquirir jogadores talentosos, mas não reconhecidos.

Ele logo percebeu que as melhores oportunidades do mercado ocorriam no meio das temporadas, quando times que não tinham mais chance de ganhar em sua liga cortavam gastos vendendo jogadores. A lei da oferta e da procura requer uma queda nos preços, e Beane pôde usar a estatística para identificar jogadores excelentes que haviam passado despercebidos dentro de times em dificuldades. Às vezes, DePodesta recomendava trocas ou aquisições que pareciam absurdas para os conservadores, mas Beane raramente desconfiava dos seus conselhos. Na verdade, quanto mais estranho o acordo, maior a oportunidade de adquirir um jogador cujo talento não havia sido reconhecido. O poder da matemática de DePodesta e os acordos que resultavam dele no meio da temporada já haviam se tornado claros em 2001. Os Oakland Athletics venceram apenas 50% dos seus 81 jogos da primeira metade da temporada; esse número aumentou para 77% na segunda metade, e eles acabaram em segundo lugar na American League West.

Esse progresso dramático ocorrido graças à estatística mais tarde seria documentado em *Moneyball*, livro do jornalista Michael Lewis, que acompanhou as aventuras de Beane na sabermetrics ao longo de várias temporadas. É claro que o título do episódio de *Os Simpsons* em que

Lisa se torna técnica de beisebol, "MoneyBART", é baseado no título do livro de Lewis. Além disso, na imagem 4 do encarte, o terceiro livro sob o computador de Lisa é *Moneyball*. Assim, podemos afirmar com certeza que Lisa conhecia muito bem Billy Beane e seu compromisso com a aplicação da sabermetrics na sua forma mais pura.

Infelizmente, Beane perdeu três de seus jogadores principais para o New York Yankees no final da temporada de 2001. Os Yankees tinham recursos o bastante para sabotar os rivais comprando seus talentos; a folha de pagamento dos Yankees era de 125 milhões de dólares, enquanto times pobres como os Oakland Athletics eram forçados a sobreviver com 40 milhões. Lewis descreveu a situação assim: "Golias, insatisfeito com a vantagem que tinha em tamanho, comprou o estilingue de Davi."

Como resultado, a temporada de 2002 mais uma vez começou mal para os Athletics. Mesmo assim, o computador de DePodesta encontrou alguns acordos baratos na metade da temporada que mais do que compensaram os jogadores perdidos para os Yankees. No final das contas, a sabermetrics permitiu que os Athletics acabassem no topo da American League West depois de vinte vitórias consecutivas no final da temporada, o recorde da American League. Essa foi a vitória definitiva da lógica sobre o dogma. A sabermetrics resultara no que provavelmente foi o maior feito no beisebol moderno.

Quando Lewis publicou *Moneyball* no ano seguinte, admitiu que houvera algumas vezes em que duvidara da confiança de Beane na matemática: "Meu problema pode ser colocado de forma simples: cada jogador é diferente. Cada jogador deve ser visto como um caso especial. O tamanho da amostra é sempre um. É claro que muitas vezes um jogador acaba não seguindo seu destino estatístico, mas em um time de 25 jogadores as aberrações estatísticas tendem a se anular."

*Moneyball* deu a Beane a fama de um herói dissidente, que confiou o bastante na sabermetrics para desafiar a ortodoxia do beisebol. Ele também ganhou admiradores de outros esportes, como o futebol, conforme discutiremos no Apêndice 1. Mesmo quem não era fã de jogos esportivos tomou conhecimento do sucesso de Beane quando Hollywood lançou *O homem que mudou o jogo*, filme indicado para o Oscar baseado no livro de Lewis e estrelando Brad Pitt no papel de Billy Beane.

Naturalmente, o sucesso de Beane levou times rivais a adotarem a abordagem do Oakland e contratar especialistas em sabermetrics. O Boston Red Sox contratou Bill James antes da temporada de 2003, e um ano depois o pai da sabermetrics ajudou o time a vencer a World Series pela primeira vez em 86 anos, quebrando a chamada Maldição de Bambino.\* Por fim, profissionais da sabermetrics seriam contratados em tempo integral pelo Los Angeles Dodgers, New York Yankees, New York Mets, San Diego Padres, St. Louis Cardinals, Washington Nationals, Arizona Diamondbacks e Cleveland Indians. Mas um time de beisebol superou todos esses em sua prova do poder da matemática: os Springfield Isotots de Lisa Simpson.

Em "MoneyBART", quando Lisa deixa a Taverna do Moe\*\* armada com os livros de matemática, ela está determinada a usar a estatística para ajudar os Isotots a vencerem. Ela usa planilhas, simulações computacionais e análises detalhadas para transformar os Isotots de "lanternas" no segundo lugar da liga, logo atrás do Capital City. Entretanto, quando Lisa diz a Bart para não girar em um jogo contra o Shelbyville, ele desobedece... e vence o jogo. De acordo com Lisa, contudo, o *home run* de Bart foi pura sorte. Ela acha que a insubordinação de Bart pode acabar prejudicando sua estratégia estatística e destruindo as esperanças do time. Assim, expulsa Bart, porque "ele se considerou melhor do que as leis da probabilidade".

Depois de observar que Nelson Muntz tem a melhor porcentagem de *on-base*, Lisa segue os princípios da sabermetrics e o torna o novo rebatedor de largada, cuja tarefa mais importante é chegar à base. Fica claro que Lisa concorda com seu colega da sabermetrics Eric Walker, que

---

\* "Bambino" era um apelido do jogador George Herman Ruth Jr., também conhecido como Babe Ruth. De acordo com a superstição, o regime de 86 anos do Boston Red Sox sem vitórias teve início com a venda do jogador para o New York Yankees. (*N. da T.*)

\*\* Quando Lisa conversa na Taverna do Moe com o Professor Frink, ele usa seu laptop para mostrar um vídeo online de Bill James narrado pelo próprio.

tem a seguinte opinião sobre a importância da porcentagem de *on-base*: "Para colocar de forma simples, mas exata, ela é a probabilidade de o rebatedor não fazer um fora. Quando dizemos isso dessa forma, torna-se, ou deveria tornar-se claro que a estatística ofensiva isolada mais importante (unidimensional) é a porcentagem de *on-base*. Ela mede a probabilidade de o rebatedor não dar mais um passo em direção ao fim do jardim interno."

É claro que, graças ao conhecimento de Lisa sobre a porcentagem de *on-base*, os Isotots seguem vencendo. Um comentador declara seu sucesso como "um triunfo da matemática sobre o espírito humano".

Os Isotots chegam ao Campeonato Infantil e jogam contra o Capital City. Por azar, um dos jogadores, Ralph Wiggum, fica incapacitado por uma overdose de suco, então Lisa é forçada a pedir a Bart que volte para o time. Ele aceita o convite com relutância, pois sabe que tem um dilema pela frente: ele deve seguir seu instinto ou seguir as táticas baseadas na matemática de Lisa? Com o Capital City vencendo os Isotots por 11x10 na nona e última rodada, Bart novamente decide ir contra Lisa. Desta vez, porém, ele erra, e os Isotots perdem; tudo porque Bart não seguiu o evangelho da sabermetrics.

Embora o episódio termine com Lisa e Bart reconciliados, os irmãos claramente têm filosofias diferentes. De acordo com Lisa, o beisebol precisa ser analisado e compreendido, enquanto Bart acredita que o esporte é instinto e emoção. Essas opiniões são o reflexo de um debate acalorado sobre o papel da matemática e da ciência. A análise destrói a beleza intrínseca do nosso mundo, ou torna o mundo mais bonito ainda? De várias formas, a atitude de Bart representa as opiniões expressadas pelo poeta romântico inglês John Keats:

> *Do not all charms fly*
> *At the mere touch of cold philosophy?*
> *There was an awful rainbow once in heaven:*
> *We know her woof, her texture; she is given*
> *In the dull catalogue of common things.*

> *Philosophy will clip an Angel's wings,*
> *Conquer all mysteries by rule and line,*
> *Empty the haunted air, and gnomed mine*
> *Unweave a rainbow, as it erewhile made*
> *The tender person'd Lamia melt into a shade.*\*

Estes versos são de um poema intitulado "Lamia" [Lâmia], o nome de um demônio devorador de crianças da mitologia grega. No contexto do século XIX, a palavra *filosofia* usada por Keats representava os conceitos da matemática e da ciência. Ele argumenta que a matemática e a ciência dissecarão e destrincharão a elegância do mundo natural. Keats acredita que a análise racional "Desatará a trama de um arco-íris", com isso destruindo sua beleza inerente.

Lisa Simpson, ao contrário, argumentaria que esse tipo de análise transforma a visão de um arco-íris em uma experiência ainda mais extasiante. Talvez a visão de mundo de Lisa possa ser mais bem articulada pelo físico e ganhador do Prêmio Nobel Richard Feynman:

> Tenho um amigo que é artista, e ele às vezes adota um ponto de vista com o qual não concordo muito. Ele ergue uma flor e diz: "Veja como é linda"— e acho que concordo. E ele diz: "Veja, como artista, posso ver o quão linda ela é, mas você, como cientista, ah, disseca tudo, e então ela se torna uma coisa sem graça." E eu acho que isso é loucura. Em primeiro lugar, a beleza que ele vê está ao alcance de outras pessoas, e acredito que para mim também, embora eu possa não ser tão esteticamente refinado quanto ele... Posso admirar a beleza de uma flor. Ao mesmo tempo, vejo muito mais na flor do que ele. Posso imaginar as células dela,

---

\* "Não se esvai todo encanto / Ao mero toque da fria filosofia? / Havia um extraordinário arco-íris certa vez no céu: / Conhecemos sua trama, sua textura; ela foi revelada / No árido catálogo das coisas comuns. / A filosofia cortará as asas de um anjo, / Conquistará todos os mistérios com regras e convenções, / Consumirá o ar habitado por fantasmas e o tesouro oculto / Desatará a trama de um arco-íris, como outrora foi tecido / A tênue personificação de Lâmia desvanecer-se-á em uma sombra." (*N. da T.*)

os complexos mecanismos no seu interior, que também têm sua beleza. Quero dizer, não há apenas beleza nessa dimensão de 1 centímetro; também há beleza em uma dimensão menor, na estrutura interna. Além disso, os processos, o fato de que as cores presentes na flor se desenvolveram para atrair insetos para polinizá-la também são coisas interessantes — isso significa que os insetos podem ver a cor. E nos trazem uma questão: esse sentido estético também existe nas formas inferiores? Por que ele é estético? Todos os tipos de questões interessantes, que mostram que um conhecimento científico só tem a acrescentar à excitação e ao mistério e à admiração de uma flor. Só acrescenta; não vejo como pode subtrair.

# 7
# FÊUGEBRA E FEGORITMOS

•••••

Em "Eles salvaram a inteligência de Lisa" (1999), o dom matemático e a genialidade geral de Lisa lhe rendem um convite para fazer parte da filial local da Mensa, uma sociedade de pessoas com QI elevado. Sua entrada para a sociedade coincide com o momento em que os membros da Mensa assumem o controle de Springfield depois que o prefeito Quimby foge para evitar acusações de corrupção. Parece uma grande oportunidade de desenvolvimento e prosperidade para Springfield sob a égide dos homens, mulheres e crianças mais inteligentes da comunidade.

Infelizmente, um QI elevado não é sinônimo de liderança inteligente. Por exemplo, uma das decisões mais absurdas tomadas pelos novos representantes de Springfield é a adoção das horas divididas em base decimal como medida de tempo, um modelo experimentado pelos franceses em 1793. Os franceses achavam que seria mais atraente em termos matemáticos ter um dia com dez horas, cada uma com cem minutos, e cada minuto com cem segundos. Embora eles tenham abandonado o sistema em 1805, o diretor Skinner se gaba orgulhosamente: "Não apenas os trens agora estão andando no horário como estão andando na hora decimal. Lembrem-se deste momento: 2h80 de 47 de abril."

O Cara dos Quadrinhos, um fã de *Jornada nas estrelas*, propõe limitarem o sexo a uma vez a cada sete anos. É uma tentativa de imitar o *Pon farr*, fenômeno em que os vulcanos procriam a cada sete anos. Os decretos seguintes, como o programa de suco de brócolis e um plano para construir um teatro de bonecos de sombras (balinês e tailandês), levam os decentes cidadãos de Springfield a se rebelarem contra a elite intelectual. No final, as massas furiosas concentram sua fúria em Lisa, que só é salva porque ninguém mais do que o professor Stephen Hawking chega bem a tempo para resgatá-la. Embora associemos Hawking à cosmologia, ele passou trinta anos como professor lucasiano de matemática na Universidade de Cambridge, o que o torna o matemático mais famoso a já ter aparecido em *Os Simpsons*. No entanto, nem todos reconhecem Hawking quando ele chega em sua cadeira de rodas. No momento em que ele observa que os membros da Mensa foram corrompidos pelo poder, Homer diz: "Larry Flynt está certo! Vocês fedem!"*

Os autores estavam nervosos na hora de convencer o professor Hawking a fazer uma participação nesse episódio em particular, pois a trama requeria um personagem ainda mais inteligente do que todos os membros da Mensa de Springfield juntos. O professor, fã da série havia anos, já planejava visitar a América, então sua agenda foi alterada para que ele pudesse fazer uma visita aos estúdios e comparecer a uma sessão de gravação das vozes. Tudo parecia pronto para que Hawking fizesse sua participação especial em *Os Simpsons*, até que sua cadeira de rodas teve uma crise de medo do palco e sofreu uma pane 48 horas antes do voo de Monterrey para Los Angeles. O assistente de Hawking, o pós-graduando Chris Burgoyne, consertou o problema, mas só depois de ter passado 36 horas trabalhando durante a noite até o dia seguinte.

Quando Hawking chegou ao estúdio de gravação, os autores esperaram pacientemente até que cada fala do roteiro fosse digitada no seu computador. Houve só mais um problema: o sintetizador de voz não conseguia produzir a fala que descreve a decepção de Hawking com o governo de Springfield: "I wanted to see your utopia, but now I see it is more of a Fruitopia."** O dicionário do computador não continha essa bebida

---

* Larry Flynt é um editor americano de pornografia. Uma tentativa de assassinato em 1978 o deixou paralisado da cintura para baixo e preso a uma cadeira de rodas.

** No Brasil: "Eu quis ver a nossa utopia, mas agora vejo que está mais para frescura." (N. da T.)

americana com sabor de frutas, então Hawking e a equipe tiveram que encontrar uma forma de construir a palavra *Fruitopia* foneticamente. Ao comentar mais tarde sobre o episódio, Matt Selman relembraria: "É bom saber que estávamos usando o tempo do homem mais brilhante do mundo para gravar *Fruitopia* em sílabas individuais."

O aspecto mais memorável da participação de Hawking em "Eles salvaram a inteligência de Lisa" é a maneira como ele salva Lisa da multidão furiosa. Sua cadeira de rodas aciona uma hélice de helicóptero e ele transporta Lisa para a segurança. Provavelmente, ele percebe que Lisa é capaz de fazer coisas grandiosas no futuro, e quer que ela alcance seu potencial acadêmico. Na verdade, podemos ter certeza de que ela será bem-sucedida na universidade, pois podemos ter uma ideia do seu futuro em "Futuro-Drama" (2005). O enredo parte de um aparelho inventado pelo Professor Frink que permite ver como será o futuro. Lisa vê que se formará dois anos antes do previsto com uma bolsa para Yale. O aparelho de Frink também revela que as mulheres dominarão a ciência e a matemática nas décadas que virão, a ponto de algumas disciplinas terem nomes mais apropriados. Vemos Lisa tentando decidir entre estudar fêugebra ou fêmica.

O apoio às mulheres na matemática e na ciência em "Futuro-Drama" foi inspirado em uma notícia que gerou polêmica quando o roteiro estava sendo escrito. Em janeiro de 2005, Lawrence Summers, reitor da Universidade de Harvard, fez comentários controversos durante uma conferência chamada Diversifying the Science & Engineering Workforce [Diversificação dos Profissionais das Ciências e da Engenharia]. Segundo Summers, as mulheres eram sub-representadas no meio acadêmico porque, "no caso especial das ciências e da engenharia, há questões de aptidão inerente, e, particularmente, de variabilidade da aptidão, e que essas considerações são reforçadas pelo que, na verdade, são fatores que envolvem a socialização e uma antiga discriminação".

Summers especulou que as habilidades estavam mais presentes entre os homens do que entre as mulheres, o que levaria um número maior de homens a se destacar nas ciências e na engenharia. Como era de se esperar, sua teoria gerou muitas críticas, em parte porque muitos acharam que tais comentários, partidos de uma figura importante da academia, desencorajariam mulheres jovens a seguirem carreiras na matemática e nas ciências. A controvérsia contribuiu para a renúncia de Summers no ano seguinte.

Os autores de *Os Simpsons* ficaram felizes por poderem fazer uma referência a uma controvérsia atual — o caso Summers — em "Futuro-Drama", mas decidiram explorar mais a fundo a questão da participação das mulheres nos ramos da matemática e das ciências, então retornaram ao assunto no ano seguinte em "Garotas só querem somar" (2006).

O episódio começa com a encenação de *Facalote: o musical de Comichão e Coçadinha*.* Após uma série de músicas inevitavelmente macabras, o público aplaude de pé, e a diretora, Juliana Krellner, aparece no palco para agradecer. Ao seu lado está o diretor Skinner, que orgulhosamente revela que Krellner foi aluna da Escola Primária de Springfield:

> **Skinner:** Sabe, Juliana? Não é surpresa você ter feito tanto sucesso. Você sempre tirava 10 na escola.
>
> **Juliana:** Ah, eu tirei um ou dois 8 em Matemática.
>
> **Skinner:** É claro que sim! Você é mulher!
>
> [A plateia prende a respiração.]
>
> **Skinner:** Não, eu só quis dizer que, pelo que eu já vi, os homens são melhores em matemática, em ciências, matérias de verdade.
>
> **Juliana:** [Para a plateia] Calma, pessoal, calma. Com certeza o diretor Skinner não quis dizer que as mulheres são inferiores.
>
> **Skinner:** Não, mas é claro que não. Eu não sei por que as mulheres são piores.

Com isso, o diretor Skinner se torna alvo de uma campanha de ódio e, apesar de se esforçar para consertar o que disse, ele só consegue gerar

---

* O musical é baseado no programa *Comichão e Coçadinha*, um desenho animado visto por Bart e Lisa. Comichão e Coçadinha foi inspirado em *101 Dálmatas*, da Disney, a que Matt Groening assistiu. No filme, há uma cena que mostra os cachorrinhos assistindo à televisão. Décadas depois, Groening quis recriar a ideia de um desenho animado dentro de outro.

mais controvérsia. No final das contas, Skinner é substituído por uma especialista em educação radicalmente progressista, Melanie Upfoot, que decide proteger as meninas de Springfield do preconceito colocando-as em uma escola separada. A princípio, Lisa adora a ideia de um sistema educacional que permitirá o desenvolvimento das meninas. Porém, na verdade, a srta. Upfoot quer educar suas meninas com uma forma de matemática ao mesmo tempo feminina e feminista.

De acordo com a srta. Upfoot, meninas devem aprender matemática de forma muito mais emocional: "Como se sentem com os números? Que cheiro tem o sinal de mais? O número 7 é ímpar, ou é só diferente?" Depois de ficar frustrada com a abordagem da nova professora à matemática, Lisa pergunta se a classe de meninas vai resolver algum problema de matemática de verdade. A srta. Upfoot responde: "*Problemas?* É assim que os homens veem a matemática, como uma coisa a ser atacada, a ser *entendida*."

A distinção entre a matemática feminina e a masculina é apenas fictícia, mas ecoa uma tendência real observada nas últimas décadas, em que a matemática passou a ser apresentada de forma mais sentimental tanto para meninos quanto para meninas. Muitos membros da geração mais velha acham que os estudantes da atualidade não estão sendo estimulados a resolver problemas tradicionais, mas apenas recebendo um currículo mastigado mais trivial. Essa preocupação deu origem a uma sátira da educação em matemática conhecida como "The Evolution of a Mathematical Problem" [A Evolução de um Problema de Matemática]:

### 1960:
Um madeireiro vende um caminhão de madeira por 100 dólares.
O custo da produção é 4/5 do preço. Qual é seu lucro?

### 1970:
Um madeireiro vende um caminhão de madeira por 100 dólares.
O custo da produção é 4/5 do preço — ou seja, 80 dólares. Qual é seu lucro?

**1980:**

Um madeireiro vende um caminhão de madeira por 100 dólares. O custo da produção é 80 dólares, e seu lucro é de 20 dólares. O que você deve fazer é: sublinhar o número 20.

**1990:**

Após cortar belas árvores da floresta, uma pessoa que comercializa madeira ganha 20 dólares. O que você acha de como ela tira seu sustento? Em grupo, discutam como os pássaros da floresta e os esquilos se sentem, e escrevam uma redação sobre isso.

Desesperada por um pouco de matemática de verdade, Lisa sai escondida da sua classe e dá uma olhada pela janela da escola dos meninos, onde vê um problema tradicional de geometria no quadro. Não demora muito para que ela seja pega e escoltada à escola feminina, onde volta a uma dieta de mingau aritmético diluído.

É a gota d'água. Ao voltar para casa naquela tarde, Lisa pede à mãe que a ajude a se disfarçar de menino para que ela possa frequentar a escola masculina e participar das aulas sob a identidade de Jake Boyman. O enredo é baseado em *Yentl*, filme em que uma moça judia ortodoxa corta o cabelo e se veste de homem para estudar o Talmude.

Infelizmente, o disfarce não é o bastante. Lisa não demora a descobrir que, para ser aceita pelos novos colegas, ela precisa começar a se preocupar como um menino típico. Isso vai contra tudo em que ela acredita. No final das contas, ela se dispõe até a humilhar Ralph Wiggum, um dos alunos mais inocentes da sua classe, só para ganhar a aprovação do notório valentão Nelson Muntz.

Lisa não gosta de ter que se comportar como um menino para receber uma boa educação, mas dá continuidade ao plano para poder estudar matemática e provar que meninas são tão capazes quanto meninos. A determinação compensa: Lisa não só se destaca academicamente, como recebe um prêmio por Progresso Notável na Área de Matemática. O prêmio é entregue em uma assembleia que reúne os meninos e as meninas, e Lisa aproveita a oportunidade para revelar a verdadeira identidade, declarando: "Isso mesmo, pessoal! O melhor aluno de Matemática de toda a escola é uma menina!"

Dolph Starbeam, que costuma andar na companhia dos outros valentões da escola — Kearney Zzyzwicz, Jimbo Jones e Nelson Muntz — grita: "Nós fomos Yentlados!"*

Bart também se levanta e declara: "O único motivo que fez a Lisa ganhar foi que ela aprendeu a pensar como um garoto; eu a transformei em uma máquina de matemática que arrota, solta gases e briga."

Quando o episódio chega ao clímax, Lisa dá continuidade ao seu discurso: "E eu melhorei em matemática, só que tive que abrir mão de tudo em que eu acreditava. Acho que o verdadeiro motivo por que não vemos muitas mulheres em matemática e em ciências..."

Nesse momento, o professor de Música da escola a interrompe para apresentar Martin Prince tocando flauta. Assim, os autores escaparam de ter que confrontar uma questão controversa.

Quando conheci Matt Selman e Jeff Westbrook, os dois se lembraram de que fora quase impossível encontrar um final satisfatório para o episódio, porque não havia como explicar por que as mulheres continuam sub-representadas em muitas áreas da matemática e das ciências. Eles não queriam apresentar uma conclusão simplista ou irrefletida. Tampouco queriam acabar, como disse Selman, em um "problema como o de Skinner".

• • • •

A trama de "Garotas só querem somar" não foi inspirada apenas em *Yentl*, mas também na vida da famosa matemática francesa Sophie Germain. Por mais inacreditável que pareça, os fatos envolvidos na batalha de Germain contra o sexismo são ainda mais estranhos do que os das narrativas fictícias sobre Lisa e Yentl.

---

* No episódio original, Dolph Starbeam diz: "We've been Yentled", em referência ao filme já citado. (*N. da T.*)

Nascida em Paris em 1776, a obsessão de Germain pela matemática começou quando ela leu *Histoire des Mathematiques* [História da Matemática], de Jean-Étienne Montucla. Ela ficou particularmente impressionada com seu artigo sobre a vida extraordinária e a morte trágica de Arquimedes. De acordo com a lenda, Arquimedes estava distraído desenhando figuras geométricas na areia quando o exército romano invadiu Siracusa em 212 a.C. Arquimedes estava tão envolvido na análise das propriedades matemáticas da forma que desenhara na areia que ignorou a aproximação de um soldado romano que exigia sua atenção. Ofendido pela aparente rudeza, o soldado ergueu sua lança e matou Arquimedes. Germain achou a história inspiradora; a matemática devia ser a disciplina mais fascinante de todas para encantar alguém a ponto de essa pessoa ignorar uma ameaça à sua vida.

Assim, Germain começou a passar seus dias e até noites estudando matemática. De acordo com um amigo da família, seu pai confiscou suas velas para desencorajá-la de estudar quando ela deveria estar dormindo. No final, os pais de Sophie acabaram cedendo. Aliás, quando aceitaram que ela não se casaria, e sim devotaria a vida à matemática e às ciências, apresentaram-na a professores e lhe deram apoio financeiro.

Aos 28 anos, Germain chegou à conclusão de que queria frequentar a recém-fundada École Polytechnique de Paris. O problema é que a prestigiosa instituição só aceitava estudantes do sexo masculino. Mas Germain encontrou uma saída ao descobrir que a universidade disponibilizava as notas das aulas para o público, e até encorajava pessoas de fora a enviarem observações sobre essas notas. Era um gesto generoso, mas exclusivo para cavalheiros, então Germain simplesmente adotou um pseudônimo masculino, Monsieur LeBlanc. Assim, obteve as notas e começou a enviar observações inteligentes para um dos professores.

Da mesma forma que Lisa Simpson, Germain adotou uma identidade masculina para poder estudar matemática. Então, quando Dolph Starbeam grita "Fomos Yentlados!", teria sido mais apropriado gritar "Fomos Germainados!".

Germain mandava suas observações para Joseph-Louis Lagrange, não apenas um membro da École Polytechnique, mas também um dos matemáticos mais respeitados do mundo. Ele ficou tão impressionado com a inteligência de Monsieur LeBlanc que fez questão de conhecer esse extraordinário novo estudante, o que forçou Germain a admitir sua farsa. Embora Germain temesse que ele ficasse com raiva dela, Lagrange na verdade ficou feliz ao descobrir que Monsieur LeBlanc era uma mademoiselle, e deu a Germain sua bênção para que ela continuasse estudando.

Agora ela poderia construir uma reputação em Paris como matemática. Todavia, ocasionalmente recorria ao alter ego masculino ao escrever para matemáticos que ainda não conhecia, e que, caso contrário, poderiam não a levar a sério. Mais notavelmente, ela encarnou Monsieur LeBlanc em sua correspondência com o brilhante matemático alemão Carl Friedrich Gauss, autor de *Disquisitiones Arithmeticae* [Investigações Aritméticas], que provavelmente foi o tratado mais importante e abrangente da matemática em mais de mil anos. Gauss reconheceu os talentos do novo amigo por correspondência — "Estou muito feliz por a matemática ter encontrado um amigo tão capaz em ti" —, mas não fazia ideia de que Monsieur LeBlanc na realidade era uma mulher.

Sua verdadeira identidade foi revelada a Gauss quando o exército francês de Napoleão invadiu a Prússia em 1806. Germain temeu que Gauss, como Arquimedes, pudesse se tornar uma vítima da invasão militar, então enviou uma mensagem ao General Joseph-Marie Pernety, amigo da sua família e comandante das forças que avançavam. Ele prontamente garantiu a segurança de Gauss, e explicou ao matemático que ele devia a vida a mademoiselle Germain. Quando Gauss soube que Germain e LeBlanc eram a mesma pessoa, escreveu:

> Mas como descrever para ti minha admiração e surpresa ao ver meu estimado correspondente Monsieur LeBlanc se transformar nessa ilustre personagem, que dá um exemplo tão brilhante de algo em que eu acharia difícil acreditar. Um gosto pelas ciências abstratas em geral e, acima

de tudo, pelos mistérios dos números é extremamente raro: eles não costumam impressionar: os encantos dessa ciência sublime revelam-se apenas para aqueles que têm a coragem de mergulhar nela. Mas quando uma pessoa do sexo que, de acordo com nossos costumes e preconceitos, deve encontrar dificuldades infinitamente maiores do que os homens para se familiarizar com essas espinhosas pesquisas, ainda assim consegue superar esses obstáculos e penetrar em suas partes mais obscuras, é certo que ela deve ter a mais nobre coragem, talentos extraordinários e uma genialidade superior.

Em termos de matemática pura, a contribuição mais famosa de Germain deu-se em relação ao último teorema de Fermat. Embora ela não tenha conseguido formular uma prova completa, Germain fez mais progresso do que qualquer outra pessoa da sua geração, o que levou o Institut de France a lhe dar uma medalha pelas suas realizações.

Ela também tinha um interesse pelos números primos, os que só podem ser divididos por 1 e por si mesmos. Os números primos podem ser divididos em categorias diferentes, e um conjunto em particular foi batizado em homenagem a Germain. Um número primo $p$ é chamado de *primo de Germain* se $2p + 1$ também for primo. Assim, 7 não é um primo de Germain, pois $2 \times 7 + 1 = 15$, e 15 não é um número primo. Mas 11 é, pois $2 \times 11 + 1 = 23$, e 23 é primo.

As pesquisas sobre números quase sempre são consideradas importantes, pois esses números são, essencialmente, os tijolos da matemática. Da mesma forma que todas as moléculas são compostas por átomos, todos os números cardinais são primos ou produtos de primos multiplicados uns pelos outros. Considerando que eles são peças centrais para tudo que diz respeito aos números, não é de se surpreender que um número primo faça uma participação especial em um episódio de 2006 de *Os Simpsons*, como veremos no próximo capítulo.

# EXAME II
## NÍVEL DE ENSINO MÉDIO

**PIADA 1**  P: Quais são os 10 tipos de pessoas que existem no mundo?  *1 ponto*
R: As que entendem binário e as que não entendem.

**PIADA 2**  P: De quais funções trigonométricas os fazendeiros gostam?  *1 ponto*
R: Suína e cossuína.

**PIADA 3**  P: Prove que todos os cavalos têm um número infinito de patas.  *2 pontos*
R: Prova por intimidação: os cavalos têm um número par de patas. Eles têm duas patas traseiras e quatro dianteiras. Assim, no total, eles têm seis patas, mas esse é um número estranho de patas para um cavalo. O mesmo número que é ao mesmo tempo estranho e par é o infinito. Portanto, cavalos têm um número infinito de patas.

[O sentido da piada está nas duas frases do original "Behind they have two legs and in front they have forelegs" e "This makes a total of six legs, but this is an odd number of legs for a horse". É feito um trocadilho entre "forelegs" [patas dianteiras] e "four legs" [quatro patas], expressões com a mesma pronúncia. Já na segunda frase, brinca-se com a palavra "odd", que tanto pode significar "estranho", quanto "ímpar". Somando as duas patas traseiras mais as "forelegs" ou "four legs", as quatro patas dianteiras, os cavalos teriam seis patas. Como sabemos que os cavalos são quadrúpedes, o número parece "estranho" (odd), que também quer dizer "ímpar", embora 6 seja um número par. Sendo o cavalo quadrúpede, procuramos um número par, e o único número que é ao mesmo tempo ímpar (ou estranho) e par é o infinito.]

**PIADA 4**  P: Quando perguntaram a um matemático  *2 pontos*
como seu papagaio morreu, o que ele
respondeu?
R: Polinomial. Polígono.

[No original, a resposta é "Polynomial. Polygon.", um trocadilho com "Poly no meal. Poly gone." "Poly" é o nome do papagaio; "meal" [comer] apresenta a mesma pronúncia que o sufixo de "Polynomial", "mial"; enquanto "gone" [se foi] tem a pronúncia do sufixo de "Polygon", "gon". Assim: "Poly não comia. Poly se foi."]

**PIADA 5**  P: O que obtemos quando cruzamos um  *3 pontos*
elefante com uma banana?
R: | elefante | × | banana | × sen θ

**PIADA 6**  P: O que obtemos quando cruzamos um  *3 pontos*
mosquito com um alpinista?
R: Você não pode multiplicar um vetor por
um escalar.

**PIADA 7**  Um dia, Jesus disse aos discípulos: "O Reino  *2 pontos*
dos Céus é como $2x^2 + 5x - 6$." Parecendo
confuso, Tomé perguntou a Pedro: "O que o mestre
quis dizer?"
Pedro respondeu: "Não se preocupe — é só mais
uma de suas parábolas."

**PIADA 8**  P: Qual é o volume de uma pizza de altura  *3 pontos*
*a* e raio *z*?
R: pi.z.z.a

**PIADA 9**  Durante um briefing de segurança na Casa  *3 pontos*
Branca, o secretário de Defesa Donald
Rumsfeld dá uma notícia trágica: "Senhor presidente,

três soldados brasileiros foram mortos ontem quando atuavam como reforços às tropas americanas."

"Meu Deus!", exclama o presidente George W. Bush colocando as mãos na cabeça. Ele passa um minuto em silêncio, atônito. No final, ele respira fundo e pergunta a Rumsfeld: "Quanto é um brasilhão?"

[Em inglês, é feito um trocadilho entre "Brazilian" [brasileiro(s)] e "brazillion", cujo sufixo, "zillion", quer dizer "zilhão".]

**TOTAL: 20 PONTOS**

# 8
# UM PROGRAMA DO HORÁRIO NOBRE

•••••

O enredo de "Conselheiros Marge e Homer" (2006) se concentra em um astro do beisebol chamado Buck "Home Run King" Mitchell, que joga para os Isótopos de Springfield. Quando ele e a mulher, Tabitha Vixx, passam por uma crise conjugal, o desempenho de Mitchell em campo começa a cair, então eles procuram Homer e Marge em busca de conselhos para o relacionamento. Depois de muitas reviravoltas, o episódio termina no Estádio de Springfield, onde Tabitha invade a tela Jumbo-Vision e declara publicamente seu amor por Buck diante de todo o estádio.

O episódio conta com a voz da cantora e atriz Mandy Moore, uma referência a J. D. Salinger e à *Pietá* de Michelangelo, mas são os telespectadores com um background em matemática que devem ficar mais excitados, pois um número primo muito especial aparece no episódio. Antes de revelar os detalhes sobre o primo e como ele foi inserido no episódio, voltaremos um pouco para conhecer os dois matemáticos que inspiraram a referência a esse número: a professora Sarah Greenwald, da Appalachian State University, e o professor Andrew Nestler, da Santa Monica College.

O interesse de Greenwald e Nestler pelos *Simpsons* remonta a 1991, quando os dois se conheceram e se tornaram amigos no departamento de matemática da Universidade da Pensilvânia. Ambos estavam começando seus Ph.Ds., e uma vez por semana se reuniam com outros estudantes para assistir a *Os Simpsons* e compartilhar uma refeição. Nestler deixa claro por que a série o atraiu: "Os autores criaram dois nerds: o Professor Frink, um cientista, e Martin Prince, um estudante superdotado. E eles aparecem ao lado de uma das personagens principais, Lisa Simpson, que também era extremamente inteligente e questionadora. A inclusão desses personagens tornou o programa algo a que os intelectuais queriam assistir para, de certa forma, rirem de si mesmos."

Não demorou muito para que Greenwald e Nestler começassem a identificar as várias referências matemáticas em *Os Simpsons*. Além de gostar das piadas sobre matemáticos importantes, eles se divertiam com as cenas envolvendo a matemática no contexto da educação. Nestler se lembra de que gostava particularmente de uma fala de Edna Krabappel em "Um novo amigo" (1998), quando a professora mais amarga de Springfield pergunta à classe: "Bom, *qual é a calculadora* que pode me dizer quanto é sete vezes oito?"

Passado algum tempo, eles encontraram tantas piadas matemáticas que Nestler decidiu criar uma base de dados de cenas que poderiam interessar matemáticos. De acordo com Nestler, era uma coisa óbvia a se fazer: "Sou um colecionador por natureza, e gosto de catalogar as coisas. Quando era mais jovem, eu colecionava cartões de visita. Meu principal hobby é colecionar discos da Madonna; tenho 2.300 discos físicos na minha coleção." Alguns anos depois, após terem concluído seus doutorados e se tornado professores, tanto Greenwald como Nestler começaram a incorporar cenas de *Os Simpsons* em suas aulas. Nestler, cuja tese de doutorado foi sobre a teoria dos números, usava material da série de animação em seus cursos de Cálculo, Pré-Cálculo, Álgebra Linear e Matemática Discreta.

O foco da pesquisa de Greenwald, por outro lado, eram *orbivariedades*, uma especialidade dentro da geometria, de forma que ela costumava incluir piadas geométricas de *Os Simpsons* em sua disciplina, denominada Matemática 1010 (Matemática nas Artes Liberais). Por exemplo, ela discutiu a piada incluída na sequência do sofá da abertura de "Homer, o Grande" (1995). A abertura sempre termina com a família Simpson se reunindo no sofá para assistir à televisão, e essa sequência sempre contém alguma forma de humor visual. Na piada do sofá de "Homer, o Grande", Homer e sua família exploram uma rede paradoxal de escadas sob a ação de três forças gravitacionais, cada uma perpendicular às outras. A cena é uma homenagem a *Relativity*, uma famosa litografia do artista holandês do século XX M. C. Escher, que era obcecado pela matemática em geral, mas particularmente pela geometria.

Após alguns anos incorporando *Os Simpsons* em suas aulas de matemática, a abordagem diferenciada do ensino de Greenwald e Nestler atraiu atenção da imprensa local, o que os levou a serem entrevistados no programa *Science Friday*, da National Public Radio. Alguns autores ouviram a entrevista e ficaram impressionados ao saber que suas piadas do mundo nerd agora eram usadas em aulas de matemática. Assim, decidiram procurar os professores e agradecer pela sua dedicação à matemática e aos *Simpsons*, então convidaram Greenwald e Nestler para uma leitura de um episódio inédito — "Conselheiros Marge e Homer".

No dia 25 de agosto de 2005, Greenwald e Nestler ouviram a leitura que descrevia o relacionamento problemático entre Buck Mitchell e Tabitha Vixx. Enquanto os professores relaxavam e ouviam a história, os autores prestavam atenção a cada fala, à procura de piadas boas que podiam ser ainda melhores e de piadas ruins que deveriam ser descartadas. Mais tarde naquele dia, depois que os professores já haviam saído, os autores compararam suas anotações e começaram a sugerir alterações para o roteiro. Todos concordaram que o episódio era bom, mas que algo estava faltando: não havia nenhuma referência matemática!

Parecia rude ter convidado Greenwald e Nestler para uma leitura por causa do seu interesse pela matemática de *Os Simpsons* e mostrar aos professores um episódio sem nenhum material novo para suas aulas. Os autores reexaminaram o roteiro cena por cena à procura de uma sequência apropriada para inserir um pouco de matemática. No final das contas, um deles percebeu que o clímax do episódio oferecia a oportunidade perfeita para a inserção de alguns números interessantes.

Pouco antes de Tabitha fazer sua declaração de amor na tela Jumbo-Vision, uma questão é exibida na mesma tela pedindo ao público que adivinhe quantas pessoas estão assistindo ao jogo. Trata-se de uma questão de múltipla escolha. Na leitura do roteiro, os números que apareceriam na tela haviam sido escolhidos aleatoriamente, mas agora os autores decidiram substituí-los por números que possuíssem propriedades interessantes. Depois de terem concluído a missão, Jeff Westbrook enviou um e-mail a Sarah Greenwald: "Foi ótimo vocês terem vindo, pois foi um grande estímulo para nós, e hoje acrescentamos alguns números matemáticos um pouco mais interessantes em honra à sua visita."

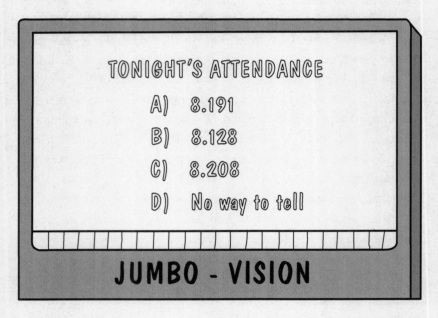

A questão de múltipla escolha apresentada na tela Jumbo-Vision em "Conselheiros Marge e Homer". "Impossível saber", diz a última opção à pergunta sobre a quantidade de pessoas presentes.

Os três números que surgiram na tela Jumbo-Vision pareceriam arbitrários e comuns para telespectadores casuais, mas aqueles com mentes matemáticas perceberiam que cada um é notável à sua própria maneira.

O primeiro, 8.191, é um número primo. Na verdade, pertence a uma classe especial conhecida como *primos de Mersenne*. O nome desse conjunto de números é uma homenagem a Marin Mersenne, que entrou para a Ordem dos Mínimos em Paris em 1611. Depois disso, ele passou a dividir seu tempo entre as orações a Deus e a adoração da matemática. Ele desenvolveu um interesse em particular por números que apresentavam a forma $2^p - 1$, onde $p$ é qualquer número primo. A tabela abaixo mostra o que acontece se substituirmos $p$ por cada número primo menor que 20 na fórmula $2^p - 1$.

| Primo ($p$) | $2^p - 1$ |  | Primo? |
|---|---|---|---|
| 2 | $2^2 - 1 =$ | 3 | ✓ |
| 3 | $2^3 - 1 =$ | 7 | ✓ |
| 5 | $2^5 - 1 =$ | 31 | ✓ |
| 7 | $2^7 - 1 =$ | 127 | ✓ |
| 11 | $2^{11} - 1 =$ | 2.047 | ✗ |
| 13 | $2^{13} - 1 =$ | 8.191 | ✓ |
| 17 | $2^{17} - 1 =$ | 131.071 | ✓ |
| 19 | $2^{19} - 1 =$ | 524.287 | ✓ |

A característica notável da tabela é que $2^p - 1$ gera números que parecem primos. E, de fato, todos os números na coluna da direita são primos, exceto por 2.047, pois $2.047 = 23 \times 89$. Em outras palavras, $2^p - 1$ é uma receita que usa números primos como ingredientes em uma tentativa de produzir novos números primos; os primos resultantes são denominados primos de Mersenne. Por exemplo, quando $p = 13$, $2^{13} - 1 = 8.191$, o primo de Mersenne que aparece em "Conselheiros Marge e Homer".

Os primos de Mersenne são considerados celebridades dentro do mundo dos números, pois podem ser muito elevados. Alguns são *primos titânicos* (com mais de mil dígitos), alguns são *primos gigantes* (com mais de 10 mil dígitos) e há ainda os *megaprimos* (com mais de 1 milhão de dígitos). Os dez maiores primos de Mersenne conhecidos são os maiores já identificados. O maior deles ($2^{57.885.161} - 1$), descoberto em janeiro de 2013, tem mais de 17 milhões de dígitos.*

O segundo número apresentado na tela do estádio é 8.128, conhecido como um *número perfeito*. No que diz respeito aos números, a perfeição depende dos seus divisores — ou seja, os números pelos quais ele pode ser dividido sem resto. Por exemplo, os divisores de 10 são 1, 2, 5 e o próprio 10. Um número é considerado perfeito se o resultado da soma entre seus divisores (exceto pelo próprio número) for ele mesmo. O menor número perfeito é 6, pois 1, 2 e 3 são divisores de 6, e 1 + 2 + 3 = 6. O segundo número perfeito é 28, porque 1, 2, 4, 7 e 14 são divisores de 28, e 1 + 2 + 4 + 7 + 14 = 28. O terceiro é 496 e o quarto é 8.128, que aparece em "Conselheiros Marge e Homer".

Esses quatro números perfeitos eram conhecidos pelos gregos, mas os matemáticos teriam que esperar mais de um milênio até que os próximos números perfeitos fossem descobertos. 33.550.336 foi descoberto por volta de 1460; então vieram 8.589.869.056 e 137.438.691.328, ambos anunciados em 1588. Como observou René Descartes, matemático francês do século XVII: "Números perfeitos, como homens perfeitos, são muito raros."

Como eles são raros e muito distantes entre si, é fácil concluir que existe um número limitado de números perfeitos. No entanto, até o presente momento, os matemáticos não conseguiram provar isso. E tem mais: todos os números perfeitos descobertos até agora são pares, então é possível que todos os números perfeitos que venham a ser descobertos também sejam pares. Mais uma vez, ninguém conseguiu provar que esse é o caso.

Apesar dessas lacunas no nosso conhecimento, sabemos algumas coisas sobre os números perfeitos. Por exemplo, foi provado que aqueles que são pares (o que talvez todos sejam) também são *números triangulares*:

---

* Existe um projeto para encontrar primos de Mersenne ainda maiores aberto à participação do público em geral. No site do Great Internet Mersenne Prime Search (GIMPS), os participantes podem baixar um programa gratuito para executar em seus computadores quando eles estão ociosos. Cada máquina percorre os números na memória à procura de um primo maior do que o recorde atual. Se você participar, poderá ter a sorte de descobrir o próximo maior primo de Mersenne.

$$6 = 1 + 2 + 3 \qquad 28 = 1 + 2 + 3 + 4 + 5 + 6 + 7$$

Além disso, sabemos que números perfeitos pares (com exceção do 6) são sempre a soma de uma série de cubos ímpares consecutivos:

$$28 = 1^3 + 3^3$$
$$496 = 1^3 + 3^3 + 5^3 + 7^3$$
$$8.128 = 1^3 + 3^3 + 5^3 + 7^3 + 9^3 + 11^3 + 13^3 + 15^3$$

Por último, mas não menos importante, sabemos que há um relacionamento íntimo entre os números perfeitos e os primos de Mersenne. Na verdade, os matemáticos provaram que eles existem em igual quantidade, e até mostraram que todo primo de Mersenne pode ser usado para gerar um número perfeito. Daí, conhecemos apenas 48 números perfeitos, pois esse é o mesmo número de primos de Mersenne conhecidos.

O terceiro número a ser exibido na tela do estádio, 8.208, é especial porque é um chamado *número narcisista*. Isso significa que ele é igual à soma dos seus dígitos elevados à potência do número de dígitos:

$$8.208 = 8^4 + 2^4 + 0^4 + 8^4 = 4.096 + 16 + 0 + 4.096$$

Esse número é chamado de narcisista porque os dígitos que o compõem são usados para gerar o próprio número. Assim, ele parece obcecado, ou quase apaixonado, por si mesmo.

Existem muitos outros exemplos de números narcisistas, como 153, que é igual a $1^3 + 5^3 + 3^3$, mas foi provado que os números narcisistas não são infinitos. Na verdade, os matemáticos sabem que existem apenas 48 números narcisistas, e o maior deles é 115.132.219.018.763.992.565.095.597.973.971.522.401.

Entretanto, se nos permitirmos alguns ajustes, é possível gerar os chamados *números narcisistas selvagens*; eles podem ser produzidos se usarmos seus dígitos de qualquer forma que funcione. Seguem-se alguns exemplos de números narcisistas selvagens.

$$6.859 = (6 + 8 + 5)^{\sqrt{9}}$$
$$24.739 = 2^4 + 7! + 3^9$$
$$23.328 = 2 \times 3^{3!} \times 2 \times 8$$

Assim, graças à visita de Greenwald e Nestler, o episódio "Conselheiros Marge e Homer" contou com a participação especial de um primo de Mersenne, um número perfeito e um número narcisista. Por anos, *Os Simpsons* haviam influenciado as aulas dos professores, e agora a situação havia se invertido, com os professores influenciando *Os Simpsons*.

Mas por que os escritores escolheram esses tipos de número em particular para a tela Jumbo-Vision? Afinal de contas, existem centenas de tipos de número interessantes, e quaisquer deles teriam feito uma boa participação. Existem, por exemplo, os *números vampiros*: eles têm um número par de dígitos que podem ser divididos em dois novos números, chamados de *caninos*, que, por sua vez, podem ser multiplicados para recriar o número original. 136.948 é um número vampiro, pois 136.948 = 146 × 938. Um exemplo melhor ainda é 16.758.243.290.880, que é particularmente estranho e vampírico, pois seus caninos podem ser arranjados de quatro formas diferentes:

$$\begin{aligned}16.758.243.290.880 &= 1.982.736 \times 8.452.080 \\ &= 2.123.856 \times 7.890.480 \\ &= 2.751.840 \times 6.089.832 \\ &= 2.817.360 \times 5.948.208\end{aligned}$$

Se quisessem um número incrivelmente especial, a outra alternativa dos autores teria sido um *número sublime*. Existem apenas dois números sublimes, pois eles precisam obedecer a duas restrições rígidas. Em primeiro lugar, o número total de divisores de um número sublime deve ser um número perfeito; em segundo, a soma entre os divisores também precisa ser um número perfeito. O primeiro número sublime é 12, pois seus divisores são 1, 2, 3, 4, 6 e 12. O número de divisores é 6, e a soma entre eles é 28. Tanto 6 quanto 28 são números perfeitos. O único outro número sublime é 6.086.555.670.238.378.989.670.371.734.243.169.622. 657.830.773.351.885.970.528.324.860.512.791.691.264.

De acordo com os autores, os números de Mersenne, os perfeitos e os narcisistas foram escolhidos para aparecer em "Conselheiros Marge e Homer" apenas porque ofereciam quantidades muito próximas de um tamanho realista para o público de um jogo. Além disso, foram os primeiros tipos de número em que pensaram. Eles foram introduzidos como uma mudança de última hora no roteiro, então não havia muito tempo para pensar nos números a serem escolhidos.

Entretanto, olhando para trás, eu argumentaria que os autores escolheram exatamente os números certos, pois os dígitos continuam visíveis na tela Jumbo-Vision quando Tabitha Vixx aparece, e cada número parece oferecer uma descrição apropriada da srta. Vixx. Como uma das personagens mais glamourosas a ter aparecido em *Os Simpsons*, Tabitha se considera perfeita, um primor, e, como era de se esperar, é narcisista. Além disso, no início do episódio, ela é vista dançando de forma provocativa com pouca roupa na frente dos fãs de beisebol do marido. Assim, a inclusão de um número narcisista selvagem na tela do estádio foi ainda mais apropriada.

• • • •

Embora Greenwald e Nestler pareçam especiais, eles não são os únicos professores a discutirem *Os Simpsons* em suas aulas de matemática. Joel Skol, do Georgia Institute of Technology, faz uma palestra intitulada "Making Decisions Against an Opponent: An Application of Mathematical Optimization" [Tomando decisões contra um oponente: uma aplicação da otimização matemática] que inclui slides descrevendo jogos de Pedra, Papel e Tesoura jogados pelos personagens de *Os Simpsons*. A palestra se concentra na teoria dos jogos, área da matemática que trata da modelagem do comportamento dos participantes em situações de conflito e cooperação. A teoria dos jogos pode ajudar na compreensão de tudo: do dominó, passando pela guerra, ao altruísmo animal e às negociações com sindicatos. Dirk Mateer, economista da Universidade da Pensilvânia com grande interesse por matemática, também usa *Os Simpsons* e cenas envolvendo o jogo Pedra, Papel e Tesoura quando ensina teoria dos jogos aos alunos.

Pedra, Papel e Tesoura (PPT) parece um jogo trivial, então talvez você esteja surpreso por ele gerar interesse na matemática. Entretanto, nas mãos de um teórico dos jogos, PPT torna-se uma batalha complexa entre dois competidores tentando descobrir quem pode ser mais esperto. Na verdade, PPT possui muitas camadas ocultas de sutilezas matemáticas.

Antes de revelar essas camadas matemáticas, comecemos com uma pequena revisão das regras. PPT pode ser jogado por dois jogadores, e as regras são simples. Os dois contam "1... 2... 3... Já!", e então mostram as mãos imitando uma de três formas: pedra (punho fechado), papel (mão aberta espalmada) ou tesoura (dedos indicador e médio formando um V). O vencedor é aquele que se sobressai na "hierarquia circular": pedra quebra tesoura (pedra ganha), tesoura corta papel (tesoura ganha) e papel embrulha pedra (papel ganha). Se as armas escolhidas pelos jogadores forem as mesmas, dá empate.

Ao longo dos séculos, diferentes culturas desenvolveram suas próprias variações de PPT, dos indonésios, que jogam Elefante, Humano e Inseto, aos fãs de ficção científica, que jogam OVNI, Micróbio e Vaca. Na última versão, o OVNI disseca a vaca, a vaca come os micróbios, e os micróbios contaminam o OVNI.

Ainda que cada cultura tenha suas próprias armas, as regras do jogo são essencialmente as mesmas. Dentro dessas regras, é possível usar a lógica da teoria matemática dos jogos para identificar as melhores estratégias. Isso foi demonstrado em "A barreira" (1993), quando Bart e Lisa jogam PPT para decidir qual de seus nomes deve aparecer em primeiro lugar no roteiro que os dois escreveram em parceria para *Comichão e Coçadinha*. Do ponto de vista de Lisa, a melhor estratégia a ser escolhida depende de uma série de fatores. Por exemplo, ela sabe se seu oponente é um iniciante ou profissional? Qual é o objetivo: vencer ou evitar perder?

Se Lisa estivesse jogando contra um campeão mundial, poderia adotar a estratégia de escolher uma opção aleatoriamente, pois nem um campeão mundial conseguiria prever se ela escolheria pedra, papel ou tesoura. Isso daria a Lisa chances iguais de vencer, perder ou empatar. Entretanto, Lisa está jogando contra o irmão, que não é um campeão mundial. Dessa forma, adota uma estratégia diferente baseada na experiência: Bart é um grande fã da pedra. Então ela decide escolher papel para vencer a pedra em potencial de Bart. Como ela previa, o plano funciona e ela vence. O mau hábito de Bart está de acordo com uma pesquisa realizada pela Sociedade Mundial de Pedra, Papel e Tesoura, que sugere que a pedra é a opção mais popular e escolhida entre meninos.

Esse tipo de abordagem teórica dos jogos foi importante quando a fabricante japonesa de eletrônicos Maspro Denkoh leiloou sua coleção de arte em 2005. Para decidir se o acordo multimilionário deveria ir para a Sotheby's ou a Christie's, a Maspro Denkoh pediu uma batalha de PPT entre as duas casas de leilões. Nicholas Maclean, diretor internacional do Departamento de Arte Impressionista e Moderna da Christie's, levou o desafio tão a sério que pediu a ajuda das duas filhas gêmeas de 11 anos. A experiência das meninas era comprovada pela pesquisa da Sociedade Mundial de Pedra, Papel e Tesoura, pois elas também achavam que pedra era a escolha mais comum. Além disso, observaram que os jogadores mais sofisticados sabiam disso, e, portanto, escolheriam papel. O palpite de Maclean era o de que a Sotheby's adotaria essa abordagem mais sofisticada, então disse aos chefes da Christie's que usassem a supersofisticada estratégia de escolher tesoura. Como Maclean havia suposto, a Sotheby's escolheu papel, e a Christie's venceu.

Outra camada de matemática surge quando turbinamos o jogo PPT acrescentando mais opções. Primeiro, é importante salientar que qualquer nova versão de PPT deve ter um número ímpar de opções ($N$). Essa é a única forma de equilibrar o jogo de forma a cada opção vencer ou perder em relação a um número igual $(N-1)/2$ de outras opções. Assim, não existe uma versão de quatro opções de PPT, mas existe uma versão chamada Pedra, Papel, Tesoura, Lagarto e Spock (PPTLS). Inventada pelo programador Sam Kass, ela se tornou famosa depois de aparecer em "The Lizard-Spock Expansion" (2008), um episódio da série nerd *The Big Bang Theory*. Logo a seguir está a hierarquia circular e os gestos que representam pedra, papel, tesoura, lagarto ou Spock.

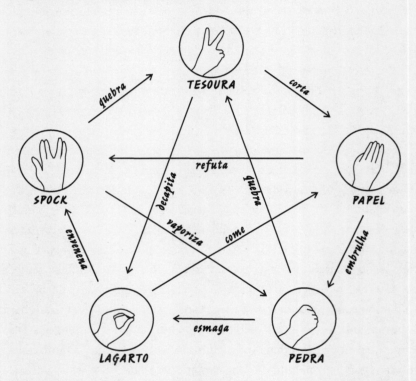

À medida que o número de opções aumenta, as chances de um empate diminuem para $1/N$. Portanto, a chance de um empate é de ⅓ em PPT e de ⅕ em PPTLS. Se você quiser diminuir ao máximo a chance de um empate, a melhor versão disponível é PPT-101. Criada pelo animador David Lovelace, ela tem 101 opções definidas e 5.050 possíveis resultados para uma vitória clara. Por exemplo, areia movediça engole abutre, abutre come princesa, princesa subjuga dragão, dragão queima robô, e assim por diante. A chance de um empate é $1/101$, o que corresponde a menos de 1%.

A criação matemática mais interessante surgida a partir do estudo de PPT foi a invenção dos chamados *dados não transitivos*. Esses dados provocam a curiosidade, pois cada um tem uma combinação diferente de números em seus lados:

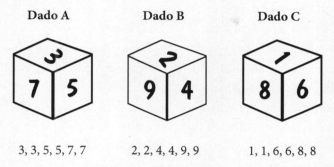

3, 3, 5, 5, 7, 7    2, 2, 4, 4, 9, 9    1, 1, 6, 6, 8, 8

Você e eu podemos jogar um jogo com esses dados em que cada um de nós pega um e depois o lança. O vencedor é aquele que tira o maior número. Então, qual é o melhor dado?

| | | DADO A | | | | |
|---|---|---|---|---|---|---|
| | | 3 | 3 | 5 | 5 | 7 | 7 |
| DADO B | 2 | A | A | A | A | A | A |
| | 2 | A | A | A | A | A | A |
| | 4 | B | A | A | A | A | A |
| | 4 | B | B | A | A | A | A |
| | 9 | B | B | B | B | B | B |
| | 9 | B | B | B | B | B | B |

| | | DADO B | | | | |
|---|---|---|---|---|---|---|
| | | 2 | 2 | 4 | 4 | 9 | 9 |
| DADO C | 1 | B | B | B | B | B | B |
| | 1 | B | B | B | B | B | B |
| | 6 | C | C | C | C | B | B |
| | 6 | C | C | C | C | B | B |
| | 8 | C | C | C | C | B | B |
| | 8 | C | C | C | C | B | B |

| | | DADO C | | | | |
|---|---|---|---|---|---|---|
| | | 1 | 1 | 6 | 6 | 8 | 8 |
| DADO A | 3 | A | A | C | C | C | C |
| | 3 | A | A | C | C | C | C |
| | 5 | A | A | C | C | C | C |
| | 5 | A | A | C | C | C | C |
| | 7 | A | A | A | A | C | C |
| | 7 | A | A | A | A | C | C |

Cada tabela exibe todos os possíveis resultados quando dois dados são jogados. Na primeira tabela, dado A vs. dado B, podemos ver que o quadrado no canto superior esquerdo é marcado com A e sombreado com cinza-claro, pois A vence se seu lado for 3 e o lado de B for 2. Entretanto, o canto inferior direito é marcado com B e sombreado com cinza-escuro, pois o dado B vence se seu lado for 9 e o lado de A for 7. Considerando todas as combinações, em média A vence 56% das vezes contra B.

As tabelas acima mostram o que acontece com três possíveis combinações de dados: (A vs. B), (B vs. C), (C vs. A). A primeira tabela mostra que o dado A é melhor do que o B, pois A ganha em 20 dos possíveis resultados. Em outras palavras, o A ganha cerca de 56% das vezes.

E quanto ao dado B vs. o dado C? A segunda tabela mostra que o B é melhor, pois também ganha 56% das vezes.

Na vida, estamos acostumados aos relacionamentos transitivos, o que significa que se A é melhor do que B e B é melhor do que C, então A é *obrigatoriamente* melhor do que C. Entretanto, quando jogamos o dado A contra o C, descobrimos que o C é melhor, pois vence 56% das vezes, como demonstrado na terceira tabela. É por isso que os dados são chamados não transitivos — eles desafiam a convenção da transitividade, assim como acontece aos objetos usados em PPT. Como mencionado anteriormente, as regras de PPT ditam uma hierarquia circular não convencional, e não uma hierarquia simples, que vai de cima para baixo.

Os relacionamentos não transitivos são absurdos e desafiam o senso comum. Provavelmente, é por isso que fascinam os matemáticos, sejam estes os autores de *Os Simpsons*, professores de universidades... ou até o investidor mais bem-sucedido do mundo, Warren Buffett, que tem um patrimônio líquido de aproximadamente 50 bilhões de dólares. A foto de Buffett no anuário de 1947 da Woodrow Wilson High School apresenta a seguinte legenda: "Gosta de matemática; futuro corretor da bolsa."

Buffett é conhecido como um fã dos fenômenos não transitivos, e às vezes desafia as pessoas a um jogo de dados. Sem explicação, ele dá ao oponente três dados não transitivos e lhe pede que escolha um primeiro. O oponente acha que isso lhe dá vantagem, pois parece ter a oportunidade de escolher o "melhor" dado. É claro que não existe um dado melhor. Buffett pede ao oponente que escolha primeiro exatamente para ter o privilégio de selecionar o dado que particularmente é mais forte do que qualquer que tenha sido o escolhido pelo outro jogador. Ele não tem garantia de vencer, mas as probabilidades estão a seu favor.

Quando ele usou esse truque com Bill Gates, o fundador da Microsoft imediatamente suspeitou das suas intenções. Ele passou algum tempo examinando os dados para em seguida, educadamente, sugerir que Buffett escolhesse o seu primeiro.

# 9
## AO INFINITO E ALÉM

• • • • •

"Momento da verdade" (1990) conta a história de uma partida de golfe em miniatura entre Bart Simpson e Todd Flanders, filho do vizinho Ned Flanders. Há muito em jogo no confronto, pois o pai do perdedor enfrentará consequências terríveis: ele terá que cortar a grama do vencedor usando um vestido da esposa.

Durante uma tensa discussão entre os pais dos competidores, Homer e Ned invocam o infinito para reforçar suas posições:

**HOMER:** A esta hora amanhã, você vai estar de salto alto!
**NED:** Não, você vai.
**HOMER:** Acho que não.
**NED:** Acho que sim!
**HOMER:** Acho que não.
**NED:** Acho que sim!
**HOMER:** Acho que não infinito!
**NED:** Acho que sim infinito mais um!
**HOMER:** Uuhh!

Perguntei qual dos autores havia sugerido esse diálogo, mas ninguém conseguiu lembrar. Isso não surpreende, pois o roteiro foi escrito mais de duas décadas atrás. Porém, todos concordaram que a discussão infantil de Homer e Ned teria atrasado o processo de desenvolvimento do roteiro, pois teria gerado um debate sobre a natureza do infinito. Infinito mais um seria mais do que infinito? Trata-se de uma declaração significativa, ou não passa de um bordão sem sentido? Ela pode ser provada?

Na tentativa de encontrar respostas para essas questões, os matemáticos sentados em torno da mesa de roteirização com certeza teriam mencionado o nome de Georg Cantor, nascido em São Petersburgo, Rússia, em 1845. Cantor foi o primeiro matemático a investigar o significado do infinito. No entanto, suas explicações sempre foram profundamente técnicas, então coube ao eminente matemático alemão David Hilbert (1862-1943) explicar as pesquisas de Cantor. Ele conseguiu encontrar analogias que tornaram as ideias de Cantor sobre o infinito mais digeríveis.

Uma das explicações mais famosas de Hilbert do infinito envolve um prédio imaginário conhecido como Hotel de Hilbert — um hotel com um número infinito de quartos, com cada porta identificada por algarismos — 1, 2, 3, e assim por diante. Em uma noite particularmente movimentada, quando os quartos estão todos ocupados, um novo hóspede aparece sem reserva. Por sorte, o dr. Hilbert, dono do hotel, tem uma solução. Ele pede aos hóspedes que se transfiram de um quarto para o seguinte. Assim, o hóspede do quarto 1 passa para o 2, o do quarto 2 passa para o 3, e assim por diante. Todos continuam tendo um quarto, mas o quarto 1 foi desocupado, e agora está disponível para o novo hóspede. Esse cenário (que pode ser provado com mais rigor) sugere que o infinito mais um é igual ao infinito; uma conclusão paradoxal, talvez, mas inegável.

Isso significa que Ned Flanders está errado ao pensar poder vencer o infinito de Homer com infinito mais um. Na verdade, Flanders estaria errado mesmo se tentasse vencer a discussão com "infinito mais infinito", conforme provado por outra história sobre o Hotel de Hilbert.

O hotel está lotado outra vez quando chega um ônibus de tamanho infinito. O motorista pergunta ao dr. Hilbert se o hotel pode acomodar seu número infinito de passageiros. Hilbert, tranquilamente, pede a todos os hóspedes que se transfiram para um quarto com um número igual ao dobro do número do seu quarto atual. Assim, o hóspede do quarto 1 passa para o 2, o do quarto 2 passa para o 4, e assim por diante. O infinito de hóspedes agora só ocupa os quartos de números pares, e o número igualmente infinito de quartos de números ímpares são desocupados. Dessa forma, o hotel pode oferecer quartos ao número infinito de passageiros do ônibus.

Mais uma vez, a ideia parece paradoxal. Talvez você até suspeite que não faz sentido, talvez não passe de divagações da torre de marfim. De qualquer maneira, essas conclusões sobre o infinito são mais do que meros sofismas. Os matemáticos chegam a essas conclusões a respeito do infinito, ou a qualquer outro conceito, a partir de um trabalho rigoroso, desenvolvido passo a passo a partir de fundamentos sólidos.

Isso fica claro em uma anedota em que o vice-reitor de uma universidade se queixa para o chefe do departamento de Física: "Por que os físicos sempre precisam de tanto dinheiro para laboratórios e equipamentos? Por que vocês não podem fazer como o departamento de Matemática? Os matemáticos só precisam de dinheiro para lápis, papel e latas de lixo para jogar papel. Ou, melhor ainda, por que não podem ser como o departamento de Filosofia? Eles só precisam de lápis e papel."

A anedota é uma provocação aos filósofos, que trabalham sem o rigor dos matemáticos. A matemática é uma busca meticulosa pela verdade, pois cada nova proposta precisa ser implacavelmente testada a fim de ou ser aceita na estrutura do conhecimento, ou descartada na lata de lixo. Embora os conceitos matemáticos de vez em quando possam parecer abstratos e impenetráveis, todos são submetidos a um processo de intensa análise.

Assim, o Hotel de Hilbert prova claramente que

$$\text{infinito} = \text{infinito} + 1$$
$$\text{infinito} = \text{infinito} + \text{infinito}$$

Embora a explicação de Hilbert evite o uso da matemática técnica, Cantor foi forçado a mergulhar profundamente na arquitetura matemática dos números a fim de chegar às suas conclusões paradoxais sobre o infinito, e suas batalhas intelectuais tiveram um preço. Ele sofreu graves crises de depressão, passou longos períodos em um sanatório e passou a acreditar que se comunicava diretamente com Deus. Na verdade, ele afirmou que Deus o ajudou a desenvolver suas ideias, e acreditava que o infinito era sinônimo de Deus: "Ele é identificado na forma mais completa, em um ser sobrenaturalmente independente, *in Deo*, que chamo de Infinito Absoluto, ou simplesmente Absoluto." O estado mental de Cantor em parte foi resultado das críticas e pilhérias de matemáticos mais conservadores, que não conseguiram aceitar suas conclusões radicais sobre o infinito. O final de Cantor foi trágico: ele morreu pobre e desnutrido em 1918.

Depois da morte de Cantor, Hilbert elogiou as tentativas do colega de investigar a matemática do infinito, afirmando: "O infinito! Nenhuma outra questão jamais tocou tão profundamente o espírito humano; nenhuma outra ideia estimulou seu intelecto para efeitos mais profícuos; e, ainda assim, nenhum conceito necessita tanto de esclarecimento quanto o infinito." Ele deixou claro que estava do lado de Cantor na luta para compreender o infinito: "Ninguém deve nos afastar do paraíso que Cantor criou para nós."

● ● ● ●

Além de ex-matemáticos, a equipe de autores de *Os Simpsons* também contava com cientistas interessados em matemática, como Joel H. Cohen (nenhum parentesco com David S. Cohen), que estudou Ciências na Universidade de Alberta, Canadá. Os estudos de Eric Kaplan em Columbia e Berkeley, por sua vez, incluíam uma ênfase na filosofia da ciência. Enquanto isso, David Mirkin, que havia planejado se tornar engenheiro elétrico, passou algum tempo na Universidade Drexel de Filadélfia e no National Aviation Facilities Experimental Center [Centro de Recursos Experimentais da Aviação Nacional] antes de começar a trabalhar como autor de *Os Simpsons*. George Meyer havia se formado em Bioquímica, e depois concentrara a atenção na matemática em uma tentativa malograda de inventar um sistema infalível de apostas para a corrida de cachorros. O fracasso foi uma bênção para o mundo da comédia, pois levou Meyer a uma carreira como um dos mais respeitados escritores do gênero de Los Angeles.

Portanto, sempre houve muitas pessoas dispostas a discutir matemática durante a roteirização. Porém, apesar de gostarem de digressões sobre temas complexos, os autores de *Os Simpsons* perceberam que, num seminário sobre o infinito, Cantor e o Hotel de Hilbert podiam ser uma distração no meio do desenvolvimento do roteiro. Por sorte, encontraram uma solução, algo que encorajaria mais discussões sobre matemática sem atrapalhar o processo: um Clube de Matemática.

A ideia para o clube foi o resultado de uma conversa em um bar de Los Angeles entre Matt Warburton e Roni Brunn. Warburton, que havia estudado neurociência cognitiva na Universidade de Harvard, havia se tornado autor de *Os Simpsons* logo depois do início da série, e ficou na equipe por mais de uma década. Brunn fizera parte da comunidade de comediantes em Harvard, tendo sido editora do *Harvard Lampoon*, mas depois de ter se formado havia concentrado a carreira na moda e na música.

"O Clube de Matemática surgiu a partir do triste momento em que me dei conta de que minha inteligência estava diminuindo depois de eu ter me formado", relembra Brunn. "Eu tinha inveja dos clubes do livro. Não gosto muito de ler romances, mas queria um ambiente social para discussões intelectuais. Certa noite, em um bar, eu estava dizendo a Matt Warburton que não era justo existirem apenas clubes do livro, e que devia haver um clube de matemática. Ele respondeu com um 'pois é' meio desinteressado e continuou bebendo cerveja. Conversamos sobre os vários escritores de *Os Simpsons* que tinham um background em matemática, e isso foi o estímulo de que eu precisava."

Ao contrário do que Brad Pitt poderia ter aconselhado, a primeira regra do Clube de Matemática era falar sobre o Clube de Matemática. Aliás, os membros eram encorajados a buscar novos membros. Os principais seriam os autores de *Os Simpsons*, mas o Clube de Matemática estava aberto a professores, pesquisadores e qualquer outro morador de Los Angeles que tivesse um interesse em matemática.

A primeira reunião do Clube de Matemática aconteceu no apartamento de Brunn em setembro de 2002. A palestra inaugural foi intitulada "Números Surreais", e foi feita por J. Stewart Burns, que havia começado a trabalhar em um Ph.D. em Matemática antes de se tornar autor de Os Simpsons. Um a um, os colegas de Burns fizeram suas próprias palestras no Clube de Matemática, com títulos como "Teoria dos Grafos" e "Uma Seleção Aleatória de Problemas em Probabilidade".

Embora o Clube de Matemática fosse uma reunião informal de amigos e colegas com um interesse em comum, as palestras com frequência tinham credenciais acadêmicas impecáveis. Ken Keeler, cuja palestra foi "Subdivisão de um Número Quadrado", é um dos escritores mais capacitados em matemática de Os Simpsons. Ele se formou na Universidade de Harvard *summa cum laude*, reconhecimento que indica que ele foi um dos estudantes de matemática aplicada mais brilhantes a ter concluído o bacharelado na classe de 1983. Depois, Keeler fez mestrado em Engenharia Elétrica na Universidade de Stanford e em seguida voltou para Harvard, onde fez Ph.D. em Matemática Aplicada. Sua tese de doutorado teve o interessante título "Map Representations and Optimal Encoding for Image Segmentation" [Representações de Mapas e Codificação Ótima Para a Segmentação de Imagens]. Depois disso, Keeler entrou para a AT&T Bell Laboratories, Nova Jersey, cujos pesquisadores já ganharam sete Prêmios Nobel. Durante esse período, os caminhos de Keeler e Jeff Westbrook se cruzaram. Os dois trabalhavam na mesma área de pesquisa, e foram coautores de um artigo intitulado "Short Encodings of Planar Graphs and Maps".* Também escreveram juntos um roteiro para a série de TV *Star Trek: Deep Space Nine*, em que uma guerra explodia depois que dois comediantes de stand-up insultavam todos os alienígenas da plateia durante suas apresentações.

O Clube de Matemática foi ganhando um número cada vez maior de integrantes. Às vezes, para acomodar todos, era necessário realizar os

---

* *Discrete Applied Mathematics*, v. 58, n. 3, p. 239-52, 1995.

encontros ao ar livre, improvisando uma tela para o projetor com um lençol. As maiores audiências, por volta de cem pessoas, apareciam para ouvir palestras de matemáticos famosos como o dr. Ronald Graham, cientista chefe do California Institute for Telecommunications and Information Technology (Cal(IT)²). Por coincidência, Graham havia notoriamente sido o coautor de duas dúzias de artigos com Paul Erdős, e foi o maior responsável pela popularização da ideia do número de Erdős. Outro motivo que levou Graham à fama foi o *número de Graham*, que bateu um recorde em 1977 como o maior número já usado em um artigo. Para ter uma ideia do seu tamanho, considere o *comprimento de Planck*, a menor unidade de volume da Física. É possível colocar $10^{73}$ volumes de Planck em um átomo de hidrogênio. Se os dígitos do número de Graham fossem inscritos no tecido do cosmo de forma que cada dígito ocupasse apenas um volume de Planck, nem o universo inteiro seria grande o bastante para contê-lo. Talvez você se conforme por saber que seus últimos dez dígitos são ...2464195387.

Uma das palestras mais memoráveis do Clube de Matemática foi de David S. Cohen, criador do Último Teorema de Homer. A palestra de Cohen foi especial porque foi dedicada à explicação da pesquisa que ele havia conduzido antes de se tornar um autor de comédia. Depois de ter se formado na Universidade de Harvard, Cohen passou um ano no Laboratório de Robótica da universidade, para mais tarde fazer mestrado em Ciência da Computação na Universidade da Califórnia, Berkeley. Lá, conduziu uma pesquisa sobre o chamado *problema de ordenação de panquecas*, e esse tópico foi a base de sua palestra no Clube de Matemática.

O problema de ordenação de panquecas havia sido proposto pela primeira vez em 1975 por Jacob E. Goodman, um geômetra da City College of New York, sob o pseudônimo Harry Dweighter (em inglês, um trocadilho com "garçom perturbado"). Ele escreveu:

> O chef daqui é desleixado, e quando prepara uma pilha de panquecas, elas ficam com tamanhos diferentes. Portanto, quando as entrego a um

cliente, a caminho da mesa eu as reorganizo (de forma que a menor fica no topo, e assim por diante, até a maior, que fica na base) pegando várias no topo e trocando as posições, repetindo isso (o número varia) quantas vezes for necessário. Se o número de panquecas for $n$, qual é o número máximo de trocas (como uma função de $n$) que precisarei usar para reorganizá-las?

Em outras palavras, se Homer visitar a Casa Municipal das Panquecas de Springfield, como acontece em "O mundo dos negócios de Marge" (1997), e o garçom entregar $n$ panquecas em uma ordem aleatória de tamanhos, quantas trocas terão sido necessárias para colocá-las na ordem de tamanhos correta no pior cenário? Esse número de trocas é conhecido como número panqueca, $P_n$. O desafio é encontrar uma fórmula que forneça uma previsão de $P_n$.

O problema de ordenação de panquecas imediatamente atraiu o interesse de matemáticos por duas razões. Em primeiro lugar, parecia oferecer informações em potencial para a solução de problemas da Ciência da Computação, pois a reorganização de panquecas é semelhante à reorganização de dados. Em segundo lugar, era um quebra-cabeça que parecia difícil, e matemáticos adoram problemas quase impossíveis.

Alguns casos simples podem facilitar a nossa compreensão do problema. Primeiro, qual é o número panqueca para apenas uma panqueca? A resposta é 0, pois a panqueca não pode sair na ordem errada. Portanto, $P_1 = 0$.

Segundo, qual é o número panqueca para duas panquecas? Ou as panquecas saem na ordem correta, ou na ordem inversa. É fácil identificar o pior caso, e basta uma troca para trocar as duas panquecas de uma vez só e lhes dar a ordem correta de panquecas. Assim, $P_2 = 1$.

Em seguida, qual é o número panqueca para três panquecas? Esse exemplo é mais difícil, pois há seis possíveis ordens. Dependendo da ordem inicial, o número de trocas necessárias para chegarmos à ordem correta varia de 0 ao pior cenário de três, então $P_3 = 3$.

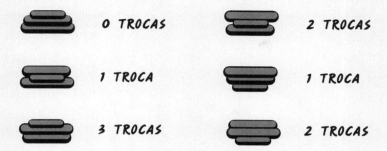

Na maioria dos casos, é possível descobrir sozinho como obter a ordem correta no número apropriado de trocas. Entretanto, para o pior cenário, o processo de reordenação não é óbvio, então essa série de três trocas é exibida logo abaixo. Cada coluna indica a ação de uma troca, apontada onde a espátula encontra-se inserida, e a ordem das panquecas após a troca.

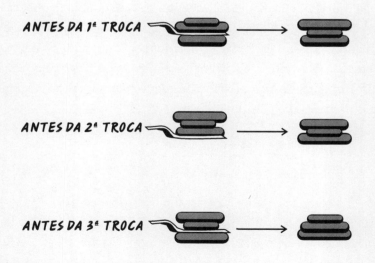

À medida que a pilha de panquecas aumenta, o problema se torna cada vez mais difícil, já que há um número gradualmente maior de possíveis ordens iniciais, bem como um número gradualmente maior de possíveis processos de trocas. Pior ainda, parece não haver padrão para a série de números panqueca ($P_n$). Aqui estão os primeiros 19 números panqueca:

| n | 1 | 2 | 3 | 4 | 5 | 6 | 7 | 8 | 9 | 10 |
|---|---|---|---|---|---|---|---|---|---|----|
| P | 0 | 1 | 3 | 4 | 5 | 6 | 8 | 9 | 10 | 11 |

| n | 11 | 12 | 13 | 14 | 15 | 16 | 17 | 18 | 19 | 20 |
|---|----|----|----|----|----|----|----|----|----|----|
| P | 13 | 14 | 15 | 16 | 17 | 18 | 19 | 20 | 22 | ? |

A mera dificuldade de se percorrer todas as permutações de panquecas e possíveis estratégias de troca significa que nem os computadores mais potentes até agora conseguiram calcular o 20º número panqueca. E, após mais de três décadas, ninguém conseguiu superar a abordagem computacional por força bruta com uma equação inteligente para prever os números panqueca. Até agora, o único progresso foi a formulação de equações que estabelecem limites para o número panqueca. Em 1979, demonstrou-se que o limite superior do número panqueca é ($5n$ + 5)/3 trocas. Isso significa que podemos pegar um número imenso de panquecas, como mil, e saber com certeza que o número panqueca (i.e., o número de trocas necessárias para reorganizar as panquecas em ordem de tamanho no pior cenário) será menor do que

$$\frac{(5 \times 1.000 + 5)}{3} = 1.668\ ⅓$$

Assim, como não podemos fazer um terço de uma troca, $P_{1.000}$ é menor ou igual a 1.668. Esse resultado é famoso, pois foi publicado em um artigo de William H. Gates e Christos H. Papadimitriou. William H. Gates é mais conhecido como Bill Gates, um dos fundadores da Microsoft, e acredita-se que esse foi o único artigo de pesquisa que ele já publicou.

O artigo de Gates, baseado em um trabalho que ele fez enquanto estudava em Harvard, também menciona uma variação do problema. O *problema das panquecas queimadas* envolve panquecas que foram queimadas de um lado, então o desafio é virá-las de forma que fiquem com os lados queimados para baixo, ao mesmo tempo que você faz as trocas necessárias para pô-las em ordem de tamanho. Esse foi o problema abordado por David S. Cohen em Berkeley.

Cohen escreveu um artigo* sobre o problema das panquecas queimadas em 1995 que estabeleceu os limites inferior e superior para o problema da reordenação entre $3n/2$ e $2n - 2$. Se usarmos mais uma vez o exemplo das mil panquecas, mas agora queimadas, então saberemos que o número de trocas necessário para colocá-las dos lados certos e ordená-las no pior cenário fica entre 1.500 e 1.998.

Isso é o que torna os autores de *Os Simpsons* únicos. Eles não apenas são membros do Clube de Matemática, mas também fazem palestras rigorosas e até escrevem artigos sérios de pesquisa em matemática.

David S. Cohen contou uma história que mostra como os próprios autores às vezes se surpreendem ao se darem conta do nível do talento matemático somado pela equipe: "Eu havia escrito um artigo sobre números panqueca com a ajuda do meu orientador, Manuel Blum, que é um conhecido cientista da computação, e o enviamos a um periódico chamado *Discrete Applied Mathematics*. Depois disso, deixei a faculdade para escrever para *Os Simpsons*. Após o artigo ter sido aceito, houve um longo intervalo entre seu envio, sua revisão e sua publicação. Assim, quando o artigo foi publicado, já fazia algum tempo que eu trabalhava nos *Simpsons*, e àquela altura Ken Keeler também havia sido contratado. Então, finalmente, o artigo de pesquisa foi publicado, e entrei com as cópias dele, dizendo: 'Ei, tive um artigo publicado pelo *Discrete Applied Mathematics*.' Todos ficaram muito impressionados, exceto Ken Keeler, que disse: 'Ah, tive um artigo publicado nesse periódico há dois meses.'"

---

* "On the Problem of Sorting Burnt Pancakes", *Discrete Applied Mathematics*, v. 61, n. 2, p. 105-20, 1995.

Com um sorriso meio torto, Cohen lamentou: "O que significa eu começar a escrever para *Os Simpsons* e não poder sequer ser o único autor do programa a ter um artigo publicado na *Discrete Applied Mathematics*?"

# 10
## O TEOREMA DO ESPANTALHO

• • • • •

Homer Simpson geralmente não pode ser considerado uma potência intelectual. Em vez disso, ele tem a reputação de um dos cidadãos mais pé no chão de Springfield. Em "Homer contra a Lei Seca" (1997), ele oferece um brinde que explica sua filosofia de vida simples: "Ao álcool! A causa e a solução para todos os problemas da vida."

Mas de vez em quando os autores soltam Homer da coleira para explorar um lado nerd do seu personagem. Já vimos isso no episódio de 1998 "O Mágico de Springfield", e há vários outros episódios em que Homer mostra que pode ser um garoto-propaganda do orgulho geek. Por exemplo, o periódico científico de mais prestígio do mundo, *Nature*, o elogiou por um comentário feito em "A Associação de Pais e Mestres debanda" (1995). Depois de surpreender a filha tentando construir uma máquina de movimento contínuo, ele a coloca em seu lugar com firmeza: "Nesta casa *obedecemos* às leis da termodinâmica!"

Além de citar algumas das leis mais fundamentais da ciência, Homer ocasionalmente também ocupa o lugar de destaque do lado científico do programa. Em "Homer, o Fazendeiro" (1999), ele experimenta ganhar a vida na agricultura e borrifa plutônio nos campos para estimular o crescimento da plantação. É claro que o resultado são plantas mutantes. Homer chama o fruto de sua produção *tomaco*, pois ele tem a aparência exterior de um tomate, mas seu interior contém tabaco.

Rob Bauer, um fã de *Os Simpsons* do Oregon, se inspirou no episódio e decidiu transformar o *tomaco* em realidade. Em vez de usar material radioativo, ele enxertou raízes de tabaco em um tomateiro e esperou para ver o que aconteceria. Não era uma ideia completamente louca, pois os tomates e o tabaco pertencem à mesma família de plantas, a *Solanaceae*. Assim, o enxerto poderia permitir que as propriedades de uma planta fossem transferidas para a outra. No final, as folhas do tomateiro de Bauer continham nicotina, provando que a ciência pode ser tão estranha quanto a ficção científica.

Os autores também encorajaram o desenvolvimento do intelecto de Homer em "Eles salvaram a inteligência de Lisa", episódio já discutido no capítulo 7. Depois que Stephen Hawking salva Lisa de uma multidão furiosa, a história termina com o professor Hawking conversando com o pai de Lisa na Taverna do Moe, onde fica impressionado com as ideias de Homer sobre cosmologia: "Sua teoria de um universo em forma de rosquinha é intrigante, Homer... Acho que vou roubá-la."

Isso soa ridículo, mas os cosmologistas com uma mente mais matemática afirmam que, na verdade, o universo pode ter, sim, a estrutura de uma rosquinha. Para explicar como essa geometria é possível, simplifiquemos o universo imaginando que todo o cosmo tem duas dimensões, e não três, então tudo existe em uma folha. O senso comum pode sugerir que essa folha universal seria plana e se estenderia até o infinito em todas as direções. Contudo, a cosmologia raramente é uma questão de senso comum. Einstein nos ensinou que o espaço pode se curvar, o que nos leva a todos os tipos de cenários em potencial. Por exemplo, imagine que a folha universal não é infinita, e sim tem quatro extremidades, de forma que parece como uma grande folha retangular de borracha. Em seguida, imagine que juntamos as duas extremidades mais distantes da folha a fim de formarmos um cilindro, em seguida conectando as duas extremidades do cilindro. Assim, a folha inteira foi transformada em uma rosquinha oca. Esse é exatamente o tipo de universo que Hawking e Homer discutem.

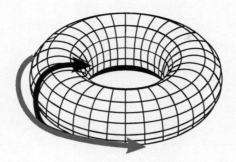

Se você vivesse na superfície desse universo em forma de rosquinha, poderia seguir a seta cinza até voltar à sua posição original. Ou poderia seguir a seta preta e, mais uma vez, acabaria de volta ao ponto de partida. O universo em forma de rosquinha se comporta como o cenário espacial de *Asteroids*, o jogo mais vendido de todos os tempos do Atari. Se a nave do jogador voa para leste, deixa a tela da direita e volta para a esquerda, por fim retornando à posição original. Da mesma forma, se a nave for para o norte, deixa o topo da tela e reaparece na base, no final voltando mais uma vez ao ponto de partida.

É claro que discutimos a teoria supondo que o universo tem apenas duas dimensões, mas dentro das leis da física é possível que um universo tridimensional seja dobrado para formar um cilindro e, em seguida, uma rosquinha. Se você não é matemático, é quase impossível visualizar esse tipo de manipulação de um espaço tridimensional, mas Hawking e Homer compreendem que a rosquinha é uma realidade perfeitamente viável para a forma do nosso universo. Como disse certa vez o cientista britânico J. B. S. Haldane (1892-1964): "Suspeito que o Universo não apenas é mais extraordinário, mas ainda mais extraordinário do que sequer podemos supor."

Em outros episódios, os autores criaram eventos que servem de calibre para estimular o cérebro de Homer, o que lhe permite ser matematicamente brilhante. Em "É o Homer!" (2001), ele remove um giz de cera que estava alojado em seu cérebro, e de repente percebe que pode usar o cálculo para provar que Deus não existe. Homer mostra a prova a Ned Flanders, seu religioso vizinho, que a princípio duvida que ele seja capaz de fazer Deus desaparecer em uma poeira de lógica. Flanders examina a prova e murmura: "Isso nós veremos... hum. Bem, talvez ele tenha cometido um erro... Não. É bem convincente. Eu não posso deixá-lo divulgar esta informação." Incapaz de encontrar uma falha para refutar a lógica de Homer, Flanders queima a prova.

A cena é uma homenagem a uma das passagens mais famosas da matemática, quando o maior matemático do século XVIII, Leonhard Euler, fingiu ter provado exatamente o oposto à conclusão de Homer: ou seja, que Deus existia. O incidente aconteceu quando ele se encontrava na corte de Catarina, a Grande, em São Petersburgo. Catarina e seus cortesãos estavam cada vez mais preocupados com a influência do filósofo francês Denis Diderot, que visitava a Rússia e era declaradamente ateu. Supostamente, ele também tinha pavor de matemática. Assim, pediram a Euler que desenvolvesse uma equação falsa, que aparentemente provasse a existência de Deus e desse um fim às heresias de Diderot. Ao ser publicamente confrontado pela complexa equação de Euler, Diderot perdeu a fala. Depois desse encontro humilhante, Diderot se tornou piada em São Petersburgo, e logo pediu permissão para voltar a Paris.

O cérebro matemático de Homer volta a ser temporariamente turbinado em "Como aprendi a gostar do jogo legalizado" (1993). No início do episódio, Henry Kissinger visita (inexplicavelmente) o local de trabalho de Homer, a Usina Nuclear de Springfield. Infelizmente, o ex-secretário de Estado dos Estados Unidos deixa os óculos, sua marca registrada, caírem no vaso sanitário ao visitar um dos banheiros da usina. Sem coragem para pegá-los e com vergonha de dizer a alguém o que aconteceu, Kissinger murmura consigo: "Ninguém deve saber que os deixei no banheiro. Não eu, o homem que fez os Acordos de Paz de Paris."

Pouco depois, Homer visita o mesmo banheiro e encontra os óculos no vaso. É claro que ele não consegue resistir e os coloca no rosto. Nesse momento, os óculos parecem lhe transferir a inteligência de

Kissinger. Ainda no banheiro, Homer começa a ruminar uma fórmula matemática:

"A soma das raízes quadradas de quaisquer dois lados de um triângulo isósceles é igual à raiz quadrada do lado restante."

À primeira vista, isso soa uma declaração perfeita do teorema de Pitágoras. Na verdade, porém, ela está errada em vários sentidos. O teorema, na verdade, diz:

"A soma dos quadrados dos catetos é igual ao quadrado da hipotenusa."

A diferença mais óbvia é que a fórmula citada por Homer diz respeito a triângulos isósceles, enquanto o teorema de Pitágoras é sobre triângulos retângulos. Talvez você se lembre da escola que um triângulo isósceles é aquele que tem dois lados iguais, enquanto o triângulo retângulo não apresenta restrições quanto ao tamanho dos lados, contanto que um dos vértices tenha um ângulo reto.

A fórmula de Homer apresenta mais dois problemas. Em primeiro lugar, ele fala das "raízes quadradas" dos lados, enquanto o teorema de Pitágoras fala dos "quadrados" dos lados. Em segundo lugar, o teorema de Pitágoras estabelece uma relação entre a hipotenusa (o lado de maior comprimento) do triângulo retângulo e os outros lados [catetos]. Já a fórmula de Homer fala de uma relação entre "quaisquer dois lados" do triângulo isósceles e do "lado restante". A expressão "quaisquer dois lados" pode se referir aos dois lados iguais ou a um dos lados iguais e o lado diferente.

Os diagramas e equações a seguir resumem e destacam as diferenças entre a afirmação de Homer e o teorema de Pitágoras. Homer distorceu uma fórmula matemática, criando uma modificação do teorema de Pitágoras, ou uma conjectura de Simpson. A diferença entre um teorema e uma conjectura é que o primeiro é comprovadamente verdadeiro, enquanto o segundo não foi provado nem refutado... ainda.

| | | |
|---|---|---|
| CONJECTURA DE SIMPSON | triângulo isósceles com lados $a$, $a$ e base $b$ | (1) $\sqrt{a} + \sqrt{a} = \sqrt{b}$<br>E<br>(2) $\sqrt{a} + \sqrt{b} = \sqrt{a}$ |
| TEOREMA DE PITÁGORAS | triângulo retângulo com catetos $a$, $b$ e hipotenusa $c$ | $a^2 + b^2 = c^2$ |

A conjectura de Simpson diz respeito a *todos* os triângulos isósceles. Então, se tentarmos prová-la, precisamos mostrar que ela é verdadeira para um infinito de triângulos. Porém, se, em vez disso, tentarmos refutar a conjectura de Simpson, precisamos encontrar apenas um triângulo que fuja ao que ela diz.

Consideremos um triângulo isósceles com dois lados de comprimento 9 e uma base de comprimento 4. A soma das raízes quadradas de quaisquer dos lados do triângulo isósceles é igual à raiz quadrada do lado restante?

$\sqrt{9} + \sqrt{9} = \sqrt{4}$ implica que $3 + 3 = 2$, o que é falso

$\sqrt{9} + \sqrt{4} = \sqrt{9}$ implica que $3 + 2 = 3$, o que também é falso

Nos dois casos, a soma das raízes quadradas não corresponde à raiz quadrada do lado restante, então a conjectura é claramente falsa.

É claro que Homer não foi feliz com a fórmula, mas não podemos julgá-lo com muita rigidez, particularmente porque ele está sob a influência dos óculos de Kissinger. Na verdade, se há algum culpado, devem ser os autores.

John Weinstein, que dividiu o crédito de principal autor com Bill Oakley no episódio, me contou como a cena havia sido criada e por que continha uma conjectura tão sem sentido. "A piada se desenvolveu de trás para a frente, pois precisávamos que o sr. Burns, chefe de Homer, achasse que ele era inteligente. Pensamos: 'Como ele pode pensar que Homer é esperto?' Ah, seria engraçado se ele achasse um par de óculos no banheiro. A quem eles poderiam pertencer? Ah, Henry Kissinger!' Gostamos de Henry Kissinger (e coisas relacionadas à era Nixon), e ele parecia alguém que poderia ser amigo do sr. Burns."

Depois disso, o roteiro precisava de uma fala em que Homer demonstrasse sua recém-adquirida confiança na própria inteligência. Nesse ponto, a equipe de escritores começou a trabalhar, e um dos autores com a mente mais matemática se deu conta de que a situação de Homer apresentava um forte paralelo com uma das cenas finais de *O Mágico de Oz* (1939).* Ao seguir a estrada de tijolos amarelos para Oz, Dorothy é acompanhada pelo Leão Covarde, que está em busca de coragem, pelo Homem de Lata, que quer um coração, e pelo Espantalho, que deseja um cérebro. Acredita-se que o Espantalho representa um típico fazendeiro pé no chão do Kansas, que provavelmente teria um tremendo senso comum, mas não teria tido uma educação formal. Quando, por fim, encontram o Mágico, este não consegue dar um cérebro ao Espantalho, mas o recompensa com um diploma, momento em que o Espantalho exclama: "A soma das raízes quadradas de dois lados de um triângulo isósceles é igual à raiz quadrada do terceiro lado."

Assim, Homer está citando o que, originalmente, era uma fala do Espantalho de *O Mágico de Oz*. A conjectura de Simpson na verdade é uma conjectura do Espantalho. Os autores de *Os Simpsons* estavam usando a mesma pseudoconjectura matemática, pois a descoberta dos óculos de Kissinger por Homer e o recebimento de um diploma pelo Espantalho tiveram o mesmo efeito para os personagens envolvidos — ou seja, depois do fato tanto Homer quanto o Espantalho ficaram muito mais confiantes em relação à sua capacidade intelectual.

---

* O responsável, provavelmente, foi David Mirkin, ex-engenheiro com um interesse por matemática. Ele foi o produtor executivo do episódio e de dois outros em 1993 ("A última tentação de Homer" e "O ursinho"), ambos os quais contêm referências a *O Mágico de Oz*.

Apenas uma fração mínima dos telespectadores poderia notar que Homer havia reciclado a conjectura do Espantalho. Os telespectadores seriam mais bem descritos como ocupantes da interseção no diagrama de Venn do conjunto de fãs obcecados de *O Mágico de Oz* e o conjunto de matemáticos. Essa interseção inclui James Yick, Anahita Rafiee e Charles Beasley, estudantes do Departamento de Matemática e Ciência da Computação da Augusta State University, na Geórgia, que analisaram a cena final de *O Mágico de Oz* até o último detalhe. Particularmente, eles desafiaram a teoria de que o Espantalho deveria citar o teorema de Pitágoras corretamente, e que o ator que o interpretou, Ray Bolger, acidentalmente cometeu um erro só percebido tarde demais. Em vez disso, esses matemáticos argumentaram que os roteiristas de *O Mágico de Oz* distorceram deliberadamente o teorema de Pitágoras. Eles afirmam: "Achamos que foi um ato de sabotagem deliberada por causa da velocidade com que o ator diz suas falas, sugerindo muito ensaio, e os três erros óbvios nas falas... Foram [os autores] tentando passar sua opinião sobre o verdadeiro valor dos diplomas? Eles estavam tentando dizer algo sobre a falta de conhecimento verdadeiro entre os telespectadores em geral, sugerindo que todos eram 'espantalhos', como uma piadinha particular?"

Independentemente das origens e das motivações por trás da fala, a conjectura do Espantalho sem dúvida é falsa, mas inspirou o trio de matemáticos da Augusta State a investigarem o oposto da conjectura do Espantalho, conhecido como a *conjectura do corvo*, que diz:

"A soma das raízes quadradas de quaisquer dois lados de um triângulo isósceles *nunca* é igual à raiz quadrada do lado restante."

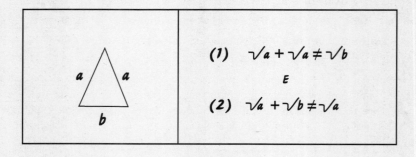

Então, a conjectura do corvo de Yick, Rafiee e Beasley é verdadeira? Podemos testá-la checando as duas equações. Começando com a equação (1), podemos repeti-la e em seguida reorganizá-la:

$$\sqrt{a} + \sqrt{a} \neq \sqrt{b}$$
$$2\sqrt{a} \neq \sqrt{b}$$
$$4a \neq b$$
$$a \neq \tfrac{1}{4} b$$

De acordo com a equação final, o comprimento $a$ dos lados iguais jamais poderá ser um quarto da base $b$. Isso se aplica, pois $a$ deve ser maior do que $\tfrac{1}{2}b$, ou os três lados do triângulo não se tocarão. Basta uma rápida olhada na imagem anterior para que isso fique óbvio.

Tendo demonstrado que a equação (1) é válida, vamos checar a equação (2):

$$\sqrt{a} + \sqrt{b} \neq \sqrt{a}$$
$$\sqrt{b} \neq 0$$
$$b \neq 0$$

Em outras palavras, segundo a equação (2), a base do triângulo isósceles não pode ter um comprimento igual a 0. Isso é verdadeiro, pois caso contrário teríamos um triângulo de dois lados! Esses lados se confundiriam, então acabaríamos tendo um triângulo de apenas um lado!

Portanto, podemos ter certeza que é impossível a soma das raízes quadradas de quaisquer dois lados de um triângulo ser igual à raiz quadrada do terceiro lado. Não é uma descoberta incrível, mas a conjectura do corvo agora pode ser elevada ao status de teorema do corvo.

• • • •

No final das contas, a conjectura de Simpson não passava de uma reafirmação da conjectura do Espantalho — que, de qualquer forma, era falsa.

Resta, contudo, um consolo para a família Simpson, já que vários conceitos matemáticos importantes — e válidos — têm seu nome.

Por exemplo, há quem diga que o *paradoxo de Simpson* é um dos mais confusos da matemática. Ele foi popularizado e investigado por Edward H. Simpson, que desenvolveu um interesse por estatística enquanto trabalhava em Bletchley Park, o quartel secreto de criptoanálise britânico que operou durante a Segunda Guerra Mundial.

Uma das melhores ilustrações do paradoxo de Simpson é a Lei dos Direitos Civis de 1964, uma peça histórica de legislação produzida como uma das medidas para lidar com a discriminação. O paradoxo surge particularmente quando analisamos com detalhes os registros de votação dos democratas e dos republicanos de quando o projeto de lei foi apresentado na Câmara dos Representantes dos Estados Unidos.

Nos estados do norte, os votos favoráveis ao projeto de lei vieram de 94% dos democratas e de 85% dos republicanos. Portanto, no norte, o projeto contou com o apoio de uma porcentagem maior de democratas do que de republicanos.

Já nos estados do sul, 7% dos democratas e 0% dos republicanos votaram a favor. Assim, também no sul, a porcentagem de democratas favoráveis ao projeto venceu a dos republicanos.

A conclusão óbvia é que os democratas demonstraram maior apoio ao projeto de lei dos Direitos Civis do que os republicanos. Entretanto, se os números dos estados do sul forem agrupados com os do norte, foram 80% de republicanos favoráveis ao projeto contra 61% de democratas também favoráveis.

Em outras palavras, estou dizendo que o projeto de lei dos Direitos Civis obteve mais votos dos democratas do que dos republicanos separadamente no sul e no norte, mas obteve mais votos dos republicanos do que dos democratas quando os estados são agrupados! Isso soa absurdo, mas os fatos são inegáveis. Este é o paradoxo de Simpson.

A fim de compreendermos o paradoxo, em vez de usarmos porcentagens, analisaremos os próprios números dos votos. Nos estados do norte, dos 154 democratas, 145 (94%) votaram a favor, enquanto esse número é de 138 entre 162 republicanos (85%). Nos estados do sul, os que votaram a favor do ato foram 7 entre 94 democratas (7%) e 0 entre 10 republicanos (0%). Como já foi dito, o apoio dos democratas ao projeto parece mais forte do que o dos republicanos tanto no norte quanto no sul. Contudo, isso se inverte em uma análise nacional, pois dos 248 democratas os que votaram a favor foram 152 (61%), isso comparado a 138 votos favoráveis de 172 republicanos (80%).

|  | Registro de Votação do Norte | Registro de Votação do Sul | Registro de Votação Nacional |
|---|---|---|---|
| **Democratas** | 145/154 94% | 7/94 7% | 152/248 61% |
| **Republicanos** | 138/162 85% | 0/10 0% | 138/172 80% |

Assim, como resolver este exemplo do paradoxo de Simpson? Há quatro detalhes importantes nos dados que lançaram luz sobre o mistério. Em primeiro lugar, se estamos comparando os registros de votação de republicanos e democratas, precisamos analisar os dados gerais, ou os totais nacionais agrupados, o que leva à conclusão de que os republicanos apoiaram mais o projeto de lei dos Direitos Civis do que os democratas. Este é o ponto principal.

Em segundo lugar, embora talvez queiramos procurar uma diferença nos registros de votação dos republicanos e democratas, a maior diferença se dá entre os representantes do norte e do sul, independentemente de qual seja seu partido político. No norte, o projeto de lei teve 90% de apoio, enquanto no sul o número caiu vertiginosamente para 7%. Se concentrarmos em uma variável (por exemplo, democratas vs. republicanos) e prestarmos menos atenção a uma variável mais importante (por exemplo, norte vs. sul), a última acabará sendo chamada de *variável de confusão*.

Em terceiro lugar, porcentagens podem ser úteis para comparações em algumas situações, mas quando começamos analisando apenas porcentagens, não levamos em conta os números propriamente ditos de votos, e, assim, não conseguimos identificar a relevância de resultados em particular. Por exemplo, o resultado de 0% dos republicanos do sul parece crucial, mas o sul tinha apenas dez representantes republicanos; se um único republicano sulista houvesse votado a favor do projeto de lei, o apoio republicano no sul teria aumentado de 0 para 10% e superado o apoio democrata, que foi de apenas 7%.

Por fim, o conjunto mais importante de dados é o do registro de votação dos democratas do sul. O ponto principal é que houve muito menos apoio ao projeto nos estados sulistas do que nos do norte, e os estados sulistas costumam eleger predominantemente democratas. O apoio fraco entre os democratas do sul minou a média democrata, e no final das contas foi responsável por inverter a situação quando analisamos a totalidade dos dados.

Um fato importante: os registros de votação da Lei dos Direitos Civis de 1964 não é uma curiosidade estatística rara. Esse tipo de interpretação inversa dos dados, o paradoxo de Simpson, causa confusão em muitas outras situações, de estatísticas esportivas até dados médicos.

Antes de terminar este capítulo, devo apontar que existem mais Simpsons no mundo da matemática. Por exemplo, o nome Simpson também ficou matematicamente imortalizado na *fórmula de Simpson*, uma técnica do Cálculo que pode ser usada para estimar a área abaixo de qualquer curva. Ela tem o nome do matemático britânico Thomas Simpson (1710-1761), que, aos 15 anos, se tornou professor de Matemática em Nuneaton, Inglaterra. De acordo com o historiador Niccolò Guicciardini, oito anos depois Simpson cometeu um daqueles erros que qualquer um de nós poderia cometer quando "teve que fugir para Derby em 1733 depois que ele ou seu assistente assustou uma menina vestindo-se de demônio durante uma sessão de astrologia".

E, é claro, há o teorema de Carlson-Simpson, que não requer explicações, exceto que implica o colorante teorema de Hales-Jewett e é usado no argumento de Furstenberg-Katznelson. Mas tenho certeza de que você já sabia. E, por fim, há o inesquecível teorema de Bart.*

---

* Caso você tenha se esquecido dele, pode dar uma olhada em um artigo intitulado "Periodic Strongly Continuous Semigroups", do professor Harm Bart, publicado em *Annali di Matematica Pura ed Applicata*, v. 115, n. 1, p. 311-18, 1977.

# EXAME III

NÍVEL UNIVERSITÁRIO

**PIADA 1**  P: Por que os cientistas da computação confundem o Halloween com o Natal?  *2 pontos*
R: Porque Oct(31) = Dec(25).

[O trocadilho aqui é que a data do Halloween [October 31] é representada por "Oct(31)" [o número 31 na base octogonal], que equivale a "Dec(25)" [o número 25 na base decimal], representação da data do Natal [December 25].]

**PIADA 2**  Se os Teletubbies são um produto do tempo e do dinheiro, então:  *4 pontos*

Teletubbies = Tempo × Dinheiro

Mas Tempo = Dinheiro

⇒ Teletubbies = Dinheiro × Dinheiro

⇒ Teletubbies = Dinheiro$^2$

O dinheiro é a raiz de todo o mal.

∴ Dinheiro = $\sqrt{Mal}$

∴ Dinheiro$^2$ = Mal

⇒ Teletubbies = Mal

**PIADA 3**  P: Como é contar em binário?  *2 pontos*
R: É o mesmo que 01 10 11.

**PIADA 4**  P: Por que você não deve misturar álcool com cálculo?  *2 pontos*
R: Porque você não deve beber e derivar.

**PIADA 5**   Aluno: "O que você mais gosta na matemática?"   *2 pontos*
Professor: "Teoria dos nós."
Aluno: "É, eu também não."

[A piada aqui está na resposta do professor em inglês, "Knot theory", pois é feito um trocadilho entre "knot" [nó] e "not" [não]. Assim, o aluno entende que o professor disse "Not theory" [Teoria, não].]

**PIADA 6**   Quando a Arca finalmente para depois do Dilúvio, Noé liberta todos os animais e proclama: "Crescei e multiplicai-vos."   *4 pontos*

Meses depois, Noé fica felicíssimo ao ver que todas as criaturas estão procriando, exceto por um par de cobras, que continuam sem filhotes. Noé pergunta: "Qual é o problema?" As cobras respondem com um pedido simples: "Por favor, corte algumas árvores e deixe-nos viver nelas."

Noé atende ao pedido, deixa-as sós por algumas semanas, e então retorna. Dessa vez, encontra vários filhotes de cobra. Noé pergunta por que foi tão importante ter cortado as árvores, e as cobras respondem: "Somos víboras, e precisamos de troncos para multiplicar."

[Víbora, em inglês, é "adder", que é o nome também dado ao circuito que executa somas em um computador. "Logs", a palavra em inglês para "troncos", também se refere a sistemas computacionais, em português também "logs", que armazenam as atividades executadas no sistema. Como nos computadores a operação de multiplicação é feita por somas sucessivas, os circuitos somadores ("adders", palavra também usada para "víboras") precisam de logs (ou "troncos") para armazenar as somas sucessivas da multiplicação.]

**PIADA 7**  P: Se $\lim\limits_{x \to 8} \dfrac{1}{x-8} = \infty$ ,  *4 pontos*

resolva o seguinte:

$$\lim\limits_{x \to 5} \dfrac{1}{x-5} = ?$$

R: ∽

**TOTAL: 20 PONTOS**

# 11
# MATEMÁTICA EM QUADROS CONGELADOS

•••••

Os *Flintstones*, exibido pela primeira vez em 1960, foi um grande sucesso do horário nobre da rede de televisão ABC, com 166 episódios transmitidos ao longo de seis temporadas. Não haveria outra série animada exibida no horário nobre com tanto sucesso até 1989, quando *Os Simpsons* deram início à sua jornada de mais de quinhentos episódios. Provando que uma série animada era capaz de atrair jovens e adultos, *Os Simpsons* inspiraram outros programas, como *Uma família da pesada* e *South Park*. Matt Groening e sua equipe de autores também provaram que comédias não necessariamente requerem risadas gravadas, o que abriu caminho para programas como *The Office*, de Ricky Gervais.

Outro aspecto pioneiro de *Os Simpsons*, de acordo com o escritor Patric Verrone, foi o desenvolvimento da *piada dos quadros congelados*: "Se ela não foi inventada em *Os Simpsons*, foi aperfeiçoada aqui. É uma piada que pode passar despercebida ao longo do programa, então você precisa pausá-lo para vê-la. A maioria costuma vir em títulos de livros ou placas. É mais difícil colocar esse tipo de coisa em programas ao vivo."

As piadas de quadros congelados — que podem durar, literalmente, um único quadro, ou às vezes pouco mais do que isso — foram incluídas em *Os Simpsons* desde o início. Em "Bart, o Gênio", primeiro episódio propriamente dito do programa, vemos uma biblioteca que contém tanto a *Ilíada* quanto a *Odisseia*. Basta piscar, e você não verá. A piada, é claro, é que esses textos da Grécia antiga foram escritos por Homero [Homer, em inglês].

As piadas de quadros congelados foram uma oportunidade para aumentar a densidade cômica do programa, mas também permitiram aos autores introduzir referências obscuras que recompensassem os telespectadores com curiosidades insólitas. No mesmo episódio, por um momento, é exibida a lancheira de um dos alunos, e ela tem na tampa Anatoly Karpov. Karpov foi o campeão mundial de xadrez de 1975 a 1985. Além disso, Karpov quebrou um recorde ao vender o selo mais valioso do Congo Belga, leiloado por 80 mil dólares em 2011. Se um telespectador não viu a piada, nada foi perdido. Entretanto, se um único telespectador identificou e apreciou a referência, os autores consideram válido o esforço.

Em grande parte, as piadas dos quadros congelados foram produto do desenvolvimento tecnológico. Cerca de 65% das famílias americanas tinham um videocassete com função de gravação em 1989, quando *Os Simpsons* estrearam. Isso significa que os fãs podiam assistir aos episódios várias vezes e pausar uma cena caso vissem algo curioso. Ao mesmo tempo, mais de 10% das famílias tinham um computador pessoal, e algumas pessoas tinham acesso à internet. O ano seguinte veria o nascimento do alt.tv.simpsons, um newsgroup do Usenet que permitiu aos fãs compartilhar, entre outras coisas, suas descobertas entre as piadas dos quadros congelados.

De acordo com Chris Turner, autor de *Planet Simpson*, o extremo das piadas dos quadros congelados encontra-se em "O tarado Homer" (1994), episódio em que um programa investigativo sensacionalista chamado *Vai fundo* falsamente acusa Homer de abuso sexual. O apresentador, Godfrey Jones, é forçado a pedir desculpas no ar e emitir uma errata, exibida na forma de um texto que sobe rapidamente na tela. A maioria dos telespectadores não vê nada além de uma imagem indistinta, mas 34 piadas foram exibidas em quatro segundos, todas perfeitamente legíveis para qualquer um que estivesse disposto a pausar o episódio e assistir às correções quadro a quadro.

## AS PIADAS DE QUADROS CONGELADOS DE *OS SIMPSONS*

### "O TARADO HOMER" (1994)

**Linhas da lista de correções de *Vai fundo***

*If you are reading this, you have no life*
[Se está lendo isso, você não tem vida].

*Our viewers are not pathetic sexless food tubes*
[Nossos telespectadores não são tubos alimentares patéticos sem vida sexual].

*Quayle is familiar with common bathroom procedures*
[Quayle está familiarizado com os procedimentos comuns para o uso dos banheiros].*

*The people who are writing this have no life*
[As pessoas que estão escrevendo isso não têm vida].

### "INDENIZAÇÃO DESASTRADA" (1998)

**Placa em frente à Stu's Disco**

*You Must Be at Least This Swarthy to Enter*
[Você Tem Que Ter Pelo Menos Esta Tez Escura Para Entrar].

---

\* Referência ao ex-vice-presidente Dan Quayle (*N. da T.*)

### "A BANHA DO BAILE" (1998)

**Nome da loja que oferece "Vendas Loucas de Inverno"**

*Donner's Party Supplies**

### "BART VS. LISA VS. TERCEIRA SÉRIE" (2002)

**Título do livro de Lisa**

*Love in the Time of Coloring Books*

[Amor no Tempo dos Livros de Colorir]

### "DIA DA CODEPENDÊNCIA" (2004)

**Placa em frente à Primeira Igreja de Springfield**

*We Welcome Other Faiths (Just Kidding)*

[Outros Credos São Bem-Vindos (Brincadeirinha)]

### "BART TEM DUAS MÃES" (2006)

**Placa em frente à Convenção de Canhotos**

*Today's Seminar — Ambidextrous: Lefties in Denial?*

[Seminário de Hoje — Ambidestros: Canhotos em Negação?]

---

* Referência a pioneiros americanos que, atrasados por uma série de dificuldades, ficaram presos na neve durante o inverno de 1846-1847 em Serra Nevada e, sem opção, precisaram recorrer ao canibalismo. (*N. da T.*)

Crucialmente, as piadas de quadros congelados permitiram que os autores amantes de matemática de *Os Simpsons* incluíssem referências para atrair os apaixonados por números mais exigentes. Por exemplo, em "Coronel Homer" (1992), que contém a primeira aparição do cinema local, telespectadores com olhos de águia observaram que ele se chama Springfield Googolplex. Para entendermos a referência, é necessário retornarmos a 1938, quando o matemático americano Edward Kasner conversava com o sobrinho Milton Sirotta. Kasner casualmente menciona que seria útil ter um rótulo para descrever o número $10^{100}$ (ou 10.000.000.000.000.000.000.000.000. 000.000.000.000.000.000.000.000.000.000.000.000.000.000. 000.000.000.000.000.000.000.000). Milton, de 9 anos, sugeriu a palavra *googol*.

Em seu livro *Mathematics and the Imagination*, Kasner relembrou que a conversa com seu sobrinho continuou: "Ao mesmo tempo que sugeriu 'googol', ele deu um nome para um número ainda maior: 'Googolplex'. Um googolplex é muito maior do que um googol, mas ainda é finito, como o inventor do nome rapidamente observou. Primeiro, a sugestão foi que o googolplex deveria ser 1 seguido de quantos zeros conseguíssemos escrever antes de nos cansarmos."

O tio, com razão, achou que o googolplex seria um número um tanto arbitrário e subjetivo, então sugeriu a sua redefinição como $10^{googol}$. Isso corresponde a 1 seguido de googol zeros, o que é muito mais zeros do que poderiam caber em uma folha do papel do tamanho do universo observável, ainda que usássemos a menor fonte possível.

Esses termos — *googol* e *googolplex* — tornaram-se mais ou menos conhecidos na atualidade, até entre membros do público em geral, pelo fato de o termo *googol* ter sido adaptado por Larry Page e Sergey Brin como o nome do seu mecanismo de busca. Entretanto, eles preferiram uma ortografia mais comum, então a companhia foi chamada de Google, e não Googol. O nome sugere que o mecanismo de busca oferece acesso a grandes quantidades de informações. A sede do Google, como não seria de se surpreender, se chama Googleplex.

O autor de *Os Simpsons* Al Jean lembra que a brincadeira com o Springfield Googolplex não fazia parte do esboço original do roteiro de "Coronel Homer". Em vez disso, ele acredita que ela foi inserida em uma das sessões de revisão, quando os membros de mente mais matemática da equipe costumam exercer sua influência. "Sim, definitivamente eu estava na sala para isso. Lembro que não sugeri Googolplex, mas definitivamente ri. Foi baseado em salas de cinema chamadas octoplex e multiplex. Lembro que quando eu estava no ensino fundamental, os garotos metidos a espertinhos estavam sempre falando de googols. Aquela definitivamente foi uma piada da sala de revisão para o episódio."

Mike Reiss, que havia trabalhado com Jean em *Os Simpsons* desde a primeira temporada, acha que é provável que a piada do Springfield Googolplex tenha sido dele. Quando outro autor sugeriu que a piada poderia ser obscura demais, Reiss lembra-se de ter protestado: "Alguém observou que eu estava sugerindo uma piada que ninguém entenderia, mas ela prevaleceu... Era inofensiva; quão engraçado pode ser o nome de uma sala de cinema multiplex?"

Outra piada matemática que só pode ser identificada se o quadro for pausado aparece em "MoneyBART". Na verdade, provavelmente você já a viu na imagem 4 apresentada no encarte.

Quando Lisa está estudando para se tornar uma boa técnica de beisebol, é mostrada cercada por livros, e uma lombada exibe o título "$e^{i\pi} + 1 = 0$". Se você estudou matemática além do nível do ensino médio, reconhecerá a fórmula como a *equação de Euler*, também chamada de *identidade de Euler*. Uma explicação da equação de Euler envolveria um nível de complexidade que vai além do escopo deste capítulo, mas uma explicação parcial, moderadamente técnica, pode ser encontrada no apêndice 2. Enquanto isso, nos concentraremos no primeiro componente da equação, que é um número peculiar conhecido como *e*.

O número *e* foi descoberto quando matemáticos começaram a estudar uma questão fascinante sobre o geralmente tedioso tema dos juros bancários. Imagine um cenário em que é feito um investimento simples: é investido 1 dólar em uma conta bancária extraordinariamente conveniente e generosa que oferece 100% de juros ao ano. Ao final do ano, o 1 dólar terá tido um acréscimo de 1 dólar em juros, resultando num total de 2 dólares.

Agora, em vez de 100% de juros ao ano, consideremos um cenário no qual os juros são cortados pela metade, mas calculados duas vezes. Em outras palavras, o investidor recebe 50% de juros tanto depois de seis meses quanto depois de 12. Assim, após os primeiros seis meses, o 1 dólar terá sido acrescido de 50 centavos em juros, resultando num total de 1,50 dólar. Durante o segundo período de seis meses, são acumulados juros não apenas sobre a quantia original de 1 dólar, mas sobre a quantia acumulada de 1,50. Portanto, os juros adicionais acrescentados após 12 meses são 50% de 1,50 dólar, o que corresponde a 75 centavos, resultando em um total de 2,25 dólares no final do ano. A isso se dá o nome de *juros compostos*.

Como podemos ver, a boa notícia é que os juros compostos calculados a cada seis meses são mais rentáveis do que os juros simples anuais. O saldo bancário poderia ter sido ainda mais alto se os juros compostos houvessem sido calculados com mais frequência. Por exemplo, se houvessem sido calculados por trimestre (25% a cada três meses), os resultados teriam sido de 1,25 dólar ao final de março, 1,56 ao final de junho, 1,95 no fim de setembro, e 2,44 no fim do ano.

Se $n$ é o número de incrementos (i.e., o número de vezes por ano que os juros são calculados e adicionados), a fórmula seguinte pode ser usada para calcular o resultado final ($F$) quando os juros compostos são calculados, não importa se isso aconteça a intervalos mensais, semanais, diários ou até a cada hora:

$$F = \$(1 + 1/n)^n$$

| Valor inicial | Juros anuais | Intervalo do incremento | Número de incrementos ($n$) | Juros incrementais | Valor final ($F$) |
|---|---|---|---|---|---|
| $1,00 | 100% | 1 ano | 1 | 100,00% | $2,00 |
| $1,00 | 100% | ½ ano | 2 | 50,00% | $2,25 |
| $1,00 | 100% | ¼ ano | 4 | 25,00% | $2,4414... |
| $1,00 | 100% | 1 mês | 12 | 8,33% | $2,6130... |
| $1,00 | 100% | 1 semana | 52 | 1,92% | $2,6925... |
| $1,00 | 100% | 1 dia | 365 | 0,27% | $2,7145... |
| $1,00 | 100% | 1 hora | 8.760 | 0,01% | $2,7181... |

Quando os juros compostos são calculados semanalmente, já temos 70 centavos a mais em comparação aos lucros que teríamos tido se estivéssemos com juros simples anuais. Entretanto, após esse ponto, o cálculo dos juros compostos passa a chegar a apenas 1 ou 2 centavos a mais com cada vez mais frequência. Isso nos leva à fascinante questão que deixou matemáticos obcecados: se os juros compostos pudessem ser calculados não apenas a cada hora, não apenas a cada segundo, não apenas a cada microssegundo, mas a cada momento, qual seria o valor final obtido no fim do ano?

A resposta é $2,71828182845904523536028747135266249775724709369995957496696762772407663035354759457138217852516 6427.... Como você provavelmente já deve ter percebido, as casas decimais vão até o infinito, então o que temos é um número irracional, e este é o número que chamamos de $e$.

E 2,718... foi chamado de $e$ porque está relacionado ao conceito de *crescimento exponencial*, que descreve a surpreendente taxa de crescimento observada quando um montante acumula juros ano após ano, ou quando qualquer coisa cresce continuamente a uma taxa fixa. Por exemplo, se o valor do investimento aumentou a um fator de 2,718... ano após ano, então 1 dólar se torna 2,72 dólares após um ano, e então 7,39 dólares após dois, para depois se tornar 20,09 dólares, 54,60 dólares, 148,41 dólares, 403,43 dólares, 1.096,63 dólares, 2.980,96 dólares, 8.102,08 dólares e, finalmente, 22.026,47 dólares em apenas dez anos.

Esse tipo de taxas impressionantes de crescimento exponencial contínuo é raro no mundo do investimento financeiro, mas existem exemplos mais concretos em outras áreas. A ilustração mais famosa de crescimento exponencial ocorreu no mundo tecnológico, e é conhecida como *lei de Moore*, nome que vem de Gordon Moore, cofundador da Intel. Em 1965, ele observou que o número de transistores dos microprocessadores dobra aproximadamente a cada dois anos, e previu que essa tendência seria mantida. A lei prevaleceu década após década. Os 40 anos transcorridos entre 1971 e 2011 viram o número de transistores dobrar vinte vezes. Em outras palavras, o progresso observado no número dos transistores do microprocessador deu-se em um fator de $2^{20}$, ou cerca de 1 milhão, ao longo de quatro décadas. É por isso que atualmente temos microprocessadores com um desempenho imensamente maior, e vendidos a preços extraordinariamente menores se comparados à década de 1970.

Para fazer uma analogia, costuma-se dizer que, se os carros houvessem tido um progresso tão rápido quanto o alcançado pelos computadores, uma Ferrari hoje custaria 100 dólares e rodaria 1 milhão de quilômetros por galão... mas também apresentaria problemas uma vez por semana.

A relação com juros compostos e crescimento exponencial é interessante, mas *e* tem muito mais a oferecer ao mundo. Assim como $\pi$, o número *e* aparece em todo tipo de situações inusitadas.

Por exemplo, *e* encontra-se no coração do chamado *problema dos desarranjos*, mais comumente conhecido como o *problema do chapeleiro*. Imagine que você é o responsável pelo vestiário de um restaurante, guardando os chapéus dos clientes em caixas. Infelizmente, você se esquece de observar a quem pertence cada chapéu. Quando os clientes retornam após o jantar, você entrega uma caixa aleatoriamente a cada um e se despede antes que eles possam checar que chapéu se encontra dentro dela. Qual é a probabilidade de cada caixa conter o chapéu certo? A resposta depende do número de clientes ($n$), e a probabilidade de 0 acerto, chamada $P(n)$, pode ser encontrada de acordo com a fórmula:*

$$P(n) = 1 - \frac{1}{1!} + \frac{1}{2!} - \frac{1}{3!} + \frac{1}{4!} + \ldots + \frac{(-1)^n}{n!}$$

Assim, para um cliente, a probabilidade de 0 acerto é 0, pois o único chapéu guardado inevitavelmente será entregue à pessoa certa:

$$P(1) = 1 - \frac{1}{1!} + 0 = 0\%$$

Para dois convidados, a probabilidade de 0 acerto é 0,5:

$$P(2) = 1 - \frac{1}{1!} + \frac{1}{2!} = 0,5 = 50\%$$

Para três convidados, a probabilidade de 0 acerto é 0,333:

$$P(3) = 1 - \frac{1}{1!} + \frac{1}{2!} + \frac{1}{3!} = 0,333 = 33\%$$

Para quatro clientes, a probabilidade é cerca de 0,375, e para dez clientes é aproximadamente de 0,369. À medida que o número de clientes tende ao infinito, a probabilidade estaciona em 0,367879..., que é igual a 1/2,718..., ou 1/$e$.

Você pode testar isso pegando dois baralhos e embaralhando-os separadamente, de modo que as cartas fiquem organizadas aleatoriamente. Um baralho representa a distribuição aleatória dos chapéus em caixas, e o outro representa a ordem aleatória em que os clientes retornam para pegar seus chapéus. Coloque os dois baralhos lado a lado e vire as cartas, duas de cada vez, uma do topo de cada baralho. Se as duas cartas forem do mesmo naipe e do mesmo valor, é como se um chapéu tivesse sido dado ao cliente certo. A probabilidade de terem sido feitos 0

---

* A fórmula contém o símbolo !, que representa a operação *fatorial*. A forma mais simples de explicar como funciona essa operação é por meio de exemplos: 1! = 1; 2! = 2 × 1; 3! = 3 × 2 × 1, e assim por diante.

acertos depois que você percorrer os dois baralhos é próxima a $1/e$, que é cerca de 0,37, ou 37%. Em outras palavras, se você repetir todo o processo cem vezes, pode esperar perder sua vida social e percorrer cerca de 37 pares de baralhos com 0 acerto. O problema dos chapéus pode parecer trivial, mas é uma questão fundamental em um ramo da matemática chamado *análise combinatória*.

O número *e* também faz parte do estudo de um tipo de curva chamada *catenária*, que corresponde à forma de uma corrente estendida como uma rede entre dois pontos. O termo foi cunhado por Thomas Jefferson, e vem do latim *catena*, ou "corrente". A forma de uma curva catenária é descrita pela seguinte equação, na qual *e* aparece duas vezes:

$$y = \frac{a}{2}(e^{x/a} + e^{-x/a})$$

A seda de uma teia de aranha forma uma série de catenárias entre os eixos, o que levou o entomologista francês Jean-Henri Fabre a escrever em *La Vie des Araignées* [A vida das aranhas]: "Aqui temos o reaparecimento do número mágico *e*, inscrito na teia da aranha. Examinemos, em uma manhã brumosa, a rede que foi construída durante a noite. Graças à sua natureza higrométrica, os fios grudentos contêm algumas gotas, e, curvados sob seu peso, tornaram-se tantas catenárias, tantos rosários de contas transparentes, rosários graciosos arranjados em uma ordem delicada e seguindo a curva de um balanço. Se o sol penetrar a névoa, o todo se acende com chamas iridescentes e se torna um aglomerado resplandecente de diamantes. É o número *e* em toda a sua glória."

Também encontramos *e* em uma área completamente diferente da matemática. Imagine que você usa um botão de randomização em uma calculadora para gerar números aleatórios entre 0 e 1, e depois os soma até que o total passe de 1. Às vezes, serão necessários dois números aleatórios, geralmente três, e, ocasionalmente, quatro ou mais números para alcançar um total maior do que 1. Entretanto, em média, o número de números aleatórios necessários para exceder 1 é 2,71828..., que, é claro, é *e*.

Existem inúmeros outros exemplos para demonstrar que *e* tem papéis diversos e fundamentais em várias áreas da matemática. Isso explica por que tantos amantes dos números têm uma ligação particularmente emocional a ele.

Um entusiasta de *e* é Donald Knuth, professor emérito da Universidade de Stanford e uma lenda no mundo da computação. Depois de desenvolver o Metafont, um software de criação de fontes, ele decidiu lançar atualizações com números relacionados a *e*. Assim, a primeira versão do Metafont foi 2. Em seguida, vieram o Metafont 2,7, o Metafont 2,71, e assim por diante, até a versão atual: Metafont 2,718281. O número usado para cada nova versão se aproxima mais do valor de *e*. Esta é apenas uma das inúmeras formas pelas quais Knuth expressou sua abordagem peculiar em relação ao trabalho. Outro exemplo é o índice do seu trabalho seminal *The Art of Computer Programming*, volume 1, em que o item "Definição circular" aponta para "Circular, definição", e vice-versa.

Outros fãs de *e* são os chefes supergeeks da Google. Quando fizeram sua oferta pública inicial em 2004, eles anunciaram que pretendiam arrecadar 2.718.281.828 dólares, o que é 1 bilhão de dólares multiplicado por *e*. No mesmo ano, a companhia emitiu o seguinte anúncio:

$$\left\{ \begin{array}{c} \text{primeiro primo de 10 dígitos encontrado} \\ \text{nos dígitos consecutivos de } e \end{array} \right\} \text{.com}$$

A única maneira de descobrir o endereço do website era percorrer todos os dígitos de *e* para descobrir uma sequência de dez dígitos que representasse um número primo. Qualquer um com um pouco de conhecimento matemático teria descoberto que o primeiro primo de dez dígitos, que começa a partir do 90º dígito de *e* é 7427466391. Quem visitasse o website www.7427466391.com encontraria uma placa virtual que apontava para outro website — um portal para quem quisesse se candidatar para uma vaga no Google Labs.*

Outra forma de se expressar uma admiração por *e* é memorizar seus dígitos. Em 2004, Andreas Lietzow, da Alemanha, memorizou e recitou 316 dígitos enquanto fazia malabarismo com cinco bolas. No entanto, Lietzow foi superado de forma espetacular em 25 de novembro de 2007, quando Bhaskar Karmakar, da Índia, sem bolas, quebrou um novo recorde mundial recitando com precisão 5.002 dígitos de *e* em uma hora, 29 minutos e 52 segundos. No mesmo dia, ele também recitou com precisão 5.002 dígitos de *e* ao contrário. Esses exemplos são feitos incríveis da memória, mas todos podemos memorizar dez dígitos de *e* aprendendo o seguinte mnemônico: "I'm forming a mnemonic to remember a function in analysis" [Estou formando um mnemônico para lembrar de uma função em análise]. Os números das letras de cada palavra representam os dígitos de *e*.

E, por fim, os autores dos *Simpsons* também são apaixonados por *e*. A constante não apenas aparece na lombada de um livro em "MoneyBART", como recebe uma menção especial em "A luta antes do Natal" (2010). A sequência final do episódio foi gravada no estilo de *Vila Sésamo*, então termina com a tradicional propaganda do patrocinador. Entretanto, em vez de algo como "O episódio de hoje de *Vila Sésamo* foi um oferecimento da letra *c* e do número 9", os telespectadores saborearam o seguinte texto: "O episódio de hoje dos *Simpsons* foi um oferecimento do símbolo trema e do número *e*, não a letra *e*, mas o número cuja função exponencial é a derivada de si mesma."

---

* A Google também é fascinada por outro número. Em 2011, sua oferta inicial para a aquisição de um lote de patentes foi de US$ 1.902.160.540, que corresponde a 1 bilhão de dólares vezes a constante de Brun ($B_2$). Esse número é a soma dos inversos dos pares de todos os primos gêmeos, i.e., primos separados por apenas um número par. Assim: $B_2 = (1/3 + 1/5) + (1/5 + 1/7) + (1/11 + 1/13) + \ldots = 1.902160540\ldots$

1. Mike Reiss (o segundo da esquerda para a direita, na fileira de trás) no time de matemática da Bristol Eastern High School. Além do sr. Kozikowski, técnico do time que aparece na foto na extrema direita, Reiss tinha muitos outros mentores matemáticos – por exemplo, seu professor de geometria, sr. Bergstromm. No episódio "O professor substituto" (1991), Reiss demonstrou sua gratidão chamando o professor substituto, que inspira Lisa, de sr. Bergstromm.

2. Time de matemática do anuário de 1977 da Roeper School. Al Jean (o terceiro aluno em pé da esquerda para a direita) conquistou o terceiro lugar na competição estadual de Michigan. O professor que mais influenciou Jean foi Arnold Ross (já falecido), que administrava o programa de cursos de verão da Universidade de Chicago.

3. David S. Cohen no anuário de 1984 da Dwight Morrow High School. A piada era que todos do time de matemática eram "cocapitães", então poderiam colocar o mesmo título em seus currículos.

4. Lisa rodeada por livros, incluindo *The Bill James Historical Baseball Abstract*.

5. Al Jean (à direita, segurando um ferro de passar) encontrava-se na sala quando Mike Reiss (sentado à esquerda) sugeriu Googolplex como nome para o cinema de Springfield. A foto, de 1981, mostra os dois no "Lampoon Castle", em Harvard. Patric Verrone, fazendo malabarismo com bolas de bilhar, também é autor de comédias de sucesso para a TV, com uma lista de créditos que inclui um episódio de 2005 intitulado "Milhouse duro de matar". O quarto membro do grupo é Ted Philips, falecido em 2005. Apesar do talento como escritor, seguiu carreira em Direito na Carolina do Sul, e era um respeitado historiador local. Seu nome aparece no episódio "Bart radialista" (1992), e também teve um personagem (Duke Philips) batizado em sua homenagem em *The Critic*, uma série de animação criada por Jean e Reiss.

6. Uma versão tridimensional de Homer Simpson depois da viagem pelo portal atrás da estante em "Homer tridimensional". Duas equações matemáticas flutuam atrás dele.

7. A foto granulada data de 9 de dezembro de 2009, o dia da leitura do roteiro de "O prisioneiro de Benda". Ken Keeler escreve, em pé no sofá, sua prova para o teorema de Futurama no escritório do programa.

8. O teorema de Futurama, escrito por Sweet Clyde no final de "O prisioneiro de Benda". Bubblegum Tate analisa os detalhes da prova, enquanto Bender (cujo corpo contém a mente do professor Farnsworth) observa com admiração. Uma transcrição da prova, conforme apresentada no quadro, pode ser encontrada no Apêndice 5.

# 12
# OUTRA FATIA DE π

• • • •

Em "Marge vai para a cadeia" (1993), Marge é presa por roubar uma mercadoria quando sai da Kwik-E-Mart e esquece de pagar uma garrafa de uísque. Ela é julgada e representada pelo advogado Lionel Hutz, um homem de reputação duvidosa. Antes do julgamento de Marge, Hutz admite que é provável que o julgamento seja difícil, pois tem um relacionamento problemático com o juiz: "Bem, ele não vai com a minha cara desde quando eu dei uma atropelada no seu cão... Bem, substitua a palavra *uma* pela palavra *repetida*, e a palavra *cão* por *filho*."

A estratégia de Hutz na defesa de Marge é desacreditar Apu Nahasapeemapetilon, proprietário da Kwik-E-Mart, que testemunhou o suposto roubo. Entretanto, quando ele chama Apu ao banco das testemunhas e sugere que sua memória pode não ser infalível, a resposta de Apu é que ele tem uma memória perfeita: "Na verdade posso dizer o valor de π 40 mil vezes. O último dígito é 1."

Homer fica impressionado, pensando: "Humm... legal."

A alegação extraordinária de Apu de que teria memorizado π até a quadragésima milésima casa decimal* só faria sentido se a matemática

---

* Na verdade, na tradução para a versão brasileira, foi cometido um erro. O que Apu queria dizer era que podia dizer o valor de π até a casa decimal da quadragésima milésima posição. Como π (pi) em inglês tem a mesma pronúncia de "torta" (pie), o que Homer diz no original é: "Hmm... pie [torta]." (*N. da T.*)

tivesse conseguido determinar π com esse nível de precisão. Então, quando o episódio foi exibido em 1993, qual havia sido o progresso feito no cálculo de π?

Vimos no capítulo 2 como matemáticos, dos gregos antigos em diante, usaram a abordagem do polígono para estabelecer valores cada vez mais precisos para π, o que os levou até um resultado preciso de 34 casas decimais. Em 1630, o astrônomo austríaco Christoph Grienberger usou polígonos para calcular π até a 38ª casa decimal. De uma perspectiva científica, não haveria, literalmente, utilidade na identificação de mais dígitos, pois isso é o suficiente para a realização dos cálculos astronômicos mais titânicos concebíveis com a precisão mais refinada imaginável. Isso não é uma hipérbole. Se os astrônomos tivessem estabelecido o diâmetro exato do universo conhecido, conhecer π até a 38ª casa decimal seria o suficiente para calcular a circunferência do universo com a precisão equivalente à largura de um átomo de hidrogênio.

Não obstante, o esforço para definir mais e mais casas decimais de π continuou. O desafio adquiriu o caráter de uma escalada do Everest. A constante π correspondia a um pico infinito na paisagem matemática, e os matemáticos tentavam alcançá-lo. Houve, contudo, uma mudança de estratégia. Em vez de usar a lenta abordagem do polígono, os matemáticos descobriram várias fórmulas para determinar mais rapidamente o valor de π. Por exemplo, no século XVIII Leonhard Euler encontrou a elegante fórmula:

$$\frac{\pi^4}{90} = \frac{1}{1^4} + \frac{1}{2^4} + \frac{1}{3^4} + \frac{1}{4^4} + \frac{1}{5^4} + \frac{1}{6^4} + \ldots$$

É notável o fato de π poder ser deduzido a partir de um padrão tão simples de números. Essa equação é conhecida como *série infinita*, pois é composta por um número infinito de termos, e quanto mais termos forem incluídos em um cálculo, mais preciso será o resultado. Logo abaixo estão os resultados obtidos a partir do cálculo de π com um, dois, três, quatro e cinco termos da série de Euler:

$$\frac{\pi^4}{90} = \frac{1}{1^4} = 1,0000 \qquad \pi = 3,080$$

$$\frac{\pi^4}{90} = \frac{1}{1^4} + \frac{1}{2^4} = 1,0625 \qquad \pi = 3,080$$

$$\frac{\pi^4}{90} = \frac{1}{1^4} + \frac{1}{2^4} + \frac{1}{3^4} = 1,0748 \qquad \pi = 3,136$$

$$\frac{\pi^4}{90} = \frac{1}{1^4} + \frac{1}{2^4} + \frac{1}{3^4} + \frac{1}{4^4} = 1,0788 \qquad \pi = 3,139$$

$$\frac{\pi^4}{90} = \frac{1}{1^4} + \frac{1}{2^4} + \frac{1}{3^4} + \frac{1}{4^4} + \frac{1}{5^4} = 1,0804 \quad \pi = 3,140$$

As aproximações tendem ao verdadeiro valor de π partindo de um valor inferior a ele, com cada resultado tornando-se um pouco mais preciso à medida que um novo termo é introduzido. Após cinco termos, a estimativa é de 3,140, cuja precisão já vai até a segunda casa decimal. Depois de cem termos, π pode ser determinado precisamente até a sexta casa decimal: 3,141592.

A fórmula infinita de Euler é um método razoavelmente eficiente para o cálculo de π, mas gerações subsequentes de matemáticos inventaram outras séries infinitas que se aproximavam do valor de π com uma rapidez ainda maior. John Machin, professor de Astronomia em Gresham College, Londres, no início do século XVIII, desenvolveu uma das séries infinitas mais rápidas, embora menos elegante.* Ele quebrou todos os recordes anteriores calculando π até a centésima casa decimal.

Outros exploraram a série infinita de Machin com mais determinação ainda, entre os quais um matemático amador inglês chamado William Shanks, que dedicou a maior parte da sua vida ao cálculo de π. Em 1874, ele declarou ter calculado 707 dígitos da constante.

---

* A fórmula de Machin para a estimativa do valor de π fazia uso das seguintes observações: ¼π = 4cot⁻¹(5) − cot⁻¹(239). Aqui, cot representa a função cotangente. Essa não é uma série infinita, mas pode ser convertida em uma muito eficiente por meio da chamada expansão em série de Taylor.

Em homenagem a esse feito heroico, o museu de ciência de Paris, conhecido como Palais de la Découverte, decorou a Sala de π com uma inscrição contendo todos os 707 algarismos. Infelizmente, na década de 1940, descobriu-se que Shanks havia cometido um erro no cálculo da 527ª casa decimal, o que comprometia todos os dígitos seguintes. O Palais de la Découverte convocou os decoradores, e a reputação de Shanks foi abalada. Ainda assim, na época, 526 casas decimais continuavam sendo um recorde.

Depois da Segunda Guerra Mundial, calculadoras mecânicas e eletrônicas assumiram a tarefa dos lápis e papéis usados por Shanks e gerações anteriores de matemáticos. O poder da tecnologia é ilustrado pelo fato de que Shanks passou a vida inteira calculando 707 dígitos de π dos quais 181 estavam errados, enquanto em 1958 o Centro de Processamento de Dados de Paris executou o mesmo cálculo sem erros em um IBM 704 em 40 segundos. Embora os dígitos de π agora tivessem passado a ser determinados a um ritmo cada vez mais rápido, o nível de excitação entre os matemáticos diminuiu quando eles se deram conta de que nem mesmo os computadores poderiam executar uma tarefa infinita.

Esse fato foi explorado pela trama do episódio de *Jornada nas estrelas* de 1967, "Um lobo entre os cordeiros". Para exorcizar uma força maligna que ocupou o computador da *Enterprise*, Spock dá o seguinte comando: "Computador, esta é uma diretiva compulsória Classe A. Calcule o valor de π até o último dígito." O computador fica tão chocado com o pedido que exclama várias vezes "Não". Apesar disso, deve obedecer à ordem, e a impossibilidade computacional resultante de alguma forma limpa os circuitos da força do mal.

A genialidade demonstrada por Spock em "Um lobo entre os cordeiros" mais do que compensa a ignorância matemática aterradora exibida pelo capitão James T. Kirk em outro episódio exibido antes no mesmo ano. Em "Corte marcial", um dos tripulantes de Kirk desapareceu a bordo da *Enterprise*, e ninguém sabe se ele está vivo ou morto. Kirk, que seria responsabilizado pelo destino do tripulante, decide usar o computador para buscar os batimentos cardíacos do homem desaparecido. Ele explica seu plano: "Cavalheiros, este computador possui um sensor auditivo. Ele pode ouvir sons. Se instalarmos um amplificador, poderemos aumentar a capacidade na ordem de *um à quarta potência*." É claro que $1^4$ é igual a 1.

Pouco depois que cientistas da computação franceses calcularam 707 dígitos de π em menos de um minuto, a mesma equipe usou um Ferranti Pegasus para calcular 10.032 dígitos de π. Depois, em 1961, o Centro de Processamento de Dados da IBM em Nova York calculou 100.265 dígitos da constante. Inevitavelmente, computadores mais potentes levaram a mais dígitos, e o matemático japonês Yasumasa Kanada chegou a 2 milhões de casas decimais de π em 1981. Os excêntricos irmãos Chudnovsky (Gregory e David) montaram um supercomputador caseiro em seu apartamento em Manhattan e quebraram a barreira do bilionésimo dígito em 1989, mas foram superados por Kanada, que conseguiu calcular 50 bilhões de dígitos em 1997, e depois 1 trilhão em 2002. No momento, o ranking é dominado por Shigeru Kondo e Alexander Yee.

Essa dupla alcançou a marca de 5 trilhões de dígitos em 2010, e em 2011 dobrou o recorde com 10 trilhões de dígitos.

• • • •

Voltando ao julgamento de Marge, Apu poderia facilmente ter tido acesso às primeiras 40 mil casas decimais de π, pois os matemáticos já haviam passado desse nível de precisão no início dos anos 1960. Entretanto, seria possível que ele pudesse memorizar 40 mil casas decimais?

Como mencionado anteriormente, no contexto de *e*, a melhor técnica para memorizar alguns dígitos é usar uma frase em que cada palavra contenha o número de letras equivalente a cada dígito. Por exemplo, "May I have a large container of coffee?" [Posso pegar um recipiente maior de café?] dá 3,1415926. "How I wish I could recollect pi easily today!" [Como eu queria lembrar de π facilmente hoje!] dá mais um dígito. O grande cientista britânico Sir James Jeans, entre uma questão e outra da astrofísica e da cosmologia, inventou uma frase que nos ajuda a memorizar 17 dígitos de π: "How I need a drink, alcoholic of course, after all those lectures involving quantum mechanics" [Como eu preciso de um drinque, alcoólico é claro, depois de todas aquelas palestras envolvendo mecânica quântica].

Vários especialistas em memória ampliaram essa técnica. Eles podem citar os dígitos de π contando longas e elaboradas histórias em que o número de letras de cada palavra corresponde ao número do próximo dígito de π. Essa técnica permitiu que o canadense Fred Graham quebrasse a barreira dos mil dígitos em 1973. Em 1978, o americano David Sanker recitou 10 mil dígitos, e em 1980 o indiano naturalizado britânico especialista em mnemônica Creighton Carvello conseguiu recitar 20.013 dígitos de π.

Alguns anos depois, o motorista de táxi britânico Tom Morton também tentou memorizar 20 mil dígitos, mas parou no décimo segundo milésimo, pois havia um erro de impressão nas cartas com dicas que ele usou durante sua preparação. Em 1981, o especialista em memória indiano Rajan Mahadevan passou dos 30 mil dígitos (chegando a 31.811, para ser preciso), e o especialista em mnemônica japonês Hideaki Tomoyori quebrou um novo recorde mundial de exatamente 40 mil dígitos em 1987. Hoje, o dono do título é Chao Lu, da China, que memorizou 67.890 dígitos em 2005.

Entretanto, quem detinha o recorde quando o roteiro de "Marge vai para a cadeia" estava sendo finalizado em 1993 era Tomoyori, com 40 mil dígitos. Então, a afirmação de que Apu havia memorizado 40 mil dígitos foi uma referência direta e uma homenagem a Tomoyori, na época o especialista mais famoso e bem-sucedido do mundo na memorização de π.

Esse episódio foi escrito por Bill Oakley e Josh Weinstein. De acordo com Weinstein, a trama geral de "Marge vai para a cadeia" já havia sido traçada quando chegou às suas mãos e às de Oakley: "Éramos escritores juniores, então recebíamos roteiros que outras pessoas não queriam fazer. É muito difícil escrever roteiros que giram em torno de

Marge. Homer, pelo contrário, é instantaneamente engraçado, assim como Krusty. Mas Marge é trabalho difícil, então os enredos que dizem respeito a ela muitas vezes são passados para os caras novos, como nós."

Weinstein e Oakley pegaram o enredo de "Marge vai para a cadeia", desenvolveram os detalhes da trama, escreveram as principais piadas e entregaram o esboço do roteiro. Um ponto importante é que, quando nos encontramos, Weinstein estava ansioso por observar que essa versão do roteiro não continha nenhuma menção a $\pi$.

Ele explicou que a cena com Apu no banco das testemunhas começava com o advogado Lionel Hutz fazendo a mesma pergunta que foi ao ar no episódio: "Então, sr. Nahasapeemapetilon, é esse mesmo seu nome? O senhor nunca esqueceu nada?"

Entretanto, em vez de responder que era capaz de dizer o valor de $\pi$ até a quadragésima milésima casa decimal, Apu revelava que fora famoso na Índia por causa da sua memória incrível. No roteiro original, Apu afirmava que havia sido conhecido como sr. Memória, e participado de mais de quatrocentos documentários sobre sua capacidade mental.

Talvez não surpreenda o fato de o roteiro original de "Marge vai para a cadeia" não conter nenhuma menção a $\pi$ ou a 40 mil dígitos, já que nem Oakley nem Weinstein tiveram uma educação com foco em matemática. Então, quando as referências matemáticas apareceram no roteiro?

Como de costume, o primeiro esboço do roteiro foi dissecado e discutido pelo resto da equipe de autores a fim de que a história fosse refinada com a injeção de um pouco de humor adicional onde fosse possível. Nesse momento, o colega de Weinstein e Oakley, Al Jean, viu uma oportunidade de acrescentar um pouco de matemática ao episódio. Graças ao interesse de uma vida inteira por matemática, Jean estava ciente de que o recorde mundial na memorização de $\pi$ era de 40 mil casas decimais, então ele sugeriu alterar o roteiro para que Apu fizesse uma declaração que estivesse de acordo com o seu recorde de memorização. E, para dar alguma credibilidade à declaração, Jean sugeriu que Apu citasse a quadragésima milésima casa decimal.

Todos concordaram que seria uma boa ideia, mas ninguém conhecia a quadragésima milésima casa decimal de π. Pior ainda, era o ano de 1993, e a internet ainda era esparsamente povoada, o Google não existia e fazer uma pesquisa na Wikipedia não era uma opção. Os escritores chegaram à conclusão de que precisavam da ajuda de um especialista, então entraram em contato com um matemático brilhante chamado David Bailey, que na época trabalhava para o Ames Research Center, um centro de pesquisa da NASA.* Bailey imprimiu todas as primeiras 40 mil casas decimais de π e as enviou ao estúdio. Aqui estão os dígitos da 39.990ª casa até a 40.000ª. Pode-se ver que Apu está correto quando ele diz que o último dígito da sequência que memorizou é 1:

↓ 40.000ª casa decimal
...52473837651...

O fato de um matemático da NASA ter contribuído com *Os Simpsons* recebeu uma referência três anos depois em "22 curtas sobre Springfield" (1996). Quando Barney Gumble, o bêbado mais querido de Springfield, entra na Taverna do Moe, encontra-o com uma má notícia: "Lembra-se de quando lhe disse que ia ter que pedir à NASA para calcularem a sua conta?... O resultado chegou hoje. Você me deve 70 bilhões de dólares."

A fala de Apu sobre π em "Marge vai para a cadeia" também influenciou outro episódio, "Muito Apu por quase nada" (1996). Nesse episódio, Apu revela parte da sua história, e seu passado precisa ser compatível ao de alguém que teria interesse pela memorização de 40

---

* Bailey ajudou a criar o *algoritmo spigot* para encontrar os dígitos de π. Uma spigot é um tipo de torneira. O algoritmo spigot gera respostas à maneira de uma torneira, o que significa que π é calculado gota a gota, ou dígito por dígito. O algoritmo pode ser ajustado para gerar qualquer dígito em particular com total precisão, então poderíamos pensar que seria fácil para Bailey ajustar seu algoritmo para fornecer o quadragésimo milésimo dígito. Infelizmente, o algoritmo de Bailey só funciona no sistema hexadecimal (base 16), e não no decimal (base 10).

mil casas decimais de π. Assim, quando relembra sua jornada da Índia para a América, Apu conta a Marge: "Eu vim pra cá depois que me graduei no CIT, Instituto Tecnológico de Calcutá. Como o melhor aluno entre 7 milhões, fui aceito para completar os estudos nos Estados Unidos."

Embora o Instituto Tecnológico de Calcutá seja fictício, existe um instituto perto de Calcutá chamado Bengal Institute of Technology [Instituto Tecnológico de Bengala], que talvez tenha sido a inspiração para a *alma mater* de Apu. Sua sigla é BIT, o que é muito apropriado para uma universidade especializada em ciência da computação e tecnologia da informação. Também tomamos conhecimento de que foi para a América estudar no Springfield Heights Institute of Technology [Instituto Tecnológico de Springfield Heights], que tem uma sigla muito menos atrativa. Sob a supervisão do Professor Frink, Apu passou nove anos fazendo Ph.D. em Ciência da Computação, quando teria desenvolvido o primeiro programa para jogar jogo da velha da história, que podia ser vencido apenas pelos melhores jogadores humanos.

David S. Cohen, o autor de "Muito Apu por quase nada", decidiu que Apu deveria ser um cientista da computação, e não matemático, pois o próprio Cohen formara-se em Ciência da Computação na Universidade da Califórnia, Berkeley, e havia sido colega de vários estudantes indianos. Em particular, a história de Apu é baseada no melhor amigo de Cohen em Berkeley, Ashu Rege, que acabou indo trabalhar para a NVIDIA, companhia pioneira em computação gráfica.

• • • •

π fez mais uma participação notável em *Os Simpsons*. Nas últimas cenas de "O saxofone de Lisa" (1997), ficamos sabendo que Homer comprou um saxofone para estimular a genialidade latente de Lisa. Entretanto, antes de investirem em um instrumento musical, Homer e Marge consideraram a possibilidade de mandar Lisa para a Miss Tillingham's School for Snotty Girls and Mama's Boys. Em um flashback, vemos Homer e Marge visitando a escola, onde veem duas meninas prodígio no parquinho que inventaram sua própria letra para uma canção:

> *Cross my heart and hope to die,*
> *Here's the digits that make π,*
> *3,14159265358979323846...\**

Al Jean foi o autor responsável pela difícil inserção dessa referência matemática no episódio. À primeira impressão, parece uma citação clara do número irracional mais famoso do mundo, mas após ter pensado um pouco comecei a me perguntar por que π estava sendo expresso no sistema decimal, ou base 10.

O sistema numérico de base 10 é o nosso sistema padrão. Nele, a primeira casa decimal representa um décimo ($1/10^1$), e então as casas decimais subsequentes representam um centésimo ($1/10^2$), um milésimo ($1/10^3$), e assim por diante. Nosso sistema numérico foi desenvolvido dessa forma porque as mãos humanas têm dez dedos.

Entretanto, se observarmos bem, veremos que as mãos dos personagens de *Os Simpsons* só têm quatro dedos cada — ou seja, um total de oito dedos. Portanto, os habitantes de Springfield deveriam usar o sistema numérico de base 8, que é completamente diferente, bem como seria sua forma de expressar π (3,1103755242...).

A matemática de base 8 não é importante, particularmente porque *Os Simpsons*, como nós, usam o sistema decimal. Contudo, duas questões devem ser esclarecidas. Em primeiro lugar, por que os residentes de Springfield têm oito dedos nas mãos? E, em segundo lugar, por que o universo de *Os Simpsons* usa o sistema decimal quando os personagens só têm oito dedos?

---

\* "Juro e que eu morra se estiver errada / Estes são os dígitos que compõem π, / 3,1415 9265358979323846..." A referência a π foi removida na tradução do episódio em português, com as meninas cantando o clássico *Uni Duni Tê*. (*N. da T.*)

A mutação que resultou em mãos de oito dedos em *Os Simpsons* remonta às origens dos desenhos animados, quando eles eram exibidos no cinema. *O Gato Félix*, que estreou em 1919, só tinha quatro dedos em cada mão, característica herdada por Mickey Mouse quando ele fez sua primeira aparição em 1928. Quando indagado sobre o motivo pelo qual seu roedor antropomórfico tinha dedos faltando, Walt Disney respondeu: "Artisticamente, cinco dedos são demais para um rato. Sua mão pareceria mais um monte de bananas." Disney também acrescentou que mãos mais simples significavam menos trabalho para os animadores: "Financeiramente, não ter um dedo a mais em cada um dos 45 mil desenhos que compõem um curta de seis minutos e meio economizou milhões para o estúdio."

Por essas razões, oito dedos tornaram-se o padrão no mundo inteiro para personagens animados, tanto animais quanto humanos. A única exceção é o Japão, onde ter apenas quatro dedos pode ter conotações sinistras: o número 4 é associado à morte, e a Yakuza, a infame máfia japonesa, às vezes tira o dedo mindinho de integrantes como forma de punição ou um teste de lealdade. Isso significa que, quando foi vendido para o Japão em 2000, o desenho animado britânico *Bob, o Construtor* teve que ser alterado para que os personagens tivessem o número exigido de dedos.

Se os japoneses se sentem perturbados com a ideia de personagens com quatro dedos em cada mão, isso é muito bem aceito por todos os personagens de *Os Simpsons*. Na verdade, qualquer outra coisa seria considerada anormal. Isso se torna claro em "Como casei com Marge" (1991), episódio que inclui uma cena transcorrida no dia em que Bart nasceu. Ouvimos Marge perguntando a Homer se ele acha seu filho bonito, e Homer responde: "Ei, contanto que ele tenha oito dedos nas mãos e oito nos pés, tá bom pra mim."*

Já em "O amante de Lady Bouvier" (1994), a mãe de Marge e o pai de Homer começam a namorar, para a consternação de Homer: "Se ele se

---

* Na verdade, no Brasil, a fala foi traduzida como: "Ei, contanto que ele NÃO tenha oito dedos nas mãos e oito nos pés, tá bom pra mim." (*N. da T.*)

casar com sua mãe, Marge, nós vamos ser irmão e irmã! E aí as nossas crianças... eles serão monstros horríveis de pele rosada, dentes normais e cinco dedos em cada mão."

Entretanto, apesar do déficit de dedos, sabemos que os residentes de Springfield contam em base 10, e não em base 8, porque eles expressam π como 3,141... Assim, como e por que uma comunidade com apenas oito dedos por pessoa acabou contando em base 10?

Uma possibilidade é que os ancestrais amarelos de Homer e Marge contassem com mais do que apenas seus oito dedos. Eles podiam contar com os oito dedos e as duas narinas. Isso pode soar estranho, mas inúmeras sociedades desenvolveram sistemas numéricos baseados em mais do que apenas dedos. Por exemplo, os homens da tribo yupno, da Papua-Nova Guiné, relacionam os números 1 a 33 a várias partes do corpo, começando pelos dedos, e então passando para as narinas e mamilos. A contagem termina com 31 para o testículo esquerdo, 32 para o direito e 33 para "a coisa do homem". Estudiosos europeus como São Beda também fizeram experiências com sistemas numéricos baseados em partes do corpo. Esse teólogo inglês do século VIII desenvolveu um sistema que lhe permitia contar até 9.999 usando gestos e cada parte da anatomia humana. De acordo com Alex Bellos, autor de *Alex no país dos números*, o sistema de Beda era "em parte aritmético, em parte jazz hands".

Embora a contagem com dedos das mãos e dos pés e as narinas pudesse explicar a conversão para o sistema decimal de *Os Simpsons*, há outra teoria a ser considerada: será possível que os números do universo dos desenhos animados não tenham sido inventados pelos seres humanos, mas por uma força maior? Como um racionalista, costumo desprezar explicações sobrenaturais, mas não podemos ignorar o fato de que Deus aparece em diversos episódios de *Os Simpsons*, e Ele tem dez dedos. Na verdade, Ele é o único personagem de *Os Simpsons* que possui dez dedos.

# 13
# HOMER TRIDIMENSIONAL

• • • •

O primeiro episódio de "A casa da árvore dos horrores" foi transmitido na segunda temporada de *Os Simpsons*, e desde então eles se tornaram uma tradição anual de Halloween. Esses episódios especiais geralmente contêm três histórias rápidas em que as convenções da vida em Springfield são quebradas, com tramas que incluem de tudo, de alienígenas a zumbis.

David S. Cohen, um dos matemáticos mais dedicados à inclusão de referências matemáticas em *Os Simpsons*, escreveu o final de uma sequência de "A casa da árvore dos horrores VI" (1995) chamada "Homer tridimensional". Ela foi, sem dúvida, a integração mais intensa e elegante de matemática em *Os Simpsons* desde que a série começou um quarto de século atrás.

O enredo começa de forma bastante inocente com Patty e Selma, cunhadas de Homer, fazendo uma visita-surpresa aos Simpsons. Para evitá-las, Homer se esconde atrás de uma estante de livros, onde encontra um misterioso portal que parece levar a outro universo. À medida que o tom doce das vozes de Patty e Selma se torna mais alto, Homer ouve que elas querem que todos ajudem a limpar e organizar sua coleção de conchas do mar. Desesperado, ele mergulha no portal, deixando para trás seu mundo bidimensional de Springfield e entrando em um incrível mundo tridimensional. Homer fica completamente perplexo com a dimensão extra que ganha e percebe algo chocante: "O que está havendo aqui? Estou tão inchado. Minha barriga cresceu tanto."

Em vez de serem desenhadas no estilo clássico em 2-D de *Os Simpsons*, as cenas seguintes têm uma aparência tridimensional sofisticada. Na verdade, elas foram geradas por técnicas de animação digital, e o custo da sua geração, apesar de elas durarem menos de cinco minutos, ultrapassou muito o orçamento de um episódio normal inteiro. Felizmente, uma companhia chamada Pacific Data Images (PDI) ofereceu seus serviços gratuitamente, pois percebeu que *Os Simpsons* ofereceria uma plataforma global para darem uma amostra da sua tecnologia. Na verdade, a PDI mais tarde assinaria um acordo com a DreamWorks ainda no mesmo ano que levou diretamente à produção de *FormiguinhaZ* e *Shrek*, o que marcou o início de uma revolução nos filmes de animação.

Quando Homer se aproxima de uma placa indicando os eixos $x$, $y$ e $z$ do seu novo universo tridimensional, ele faz uma alusão ao fato de que se encontra dentro da cena animada mais sofisticada a ter sido exibida na televisão: "Gente, este lugar parece caro. Acho que estou gastando uma fortuna ficando aqui. Humm... eh... é melhor eu aproveitar."

Homer faz outro comentário pertinente quando vislumbra esse novo mundo pela primeira vez: "Estranho. Parece coisa daquele filme 'Além da zona da imaginação'." Isso é uma referência ao fato de que "Homer tridimensional" é uma homenagem a um episódio de 1962 de *Além da imaginação* intitulado "Little Girl Lost" [Menininha Perdida].

Em "Little Girl Lost", os pais de uma menina chamada Tina ficam alarmados quando entram no quarto dela e não a encontram. O que é ainda mais aterrorizante é que continuam ouvindo sua voz ecoando ao redor. Tina está invisível, mas continua audível. Ela não se encontra no quarto, mas parece estar logo ali. Desesperados por ajuda, os pais chamam um amigo da família chamado Bill, que é físico. Depois de identificar a localização de um portal escrevendo coordenadas com giz na parede do quarto, Bill declara que Tina acidentalmente foi parar na quarta dimensão. Os pais tentam entender o conceito de uma quarta dimensão, pois eles (como todos os humanos) treinaram seus cérebros para o mundo que conhecemos: o tridimensional.

Embora Homer saia de duas para três dimensões, e não de três para quatro, "Homer tridimensional" apresenta exatamente a mesma sequência de eventos. Marge não consegue entender o que aconteceu com Homer, pois pode ouvi-lo, mas não pode vê-lo, e ela também recebe orientações de um cientista, o professor John Nerdelbaum Frink Junior.

Apesar da sua personalidade comicamente excêntrica, é importante não subestimarmos a genialidade do Professor Frink. Na verdade, suas credenciais científicas ficam claras em "Frinkenstein", uma história de "A casa da árvore dos horrores XIV" (2003), quando ele recebe um Prêmio Nobel de ninguém mais que Dudley R. Herschbach, que, por sua vez, ganhou um Prêmio Nobel em 1986, e que gravou ele próprio suas falas.*

Assim como o físico de *Além da imaginação*, Frink desenha um contorno de giz em torno do portal enquanto é observado por Ned Flanders, o chefe Wiggum, o reverendo Lovejoy e o dr. Hibbert, todos os quais ofereceram seu apoio. Então, Frink começa a explicar o mistério: "Bem, deve ser óbvio para o mais comum dos mortais que possuam avançado grau de topologia hiperbólica que Homer Simpson deu de cara... com a *terceira dimensão*."

A explicação de Frink sugere que os personagens de *Os Simpsons* estão presos em um mundo bidimensional, de forma que para eles é difícil imaginar a terceira dimensão. A realidade animada de Springfield é um pouco mais complicada do que isso, pois regularmente vemos Homer e sua família passando uns pelos outros sem contornar, o que seria impossível em um universo estritamente bidimensional. Todavia, para os propósitos dessa sequência de "A casa da árvore dos horrores", presumamos que Frink esteja correto ao sugerir a existência de apenas duas dimensões em *Os Simpsons*, e vejamos como ele explica o conceito de dimensões maiores desenhando um diagrama no quadro-negro:

---

* A entrega do Prêmio Nobel é testemunhada pelo pai ressuscitado de Frink, cuja voz é a do lendário ator de comédia Jerry Lewis. Isso resultou em um ciclo de voz. Lewis baseou sua voz para Frink pai na voz de Hank Azaria para Frink Junior, a qual, por sua vez, foi baseada no personagem principal, interpretado por Lewis, em *O professor aloprado*.

**Professor Frink:** Isto aqui é um quadrado normal.
**Chefe Wiggum:** Calma, calma! Devagar, cientista!
**Professor Frink:** Mas suponham que a gente estenda o quadrado além das duas dimensões do nosso universo ao longo deste hipotético eixo *z*...

**Todos arfam, surpresos**

**Professor Frink:** Isso forma um objeto tridimensional conhecido como *cubo*, ou *frinkaedro*, em homenagem à minha descoberta.

A explicação de Frink ilustra o relacionamento entre duas e três dimensões. Na verdade, sua abordagem pode ser usada para explicar o relacionamento entre todas as dimensões.

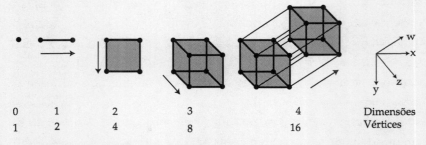

Se começarmos com zero dimensão, teremos um ponto zerodimensional. Esse ponto pode ser estendido, digamos, na direção *x* para traçar um traço que forma uma reta unidimensional. Em seguida, a reta unidimensional pode ser estendida na direção *y* para formar um quadrado bidimensional. É aqui que a explicação do Professor Frink entra, pois o quadrado bidimensional pode ser estendido na direção *z*, que é perpendicular à sua superfície, para formar um cubo tridimensional (ou frinkaedro). Por fim, é matematicamente, senão fisicamente, possível avançar mais um passo, estendendo o cubo em outra direção perpendicular (chamada dimensão *w*) para formar um cubo tetradimensional. Cubos em quatro (ou mais) dimensões são conhecidos como *hipercubos*.

O diagrama de um hipercubo tetradimensional não passa de um esboço, o equivalente a usar um boneco de palitinhos para capturar a essência do *Davi* de Michelangelo. Entretanto, o hipercubo "palito" sugere um padrão que ajuda a explicar a geometria das formas em quatro e até mais dimensões. Consideremos o número de cantos (chamados de *vértices*) que cada objeto possui à medida que passamos de uma dimensão para outra. O número de vértices segue um padrão simples: 1, 2, 4, 8, 16... Em outras palavras, se *d* é o número de dimensões, o número de vértices é igual a $2^d$. Assim, um hipercubo decadimensional teria $2^{10}$ ou 1.024 vértices.

Apesar da compreensão avançada do Professor Frink das dimensões mais elevadas, a má notícia é que ele não consegue salvar Homer, cujo destino é vagar pelo novo universo. Isso leva a uma série bizarra de eventos que termina com uma visita a uma casa de bolos eróticos. Durante essa aventura, Homer se depara com diversos fragmentos de matemática que se materializam na paisagem tridimensional.

Por exemplo, pouco depois que Homer viaja pelo portal, uma série aparentemente aleatória de números e letras flutua à distância: 46 72 69 6E 6B 20 72 75 6C 65 73 21. As letras, na verdade, são dígitos *hexadecimais* (base 16). Números hexadecimais são expressos pelos algarismos comuns de 0 a 9 acrescidos de seis outros dígitos: A = 10, B = 11, C = 12, D = 13, E = 14 e F = 15. Cada par de dígitos hexadecimais representa um caractere em ASCII (American Standard Code for Information Interchange — Código Padrão Americano Para a Troca de Informações), que é um protocolo para a conversão de letras e pontuação em números, usado principalmente nos computadores. No protocolo ASCII, 46 representa "F", 72 representa "r", e assim por diante. Traduzida, a sequência é uma homenagem aos geeks: "Frink rules!" [Frink é demais!]

Momentos depois, aparece um segundo petisco matemático no cenário tridimensional, cortesia do autor David S. Cohen:

$$1.782^{12} + 1.841^{12} = 1.922^{12}$$

Essa é mais uma solução falsa para o último teorema de Fermat, como a criada por Cohen para "O Mágico de Springfield", discutida no capítulo 3. Os números foram cuidadosamente escolhidos para que os dois lados da equação sejam quase iguais. Se compararmos a soma dos dois primeiros números quadrados ao terceiro, os resultados são precisos para os primeiros nove dígitos, como mostrado a seguir:

```
  1.025.397.835.622.633.634.807.550.462.948.226.174.976  (1.782¹²)
+ 1.515.812.422.991.955.541.481.119.495.194.202.351.681  (1.841¹²)
```
= **2.541.210.25**8.614.589.176.288.669.958.142.428.526.657
  **2.541.210.25**9.314.801.410.819.278.649.643.651.567.616  (1.922¹²)

Isso significa que a discrepância na equação é de apenas 0,00000003%, mas isso é mais do que o bastante para torná-la uma solução falsa. Na verdade, há uma forma rápida de perceber que $1.782^{12}$ + $1.841^{12}$ = $1.922^{12}$ é uma solução falsa sem ter que fazer esses cálculos. O truque é observar que temos um número par (1.782) elevado à 12ª potência e acrescido de um número ímpar (1.841) elevado à 12ª potência, o que, supostamente, resultaria em um número par (1.922) elevado à 12ª potência. Observar se os números são pares ou ímpares é importante, pois um número ímpar elevado a qualquer potência sempre resultará em outro número ímpar, enquanto um número par elevado a qualquer potência sempre resultará em outro número par. Como a soma entre um número ímpar e um número par sempre tem um resultado ímpar, o lado esquerdo da equação está fadado a ser ímpar, enquanto o lado direito deve ser par. Portanto, deveria ser óbvio que a solução é falsa:

$$par^{12} + ímpar^{12} \neq par^{12}$$

Basta piscar para perder cinco outras referências que passam como num flash por Homer no seu universo tridimensional. A primeira é um bule que parece completamente normal. Por que ele seria uma referência nerd? Quando o pesquisador pioneiro em computação gráfica Martin Newell decidiu processar um objeto gerado por computador na Universidade de Utah em 1975, ele escolheu essa utilidade doméstica; era relativamente simples, e ao mesmo tempo oferecia desafios, como a asa e as curvas. Desde então, o bule, que ficou conhecido como bule de Utah, se tornou um padrão da indústria para a demonstração de softwares de computação gráfica. Esse tipo particular de bule também apareceu em uma cena de *Toy Story*, no quarto de Boo em *Monstros S.A.* e em vários outros filmes.

A segunda referência é a exibição dos números 7, 3 e 4, relacionados à Pacific Data Images, que produziu as imagens. No dial dos telefones, esses dígitos estão associados às letras *P*, *D* e *I*.

Em terceiro lugar, avistamos uma equação cosmológica ($\rho_{m0} > 3H_0^2/8\pi G$) que descreve a densidade do universo de Homer. Fornecida por um velho amigo de Cohen, o astrônomo David Schiminovich, a equação sugere uma densidade elevada, o que significa que a atração gravitacional resultante acabará forçando o universo de Homer a entrar em colapso. Na verdade, isso é exatamente o que acontece no final do segmento.

Pouco antes de isso acontecer, Cohen balança um petisco matemático particularmente intrigante para o telespectador mais atento. Na cena exibida na imagem 6 do encarte, vemos a equação de Euler organizada de forma bastante incomum logo acima do ombro esquerdo de Homer. Essa equação também aparece em "MoneyBART".

Por fim, na mesma imagem, a relação P = NP é vista acima do ombro direito de Homer. Embora a maioria dos telespectadores provavelmente não tenha notado, essas três letras representam uma afirmação relacionada a um dos problemas sem solução mais importantes da teoria da ciência da computação.

P = NP diz respeito a dois tipos de problemas matemáticos. P representa *polinomial* e NP, *polinomial não determinístico*. Em termos crus, problemas do tipo P são fáceis de serem resolvidos, enquanto problemas do tipo NP são difíceis de resolver, mas fáceis de verificar.

Por exemplo, a multiplicação é fácil, portanto é classificada como problema do tipo P. Ainda que os números multiplicados se tornem maiores, o tempo necessário para o cálculo do resultado aumenta em um ritmo relativamente pequeno.

A *fatoração*, por outro lado, é um problema do tipo NP. Fatorar um número significa simplesmente identificar seus divisores, o que é trivial para números pequenos, mas se torna rapidamente impraticável para números maiores. Por exemplo, se eu lhe pedir que fatore 21, você responderá imediatamente: $21 = 3 \times 7$.

Entretanto, fatorar 428.783 é muito mais difícil. Na verdade, é possível que você precise de cerca de uma hora com uma calculadora para descobrir que $428.783 = 521 \times 823$. Crucialmente, contudo, se alguém lhe der os números 521 e 823 em um pedaço de papel, em poucos segundos você chegará à conclusão de que eles são os divisores que está procurando. A fatoração, portanto, é um clássico problema do tipo NP: difícil de resolver, mas fácil de verificar.

Ou... seria possível que a fatoração não fosse tão difícil quanto pensamos?

A questão fundamental para matemáticos e cientistas da computação é se a fatoração é genuinamente difícil, ou se estamos deixando passar algum truque que poderia torná-la simples. O mesmo se aplica a uma série de outros problemas que supostamente seriam do tipo NP — eles são genuinamente difíceis, ou parecem difíceis porque não temos capacidade o suficiente para encontrar a melhor forma de resolvê-los?

Essa questão é mais do que mero interesse acadêmico, pois algumas tecnologias importantes dependem exatamente do fato de que problemas do tipo NP são intratáveis. Por exemplo, existem algoritmos de criptografia de uso amplo que dependem da suposição de que é difícil fatorar números grandes. Entretanto, se a fatoração não é inerentemente difícil e alguém descobrir uma forma de torná-la simples, seria o fim desses sistemas de criptografia. Assim, essa descoberta ameaçaria a segurança de sistemas que vão do comércio eletrônico às comunicações políticas e militares internacionais.

O problema costuma ser resumido como "P = NP ou P ≠ NP?", que pergunta: um dia descobriremos que problemas aparentemente difíceis (NP) são simplesmente tão fáceis quanto problemas simples (P), ou não?

Encontrar a solução para o mistério de "P = NP ou P ≠ NP?" está na lista de desejos dos matemáticos, e existe até mesmo um prêmio oferecido para quem quer que consiga resolvê-lo. O Clay Mathematics Institute, estabelecido em Cambridge, Massachusetts, pelo filantropo Landon Clay, classificou esse enigma como um dos seus Millennium Prize Problems em 2000, oferecendo 1 milhão de dólares como recompensa por uma resposta definitiva à questão "P = NP ou P ≠ NP?".

David S. Cohen, que explorou problemas do tipo P e do tipo NP quando fazia mestrado em Ciência da Computação na Universidade da Califórnia, Berkeley, acredita que os problemas do tipo NP na verdade são muito mais fáceis do que pensamos atualmente, e é por isso que P = NP aparece por trás de Homer em seu universo 3-D.

Entretanto, Cohen integra uma minoria. Quando William Gasarch, cientista da computação da Universidade de Maryland, consultou cem pesquisadores em 2002, apenas 9% deles achavam que P = NP, enquanto 61% acreditavam que P ≠ NP. Ele repetiu a pesquisa em 2010, e, dessa vez, 81% votaram em P ≠ NP.

É claro que, na matemática, a verdade não é decidida por uma pesquisa de opinião, mas se a maioria estiver certa, o posicionamento de Cohen a favor de P = NP no cenário de "Homer tridimensional" parecerá inconsistente. É improvável, porém, que isso possa vir a ser um problema a curto prazo, visto que metade dos matemáticos consultados não achava que o problema seria resolvido neste século.

Por fim, há mais uma referência matemática em "Homer tridimensional" que merece ser mencionada. Para ser mais específico, a referência não aparece na sequência de "Homer tridimensional", mas sim na sequência de créditos para todo o episódio "A casa da árvore dos horrores VI". Tradicionalmente, os créditos nos episódios do Halloween de *Os Simpsons* sempre foram peculiares. Por exemplo, Matt Groening aparece nos créditos como Bat [Morcego] Groening, Rat [Rato] Groening, Matt "Mr. Spooky" [Assustador] Groening e Morbid [Mórbido] Matt Groening.

Essa tradição foi inspirada por uma revista em quadrinhos chamada *Tales from the Crypt*, que regularmente continha créditos mutantes para seus autores e artistas. A editora, EC Comics, ganhou atenção depois que o Subcomitê do Senado para Delinquência Juvenil em 1954 realizou audiências sobre revistas em quadrinhos e concluiu que *Tales from the Crypt* e seus outros títulos eram em parte responsáveis pela corrupção da juventude da nação. Isso resultou na eliminação de zumbis, lobisomens e outros personagens do tipo de todas as revistas em quadrinhos, restrições que forçaram a descontinuação de *Tales from the Crypt*. Mesmo assim, a revista ainda hoje tem muitos fãs, a maioria dos quais nem havia nascido ainda quando ela teve uma morte prematura. Al Jean está entre esses fãs, e foi sua sugestão homenagear a revista adotando a ideia dos créditos mutantes nos episódios de "A casa da árvore dos horrores".

Isso explica os créditos de "A casa da árvore dos horrores VI", que incluem Brad "the Impaler" [o Empalador] Bird, Lycanthropic [Licantropo] Lee Harting e Wotsa Matta U. Groening. E, se prestar atenção, você também identificará uma bela referência ao teorema de Pitágoras e ao autor de "Homer tridimensional":

$$DAVID^2 + S.^2 = COHEN^2$$

# EXAME IV
## NÍVEL DE MESTRADO

**PIADA 1**   P: O que é um urso-polar?   *2 pontos*
R: Um urso cartesiano após uma transformação de coordenadas.

**PIADA 2**   P: O que diz "Pedaços de sete!   *2 pontos*
Pedaços de sete!"?
R: É um erro do papagaio.

[Como em outros casos, esta piada só faz sentido em inglês. A palavra-chave é "parroty", um trocadilho entre "parot" [papagaio] e "parity" [paridade]. Paridade é um termo que designa um número par ou ímpar, e essa propriedade pode ser usada para indicar se um dado está corrompido em um sistema computacional. A expressão deveria ser "Pedaços de oito", pois isso corresponde a um byte, ou oito bits. Como é "Pedaços de sete", há um erro de paridade.]

**PIADA 3**   Russell diz a Whitehead: "Meu Gödel está   *3 pontos*
me matando!"

[Referência a uma propaganda de espartilhos dos anos 1970 cujo slogan era "My girdle is killing me" [Meu espartilho está me matando]. Bertrand Russell, A. N. Whitehead e Kurt Gödel ajudaram a criar a base para a matemática moderna. Assim, "Gödel" é um trocadilho com "girdle".]

**PIADA 4**   P: O que é marrom, peludo, corre para o   *2 pontos*
mar e é equivalente ao axioma da escolha?
R: O lemingue de Zorn.

**PIADA 5**   P: O que é amarelo e equivalente ao   *2 pontos*
axioma da escolha?
R: O limão de Zorn.

**PIADA 6**   P: Por que quanto mais precisão procuramos   3 *pontos*
para uma função de interpolação,
mais caro se torna seu processamento?
R: É a lei da oferta e da procura do spline.

[No original, a resposta é "That's the law of spline demand". "Law of supply and demand" é o equivalente em inglês para a lei da oferta e da procura. Assim, é feito um trocadilho entre "spline" e "supply" [oferta], visto que a pronúncia é semelhante.]

**PIADA 7**   Dois matemáticos, Isaac e Gottfried, estão   6 *pontos*
em um bar. Isaac lamenta a falta de conhecimento matemático entre o público em geral, mas Gottfried se mostra mais otimista. Para provar sua opinião, Gottfried aguarda até que Isaac precisa ir ao banheiro, e então chama a garçonete. Ele explica que lhe fará uma pergunta quando Isaac retornar, e que a garçonete só precisa dar uma resposta simples: "Um terço de *x* ao cubo."

Ela pergunta: "Unter dichis aucubo?"

Gottfried repete mais devagar: "Um... terço... de... *x*... ao... cubo."

A garçonete parece entender melhor e se afasta, repetindo consigo: "Unter dichis aucubo."

Isaac volta, toma outro drinque com Gottfried, os dois continuam discutindo, e um tempo depois Gottfried chama a garçonete para provar seu ponto de vista: "Isaac, vamos fazer um teste. Senhorita, você se importa se eu lhe fizer uma pergunta simples de Cálculo? Qual é a integral de $x^2$?"

A garçonete para, coça a cabeça e balbucia, hesitante: "Unter... dichis... aucubo." Gottfried sorri, satisfeito, mas quando já está se afastando, a garçonete de repente se vira para os dois matemáticos e diz: "...mais uma constante!"

**TOTAL: 20 PONTOS**

Da esquerda para a direita, o elenco de *Futurama* inclui Zapp Branningan (um general 25 estrelas e capitão da espaçonave *Nimbus*), Mom (a proprietária maquiavélica da MomCorp), o professor Hubert J. Farnsworth (o fundador de 160 anos da Planet Express), Leela (capitã da *Planet Express Ship*), Bender (um robô pervertido),

# RAMA

Philip J. Fry (um entregador do século XX que foi parar no século XXXI), Zoidberg (médico da Planet Express, nascido no planeta Decapod 10), Kif Kroker (membro da tripulação da *Nimbus* que é apaixonado por Amy) e Amy Wong (tripulante da Planet Express que é apaixonada por Kif). "FUTURAMA" © 2002 TWENTIETH CENTURY FOX TELEVISION

# 14
# O NASCIMENTO DE *FUTURAMA*

• • • •

Enquanto *Os Simpsons* alcançava novas fronteiras na matemática com a transmissão de "Homer tridimensional", em outubro de 1995 Matt Groening começava a se concentrar em outro projeto. Sua primeira série animada para a TV havia tido um sucesso tão grande no mundo inteiro que a Fox lhe pediu que desenvolvesse outra série na mesma linha.

Assim, em 1996, Groening se juntou a David S. Cohen para desenvolver uma série de ficção científica animada. Cohen seria a escolha natural de Groening, pois ele fora a vida inteira fascinado por ficção científica — paixão que remontava às reprises da série original de *Jornada nas estrelas*. Cohen também tinha grande respeito por figuras iminentes da literatura científica, como Arthur C. Clarke e Stanislaw Lem. Assim, para Cohen, levar a ficção científica a sério era um ponto de partida importante para a série: "Desde o início, Matt Groening e eu decidimos não fazer nada que fosse bobo demais. Não queríamos necessariamente fazer piada com a ficção científica, e sim tornar a ficção científica divertida."

Cohen também tinha o conhecimento necessário para lidar com as inevitáveis questões tecnológicas que emergem em aventuras de ficção científica, como viagens a distâncias intergalácticas em um tempo razoável. Esse é um problema constante da ficção científica, pois nem as espaçonaves nem nada até agora inventado é capaz de viajar mais rápido do que a velocidade da luz, e a luz leva mais de 2 milhões de anos para viajar para a galáxia espiral mais próxima. Cohen encontrou duas soluções que permitiram que os personagens viajassem a distâncias intergalácticas em um período de tempo razoável. Uma delas foi introduzir uma trama de acordo com a qual os cientistas haviam conseguido aumentar a velocidade da luz em 2208. A outra, ainda mais arrojada, foi propor uma máquina que alcançasse velocidades superluminais com a aceleração do universo ao redor, e não da espaçonave.

Groening e Cohen começaram a trabalhar em uma série de enredos que giravam em torno das aventuras de um personagem chamado Philip J. Fry, um entregador de pizza de Nova York que acidentalmente caiu em uma câmara criogênica e foi congelado nas primeiras horas do ano 2000. Ao despertar mil anos depois na Nova Nova York, Fry sente-se ansioso por embarcar em uma nova vida no século XXXI, torcendo para que sua nova carreira seja mais recompensadora do que a antiga. Contudo, ele é frustrado ao saber que receberá o implante de um chip de carreira que o condenará ao mesmo emprego antigo como entregador. A única diferença é que, em vez de entregar pizzas em Nova York, ele será um entregador interplanetário em uma companhia chamada Planet Express.

Groening e Cohen, então, começaram a criar os outros membros da equipe da Planet Express. Os principais colegas de Fry seriam Leela, uma mutante com um olho só que partirá o coração de Fry muitas e muitas vezes, e Bender, um robô cujos hobbies incluem roubar, fazer apostas, aplicar golpes, beber e coisas piores. Outros personagens que surgiram na mesa de desenho foram o professor Hubert J. Farnsworth (o fundador de 160 anos da Planet Express Inc.), o dr. John A. Zoidberg (o médico alienígena com características de lagosta), Hermes Conrad (ex-campeão olímpico de limbo e contador da companhia) e Amy Wong (estagiária).

Em vários aspectos, o plano era que essa série animada fosse como qualquer série clássica que se passa em um ambiente de trabalho, como a série americana *Taxi* ou a série britânica *The IT Crowd*. A única diferença era que quase qualquer enredo poderia ser explorado pela série, já que a equipe da Planet Express encontraria todo tipo de alienígenas estranhos em planetas esquisitos com problemas peculiares enquanto os personagens vagassem pelo universo fazendo entregas.

Apesar de um interesse inicial da Fox, Groening logo percebeu que os executivos da rede de televisão não ficaram impressionados com seu elenco peculiar de personagens desajustados e suas aventuras cósmicas. Quando a Fox tentou interferir, Groening resistiu. A pressão aumentou, e Groening bateu o pé ainda mais forte. No final das contas, o que Groening descreveu como "de longe a pior experiência da minha vida adulta", ele ganhou e a nova série foi encomendada nos mesmos termos que *Os Simpsons*, com os autores no controle.

Depois de ter recebido sinal verde oficialmente, a série recebeu o título *Futurama* por causa do nome dado a uma exibição da Feira Mundial de Nova York de 1939 que levou os visitantes em uma viagem ao "mundo do amanhã". Em seguida, Groening e Cohen começaram a convocar uma nova equipe de escritores, pois houvera um acordo tácito segundo o qual *Futurama* não tiraria membros da equipe de *Os Simpsons*. Como seria de se esperar, vários recrutas de *Futurama* haviam tido educações centradas na computação, na matemática e na ciência. Um dos novos autores, Bill Odenkirk, havia concluído um Ph.D. em Química Orgânica na Universidade de Chicago. Na verdade, ele foi um dos inventores do 2,2'-Bis(2-indenil) bifenil, que pode ser usado como catalisador na produção de plástico.

Durante essa fase de recrutamento, escritores de desenhos animados ganharam o direito de se juntarem a uma associação. Como já havia um membro da associação chamado David S. Cohen, e os associados não podem compartilhar o mesmo nome, o autor de *Futurama* mudou o seu para David X. Cohen. O *X* não é uma abreviação, mas representa alguns dos principais interesses de Cohen, como ficção científica e matemática — Cohen é tanto um *X*-filo (fã de *Arquivo X*) quanto um *x*-filo (fã de Álgebra).

O primeiro episódio de *Futurama* foi exibido em 28 de março de 1999. Embora todos esperassem que a nova série de ficção científica contivesse muitos fatos científicos, não demorou para que os telespectadores mais eruditos ficassem impressionados pela quantidade e qualidade de referências nerds.

Por exemplo, o terceiro episódio, "Meu amigo robô" (1999), revela como Fry decidiu morar com Bender, um robô mal-humorado e boca suja. Na parede do seu novo apartamento, há uma mensagem emoldurada em ponto de cruz:

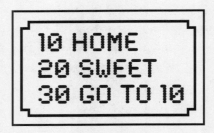

A mensagem é uma referência a uma linguagem de programação de computadores conhecida como BASIC, ou Beginner's All-Purpose Symbolic Instruction Code [Código de Instruções Simbólicas de Uso Geral para Principiantes], na qual cada instrução tem um número, e as instruções são executadas em ordem linear. A instrução GOTO é comum em BASIC. Nesse caso, a instrução 30 GOTO 10 significa que o programa deve retornar à linha 10. Assim, a mensagem é: "Home sweet home" [Lar doce lar]. Se tomarmos as instruções ao pé da letra, na verdade elas dizem: "Lar doce lar doce lar doce lar..."

Como não passa de uma peça do pano de fundo da cena, a piada sobre BASIC segue a primeira regra da sala de autores de *Futurama*: Referências obscuras são permitidas, desde que não prejudiquem a trama. Outra piada obscura aparece em "O macaco gênio" (1999), quando vemos um quadro-negro cheio de equações complexas relacionadas a um ramo da física de partículas conhecido como *teoria supersimétrica das cordas*. Em *Futurama*, porém, ela é chamada de *Superdupersymmetric string theory* [Teoria superultrassimétrica das cordas]. A piada principal envolve um diagrama chamado *Witten's Dog* [Cachorro de Witten], referência ao mesmo tempo a Ed Witten e ao gato de Schrödinger.

Ed Witten, um dos pais da teoria das supercordas, é por muitos considerado o maior físico teórico vivo do mundo, e até o maior cientista a nunca ter ganhado um Prêmio Nobel. Se isso serve de consolo, Witten ao menos pode se gabar de ter sido imortalizado em *Futurama*. O gato de Schrödinger é um famoso *experimento mental*, ou seja, um experimento conduzido na nossa imaginação, e não no laboratório. Erwin Schrödinger, que ganhou o Prêmio Nobel de Física em 1933, perguntou o que aconteceria dentro de uma caixa de madeira contendo um gato, material radioativo e um mecanismo de envenenamento que pode ser ativado por um decaimento radioativo imprevisível. Após um minuto, o gato está morto ou vivo? Houve algum decaimento radioativo que ativou o mecanismo de envenenamento? No século XIX, os físicos teriam dito que o gato pode estar morto ou vivo, mas não sabemos ao certo. Entretanto, nas primeiras décadas do século XX, a nova visão quântica do universo possibilitou interpretações diferentes. Em particular, a interpretação de Copenhagen sugeriu a noção bizarra de que o gato estaria em *sobreposição quântica*, o que significa que o gato estaria ao mesmo tempo vivo e morto... até que a caixa fosse aberta, quando a situação seria resolvida.

Schrödinger e seu gato fazem uma participação especial em outro episódio, "Lei e oráculo" (2011). Policiais rodoviários perseguem Schrödinger, que está em alta velocidade e acaba batendo. Quando ele sai das ferragens, é questionado sobre a caixa que leva no carro. Os policiais são URL (pronunciado Earl [no original]) e Fry, que temporariamente deixou seu emprego na Planet Express.

| | |
|---|---|
| URL: | O que tem na caixa, Schrödinger? |
| SCHRÖDINGER: | Um... Um gato, veneno e um átomo de césio. |
| FRY: | Um gato! Ele tá vivo ou tá morto? Está vivo ou morto?! |
| URL: | Responda, seu tolo. |
| SCHRÖDINGER: | É uma sobreposição dos dois estados até que você abra a caixa e colapse a função de onda. |
| FRY: | Você é quem diz. |
| | [Fry abre a caixa, e um gato pula de dentro dela, atacando-o. URL dá uma boa olhada na caixa.] |
| URL: | Também tem muitas drogas aqui. |

É claro que este livro é sobre matemática, e não física, então é hora de nos concentrarmos nas dúzias de cenas de *Futurama* que envolvem de tudo, da geometria convoluta a infinitos incríveis. Uma cena nessa linha aparece em "Robocar assassino" (2000), em que Bender retorna ao castelo assombrado do seu falecido tio Vladimir a fim de assistir à leitura do testamento. Quando o robô senta-se com seus amigos na biblioteca, os dígitos 0101100101 aparecem na parede, escritos com sangue. Bender fica mais confuso do que assustado, mas quando vê os dígitos refletidos no espelho — 1010011010 — fica imediatamente aterrorizado.

Embora não seja dada nenhuma explicação no diálogo, telespectadores familiarizados com o sistema numérico binário provavelmente perceberam o significado terrível da cena. O número que aparece na parede, 0101100101, quando traduzido do sistema binário para o decimal, equivale a 357. Esse número não tem conotações desagradáveis, mas o seu reflexo é de arrepiar. Podemos converter 1010011010 do sistema binário para o decimal conforme o quadro a seguir:

| **Número binário** | 1 | 0 | 1 | 0 | 0 | 1 | 1 | 0 | 1 | 0 |
|---|---|---|---|---|---|---|---|---|---|---|
| | x | x | x | x | x | x | x | x | x | x |
| **Valor de acordo com a posição** | $2^9$ | $2^8$ | $2^7$ | $2^6$ | $2^5$ | $2^4$ | $2^3$ | $2^2$ | $2^1$ | $2^0$ |

**Total** = 512 + 0 + 128 + 0 + 0 + 16 + 8 + 0 + 2 + 0
= 666

Como sabemos, 666 sempre será associado ao diabo, pois é o número da besta. Portanto, talvez 1010011010 deva ser considerado o número da besta binária.

Os matemáticos, que não costumam ter uma reputação de numerólogos diabólicos nem de adoradores do demônio, na verdade têm uma atração pelo número 666. Na matemática, há um número primo considerado especial que inclui essa série de dígitos: 1.000.000.000.000. 066.600.000.000.000.001. Ele é chamado de primo de Belphegor, uma referência a um dos sete príncipes do inferno. Além de conter o número 666 exatamente em seu coração, esse número primo infame também tem 13 zeros azarados de cada lado do número da besta.

A mensagem oculta escrita ao contrário em "Robocar assassino" é uma referência a *O iluminado*, filme de terror clássico de 1980. Em uma das cenas mais famosas do filme, um menininho chamado Danny entra no quarto da mãe e escreve REDЯUM na porta com um batom. Ela acorda e o encontra de pé ao lado da cama com uma faca na mão, e então dá uma olhada nas letras escritas refletidas no espelho do quarto, que diz MURDEЯ [ASSASSINATO].

O número 666 escrito ao contrário no sistema binário é um dos muitos códigos matemáticos interessantes que aparecem em *Futurama*. Todas essas mensagens demonstram vários princípios da *criptografia*, nome formal do ramo da matemática aplicada que lida com a criação e a quebra de códigos.

Por exemplos, diversos episódios exibem outdoors, anotações ou grafites que apresentam mensagens escritas em códigos alienígenas. O mais simples aparece em "Inspeção letal" (2010), na seguinte mensagem:

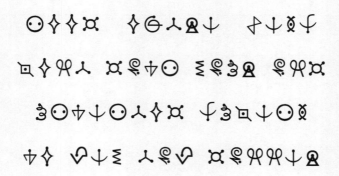

Os criptógrafos chamam isso de *cifra de substituição*, pois cada letra do alfabeto latino foi substituída por um caractere diferente, neste caso um símbolo alienígena. Esse tipo de cifra foi quebrado pela primeira vez pelo matemático árabe do século IV Abu al-Kindi, que percebeu que cada letra tem uma personalidade. Além disso, a personalidade de uma letra em particular é adotada por qualquer que seja o símbolo que a substitui na mensagem criptografada. Se identificarmos essa personalidade, é possível decifrar a mensagem.

Por exemplo, a frequência é um aspecto importante da personalidade de uma letra. *e*, *t* e *a* são as letras mais frequentes da língua inglesa, enquanto os símbolos mais comuns na mensagem alienígena são ↓ e ✧ (ambos aparecem seis vezes). Portanto, ↓ e ✧ provavelmente representam *e*, *t* ou *a*, mas qual é qual? Uma dica útil aparece na primeira palavra, ☉✧✧✗, que possui uma repetição de ✧. Poucas palavras se encaixam no padrão *aa* ou *tt*, mas muitas têm a forma *ee*, entre as quais *been* [foi], *seen* [visto], *teen* [adolescente], *deer* [cervo], *feed* [alimentar], e *fees* [taxas]. Assim, podemos presumir que ✧ = e. Investigando um pouco mais, é possível decodificar essa mensagem em particular: *Need extra cash? Melt down your old unwanted humans. We pay top dollar.* [Precisa de um dinheiro extra? Derreta os humanos que você não quer mais. Pagamos bem.] E com uma ou duas outras mensagens, toda a linguagem alienígena poderia ser decifrada de A (↓) a Z (☙).

| A | B | C | D | E | F | G | H | I | J | K | L | M | N | O | P | Q | R | S | T | U | V | W | X | Y | Z |
|---|---|---|---|---|---|---|---|---|---|---|---|---|---|---|---|---|---|---|---|---|---|---|---|---|---|
| ↓ | ⪦ | ✧ | ✗ | ✦ | ⊟ | ✢ | ⌴ | ⊙ | ✕ | ✣ | ⚘ | ⊡ | ☉ | ⚭ | ✫ | ✯ | ★ | ⚑ | ⚘ | 人 | ℨ | ⊟ | ✧ | ⊙ | ☰ | ☙ |

Como não seria de se surpreender, fãs de *Futurama* adeptos da matemática decodificaram a mensagem com facilidade, então Jeff Westbrook (autor de *Futurama* e de *Os Simpsons*) desenvolveu um código alienígena mais complexo.

O trabalho de Westbrook na reinvenção da *cifra de texto autokey*, semelhante à cifra originalmente desenvolvida por Girolamo Cardano (1501-1576), um dos maiores matemáticos italianos da Renascença. A cifra opera primeiro atribuindo números às letras do alfabeto: A = 0, B = 1, C = 2, D = 3, E = 4..., Z = 25. Depois dessa etapa preliminar, a codificação requer apenas mais duas etapas. Primeiro, cada letra é substituída pelo total matemático de todas as letras em todas as palavras, incluindo a própria letra. Assim, BENDER OK sofre a seguinte transformação:

| Letra  | B | E | N  | D  | E  | R  | O  | K  |
|--------|---|---|----|----|----|----|----|----|
| Número | 1 | 4 | 13 | 3  | 4  | 17 | 14 | 10 |
| Total  | 1 | 5 | 18 | 21 | 25 | 42 | 56 | 66 |

O segundo e último passo da codificação é a substituição de cada número total pelo símbolo correspondente da lista:

[símbolos de 0 a 13]

[símbolos de 14 a 25]

São apenas 26 símbolos, associados aos números 0 a 25. Então, que símbolos representam R, O e K, que acabaram de ser relacionadas aos totais 42, 56 e 66, respectivamente? A regra é que números maiores do que 25 são reduzidos em 26 repetidamente até ficarem entre 0 e 25.* Desse modo, para encontrar o símbolo R, subtraímos 26 de 42, o que nos deixa com 16, número que é associado a ⊀. Aplicando a mesma regra às duas letras restantes, BENDER OK é codificado como SVTKV.

Entretanto, se fosse precedida por outras palavras, a sequência BENDER OK teria sido codificada de forma diferente, já que o total da soma dos números correspondentes às letras teria sido afetado. Ele usou a cifra para codificar várias mensagens em diversos episódios, todas desafios significativos para os fãs de *Futurama*, que fizeram da sua decodificação um hobby. Levou um ano para que a cifra autokey fosse quebrada, permitindo a decodificação das inúmeras mensagens.

---

* Essa regra pertence a um ramo da matemática conhecido como aritmética modular. Além de ser muito útil no contexto da criptografia, a aritmética modular também tem um papel vital em várias outras áreas da pesquisa matemática, inclusive a prova do último teorema de Fermat.

Embora talvez fosse de se esperar que códigos desafiadores aparecessem no episódio de *Futurama* "O código de Da Vinci" (2010), seu aspecto matemático mais interessante está relacionado a uma área completamente diferente da matemática. Na trama, a equipe da Planet Express analisa os mínimos detalhes de *A última ceia*, de Leonardo da Vinci, quando observam algo estranho em Tiago Menor, um dos apóstolos sentados à esquerda de Jesus na mesa. Um raio-X "altamente poderoso" revela que Da Vinci originalmente havia pintado Tiago como um robô de madeira. Para descobrir se ele foi um autômato, a equipe vai para Future-Roma, onde encontra a tumba de São Tiago. Contudo, eles também se deparam com uma cripta que apresenta uma inscrição apropriadamente críptica:

$$II^{XI} - (XXIII \bullet LXXXIX)$$

A princípio, os algarismos romanos parecem formar uma data. Se analisarmos com atenção, porém, podemos ver que a gravura inclui parênteses, um sinal de subtração e um ponto que representa um sinal de multiplicação. Vemos também algo muito incomum: um algarismo romano elevado à potência de outro algarismo romano ($II^{XI}$). Se convertermos esses algarismos romanos para algarismos mais familiares, começaremos a compreender a inscrição.

$$II^{XI} - (XXIII \bullet LXXXIX)$$
$$2^{11} - (23 \times 89)$$

Resolvendo: $2^{11} = 2.048$ e $23 \times 89 = 2.047$, então o resultado da subtração é simplesmente 1. Isso não é particularmente notável, mas, se completarmos a equação e a reorganizarmos, talvez ela comece a fazer sentido:

$$2^{11} - (23 \times 89) = 1$$
$$2^{11} - 1 = (23 \times 89)$$
$$2^{11} - 1 = 2.047$$

Agora podemos ver que o número 2.047 se encaixa na fórmula geral $2^p - 1$. Nesse caso em particular $p$ é 11, mas poderia ser qualquer número primo. A fórmula $2^p - 1$ foi discutida no capítulo 8, onde vimos que ela usa um número primo como ingrediente para, às vezes, gerar um segundo número primo, quando o resultado é chamado de primo de Mersenne. Entretanto, $2^{11} - 1$ é interessante porque o resultado, 2.047, claramente *não* é um primo, e sim o produto de 23 por 89. Na verdade, 2.047 é um número notório por ser o menor do tipo $2^p - 1$ que não é primo.

Essa referência obedece aos dois principais critérios para uma piada clássica de quadros congelados. Em primeiro lugar, a inscrição críptica não tem nenhuma relação com a trama, mas é apenas os autores se divertindo com números. E, em segundo, é impossível anotar os algarismos romanos, traduzi-los em números do sistema decimal e então reconhecer seu significado dentro dos poucos segundos que a inscrição permanece na tela.

Outra piada de quadros congelados aparece em "Quero meu corpo de volta" (2000). Quando Bender monta uma agência de namoro por computador, vemos uma placa indicando que o serviço é ao mesmo tempo "discreet and discrete". *Discreet* significa que Bender respeitará a privacidade dos seus clientes, como esperaríamos desse tipo de agência. *Discrete* é um adjetivo mais surpreendente para uma agência de namoro, pois é usado na matemática para descrever uma área de pesquisa que estuda dados que não variam gradual nem continuamente. O problema das panquecas faz parte da matemática discreta, pois é possível virar as panquecas uma ou duas vezes, mas não 1,5 vez — ou seja, não é possível virar as panquecas um número fracionário de vezes. A piada provavelmente foi inspirada por uma velha anedota sobre a matemática discreta.

P: Como se chama um matemático que tem muitos casos românticos, mas que não fala muito sobre eles?
R: *A discrete data* [Um namorador discreto].
[É feito um trocadilho entre "dater" [namorador] e "data" [dados], pois são palavras com pronúncias muito parecidas.]

Outras piadas de quadros congelados de *Futurama* fazem referência a placas famosas, como é o caso de Studio $1^2 2^1 3^3$, que aparece em "Renascimento" (2010). Se calcularmos o resultado, $1^2 2^1 3^3 = 1 \times 2 \times 27 = 54$, então essa é uma referência ao Studio 54, o famoso clube noturno dos anos 1970 de Nova York. Já em "Os parasitas perdidos" (2001), vemos uma placa que diz "Historic $\sqrt{66}$" (em vez de "Historic Route 66"), e há ainda o nome irracional da $\pi$th Avenue em "Mamãe ataca de novo" (2002).

Embora seja tentador considerar essas referências matemáticas superficiais, em muitos casos os autores passaram um bom tempo pensando sobre as ideias por trás delas. O Madison Cube Garden, que aparece em vários episódios de *Futurama*, é um desses casos.* Quando David X. Cohen inventou o conceito da encarnação do século XXX do Madison Square Garden, o passo seguinte era definir como ele seria desenhado no cenário de *Futurama*. O desenho óbvio teria sido um estádio cúbico, com uma base, quatro paredes e um teto plano de vidro. Porém, Ken Keeler e outro autor, J. Stewart Burns, decidiram investigar a geometria dos cubos no intuito de checar se havia uma opção mais interessante para o design do Madison Cube Garden. No final, eles levaram isso tão a sério que passaram duas horas estudando a geometria dos cubos enquanto o resto da equipe de autores fazia um intervalo.

Sem pensar no que isso resultaria, Burns e Keeler começaram a se perguntar que cortes transversais seriam possíveis se eles conseguissem cortar um cubo. Por exemplo, um corte horizontal, que divide o cubo em duas partes iguais, resulta em um corte transversal quadrado. Por outro lado, um corte começando na extremidade superior e percorrendo a forma diagonalmente até a extremidade oposta forma um corte transversal

---

* O trocadilho entre Historic $\sqrt{66}$ [Histórica $\sqrt{66}$] e "Historic Route 66" [Rota Histórica 66] se baseia no fato de "root" [raiz] e "route" [rota] terem a mesma pronúncia. Já $\pi$th Avenue é uma referência às diversas avenidas em Nova York identificadas por números, como a 5th Avenue [Quinta Avenida]. Nesse caso, o número usado para dar nome à avenida é $\pi$. Por fim, Madison Cube Garden é uma referência ao mundialmente famoso complexo de arenas para espetáculos Madison Square Garden. Entretanto, "square" [quadrado] é substituído por "cube" [cubo]. (*N. da T.*)

retangular. Alternativamente, o corte partindo de um vértice cria um corte transversal triangular. Dependendo do ângulo do corte, o corte transversal pode ser um triângulo equilátero, isósceles ou escaleno.

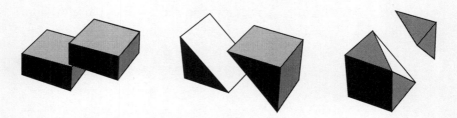

Ainda estimulados por mera curiosidade, Burns e Keeler se perguntaram se poderia haver uma forma transversal mais exótica. A dupla deixou seus blocos de anotações de lado e começou a montar cubos de papel, cortando-os diversas vezes. Depois de muito debate e papel amassado, Burns e Keeler tiveram uma revelação. No final das contas, eles perceberam que era possível criar uma área transversal hexagonal com um único corte feito através do cubo a partir de um ângulo em particular. Parece implausível, mas imagine desenhar uma linha entre os pontos médios de duas extremidades adjacentes, como exibido pela linha tracejada no cubo a seguir. Em seguida, desenhe uma linha pontilhada através do vértice oposto do lado oposto. Por fim, faça um corte a partir da linha tracejada até a linha pontilhada, e o resultado será uma área transversal hexagonal regular. A área transversal tem seis lados, pois o corte passa por todos os seis lados do cubo.

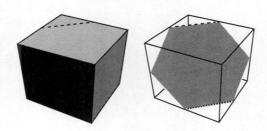

Há outra forma de obter essa área transversal. Imagine suspender um cubo de um pedaço de algodão colado a um dos seus vértices. Em seguida, faça um corte horizontal, exatamente até a metade em direção ao poliedro suspenso. Se o cubo de alguma forma pudesse permanecer intacto após o corte... e se pudesse ser lentamente colocado sobre uma superfície... e se o seu vértice inferior pudesse ser encaixado nessa superfície, teríamos um modelo quase perfeito do Madison Cube Garden. Para concluir seu modelo, a região acima da área transversal se torna um teto transparente, enquanto a região a seguir apresenta a forma apropriada para uma arquibancada.

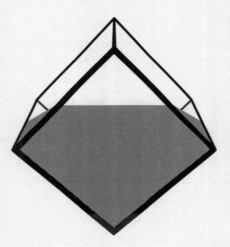

Nos anos que se passaram desde que Cohen deu nome ao estádio e que a parceria entre Burns e Keeler criou sua arquitetura, o Madison Cube Garden vem sendo o palco das batalhas da Liga dos Robôs Lutadores, lutas entre macacos gigantes e dos Jogos Olímpicos de 3004. Na verdade, o Madison Cube Garden apareceu em dez episódios, o que o torna provavelmente a referência matemática mais conhecida de *Futurama*, mas não a mais intrigante.

O prêmio vai para o número 1.729.

# 15
# 1.729 E UM INCIDENTE ROMÂNTICO

•••••

Zapp Brannigan é um general de 25 estrelas e capitão da espaçonave *Nimbus*. Embora ele tenha muitas fãs que o veem como um bravo herói militar, a realidade é que a maioria das suas vitórias é contra oponentes mais fracos, como os pacifistas da Nebulosa Gandhi e os Aposentados da Nebulosa Assistida. Brannigan não passa de um tolo cuja vaidade e arrogância irritam sua tripulação. Na verdade, seu velho assistente Kif Kroker precisa se esforçar para esconder o desprezo pelo líder incompetente.

Kif é um alienígena do planeta Amphibios 9, e suas aparições em *Futurama* costumam girar em torno do seu relacionamento problemático com Brannigan e do relacionamento romântico com a estagiária da Planet Express, Amy Wong. Sempre que Kif e Amy se encontram na mesma vizinhança espacial, eles aproveitam o máximo seu tempo juntos. Em "O nascimento de novas vidas" (2003), Amy visita Kif a bordo da *Nimbus*, onde ele a leva à sala de holograma, usada para simular realidades projetando objetos e criaturas holográficos tridimensionais. Ela dá um grito de prazer quando um animal familiar aparece na sala de holograma.

**Amy:** Espírito! Kif, esse é o pônei que eu sempre quis, mas meus pais me disseram que eu já tinha muitos pôneis.

**Kif:** É, eu o programei pra você. Quatro milhões de linhas de BASIC!*

Já encontramos uma piada sobre a linguagem de programação BASIC no episódio "Meu amigo robô". Embora as referências à ciência da computação sejam uma tradição em *Futurama*, um dos autores que não são nerds não gostou dessa fala em particular do diálogo. Durante uma reunião de roteirização, ele argumentou que a referência a "Quatro milhões de linhas de BASIC!" era obscura demais e deveria ser removida. Assim que a crítica foi apresentada, foi esmagada por Eric Kaplan, um autor que havia estudado filosofia da ciência. De acordo com Patric Verrone, que estava presente na reunião: "Eric Kaplan fez uma observação que ficou famosa. Alguém disse 'Quatro milhões de linhas de BASIC, quem vai entender isso?' e Kaplan simplesmente disse 'Fodam-se'. Então, esse se tornou o mantra: se os telespectadores não entenderem, entenderão a piada seguinte."

No mesmo episódio, há uma referência matemática ainda mais obscura, que pode ser vista de um lado da *Nimbus*. Os fãs mais obcecados e atentos provavelmente observaram que a *Nimbus* contém o número de registro BP-1729. Seria fácil dispensá-lo como um número arbitrário, mas os autores de *Futurama* nunca perdem uma oportunidade de celebrar a matemática, então é mais seguro presumir que cada número que aparece na tela tem um significado.

Não seria possível que 1.729 não tivesse um significado, pois aparece em diferentes situações de vários episódios. Por exemplo, "Natal entre amigos" (1999) conta com a participação de Mom, a proprietária maquiavélica da Mom-Corp e da Mom's Friendly Robot Company. Como Mom é a dona da fábrica que construiu Bender, ela se considera a mãe do robô, então lhe manda um cartão que revela seu número de série:

> FELIZ NATAL
> FILHO #1729

---

* Na edição em português, a tradução foi feita como: "Quatro milhões de linhas básicas." (*N. da T.*)

Já em "O universo paralelo" (2003), a equipe da Planet Express vive uma aventura envolvendo universos paralelos, cada um convenientemente contido em uma caixa e rotulado com um número. Enquanto checa várias caixas para encontrar seu próprio universo, Fry entra em uma caixa e encontra sua versão do Universo 1.729.

Então, o que torna o número 1.729 tão especial? Talvez ele apareça tantas vezes em *Futurama* porque representa uma parte especial da constante *e*. Se pegarmos a 1.729ª casa decimal de *e*, descobriremos que é a partir dela que começa a primeira ocorrência consecutiva de todos os dez dígitos desse famoso número irracional:

$$\underset{\downarrow}{\text{1.729ª casa decimal}}$$
$$e = 2{,}71828\ldots 5889\underline{7071942586398772754}7109\ldots$$

É possível que alguns considerem essa observação trivial, então talvez 1.729 apareça em *Futurama* porque é um número *harshad*, uma categoria de números inventada pelo respeitado matemático e professor de matemática D. R. Kaprekar (1905-1986). *Harshad* significa "doador de alegria" na antiga língua indiana sânscrito, e a razão pela qual esses números provocam uma sensação de alegria é que são múltiplos da soma dos seus dígitos. Portanto, se somarmos os algarismos de 1.729, teremos $1 + 7 + 2 + 9 = 19$, e 19 é divisor de 1.729.

Além disso, 1.729 é um tipo particularmente especial de número harshad porque é o produto do resultado da soma dos seus algarismos multiplicado pelo inverso do resultado dessa soma: $19 \times 91 = 1.729$. Isso o torna um número notável, mas não único, pois existem outros três números que compartilham essa propriedade: 1, 81 e 1.458. Como a equipe de autores não é obcecada por 1, 81 nem 1.458, deve haver outra razão que faz 1.729 aparecer repetidamente nos roteiros.

Na verdade, os autores escolheram 1.729 como número de registro da *Nimbus*, número de série de Bender e rótulo para um universo paralelo porque esse número foi mencionado em uma das conversas mais famosas da história da matemática. Ela teve lugar no final de 1918 ou início de 1919 entre dois dos maiores matemáticos do século XX, Godfrey Harold Hardy e Srinivasa Ramanujan. É difícil imaginar dois homens de origens tão diferentes com tanto em comum.

G. H. Hardy (1877-1947), cujos pais eram ambos professores, cresceu em um lar de classe média em Surrey, Inglaterra. Aos dois anos, ele escrevia números que chegavam aos milhões, e pouco depois começou a calcular os divisores dos números dos hinos como forma de distração durante a missa. Ele ganhou uma bolsa de estudos na prestigiosa Winchester College e depois foi para a Trinity College, Cambridge, onde se juntou a uma sociedade secreta de elite conhecida como Apóstolos de Cambridge. Aos 30 anos, ele era um dos poucos matemáticos britânicos mundialmente respeitados. No início do século XX, achava-se que os franceses e alemães, entre outros, haviam superado os britânicos em termos de rigor matemático e ambição, mas Hardy, em virtude de seu trabalho de pesquisa e seu espírito de liderança, era visto como responsável pela revitalização da reputação da nação. Tudo isso teria sido suficiente para lhe render um lugar no panteão dos grandes matemáticos, mas ele fez uma contribuição ainda maior ao reconhecer e alimentar o talento de um jovem brilhante chamado Srinivasa Ramanujan, que acreditava ser o matemático com o maior dom natural da era moderna.

Ramanujan nasceu em 1887 em Tamil Nadu, estado da Índia do Sul. Aos 2 anos, ele sobreviveu a uma epidemia de catapora, mas seus três irmãos mais novos não tiveram a mesma sorte, morrendo ainda bebês. Muito pobres, seus pais se dedicaram ao agora filho único e o matricularam na escola local. A cada ano, seus professores observavam mais e mais que Ramanujan estava desenvolvendo uma aptidão incrível para matemática, a ponto de eles próprios não conseguirem mais acompanhá-lo. Grande parte da sua inspiração e da sua educação era o resultado de ele ter se deparado com um livro na biblioteca chamado *A Synopsis of Elementary Results in Pure Mathematics* [Uma Sinopse de Resultados Elementares da Matemática Pura], de G. S. Carr, que continha milhares de teoremas e suas provas. Ele explorou esses teoremas e as técnicas usadas para prová-los, mas precisava fazer todos os cálculos em um pequeno quadro de ardósia com giz, usando os cotovelos ressecados como borracha, já que não tinha dinheiro para comprar papel.

O único lado negativo da sua obsessão pela matemática é que ela o levou a negligenciar o resto da sua educação. Assim, ele se saía mal nas provas das outras disciplinas, o que levou as faculdades indianas a se recusarem a lhe oferecer a bolsa de estudos de que ele precisava para continuar sua formação. Em vez disso, Ramanujan começou a trabalhar como balconista e complementava sua renda dando aulas particulares de matemática. Essa fonte de renda adicional passou a ser desesperadamente necessária depois que ele se casou em 1909. Ramanujan tinha 21 anos, e sua noiva, Janakiammal, apenas 10.

Durante esse período, Ramanujan começou a desenvolver novas ideias matemáticas no tempo livre. Ele achava que elas eram inovadoras e importantes, mas não tinha ninguém que o pudesse aconselhar e ajudar. Desesperado para explorar a matemática com mais profundidade e por ter seu trabalho reconhecido, Ramanujan começou a escrever para matemáticos da Inglaterra na esperança de que algum deles pudesse se tornar seu mentor e ao menos lhe dar um feedback sobre os teoremas que havia descoberto.

Um maço de cartas acabou chegando a M. J. M. Hill, na University College London. Ele ficou um pouco impressionado, mas chamou a atenção do jovem indiano por usar métodos ultrapassados e cometer erros triviais. Ele escreveu, usando o tom de um professor, que o trabalho de Ramanujan precisava "ser escrito com muita clareza, e não pode conter erros; e ele não deveria usar símbolos que não explicasse". Foi um boletim implacável, mas pelo menos Hill respondeu. H. F. Baker e E. W. Hobson, da Universidade de Cambridge, por outro lado, devolveram os artigos de Ramanujan sem comentários.

Então, em 1913, Ramanujan escreveu para G. H. Hardy: "Não tive educação universitária, mas tive o ensino escolar comum. Depois de deixar a escola, venho empregando o tempo vago à minha disposição para trabalhar na matemática. Não trilhei o curso convencional seguido de um curso universitário, mas estou começando meu próprio caminho."

Após uma segunda carta, Hardy descobriu que Ramanujan havia lhe mandado um total de 120 teoremas para que ele analisasse. O jovem sábio indiano mais tarde diria que muitos desses teoremas foram sussurrados para ele durante o sono por Namagiri, uma representação da deusa hindu Lakshmi: "Enquanto dormia, eu tive uma experiência incomum. Havia uma tela vermelha formada por um fluxo de sangue. Eu a observava. De repente, uma mão começou a escrever na tela. Tornei-me todo atenção. A mão escreveu um número de integrais elípticas. Elas ficaram na minha cabeça. Assim que acordei, tomei nota delas."

Depois de receber os artigos de Ramanujan, a primeira reação de Hardy foi achar que eram uma "fraude", e depois, que eram tão brilhantes que era "quase impossível acreditar". No final, ele concluiu que os teoremas "devem ser verdadeiros, pois, se não fossem, ninguém teria a imaginação necessária para inventá-los". Hardy chamou Ramanujan de "um matemático da mais alta qualidade, um homem de uma originalidade e uma proeza excepcionais", e começou a tomar providências para que o jovem indiano, de apenas 26 anos, visitasse Cambridge. Hardy estava orgulhoso por ter sido o homem a ter resgatado um talento tão cru, e mais tarde chamaria o ocorrido de "o único incidente romântico da minha vida".

Os dois matemáticos finalmente se conheceram pessoalmente em abril de 1914, e o resultado da sua parceria propiciou descobertas em diversas áreas da matemática. Por exemplo, eles fizeram grandes contribuições para a compreensão de uma operação matemática conhecida como *partição*. Como o nome sugere, a partição é a divisão de uma série de objetos em grupos separados. A principal questão é que, para um dado número de objetos, de quantas formas diferentes eles podem ser particionados? As caixas a seguir demonstram que há uma forma de particionar um objeto, mas há cinco formas de particionar quatro objetos:

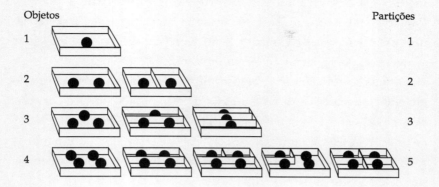

É fácil encontrar o número de partições para uma pequena quantidade de objetos, mas isso se torna cada vez mais difícil à medida que o número de objetos aumenta. Isso se deve ao fato de o possível número de partições aumentar em um ritmo rápido e irregular. Dez objetos podem ser particionados de apenas 42 formas, mas cem objetos podem ser particionados de 190.569.292 formas. E mil objetos podem ser particionados de incríveis 24.061.467.864.032.622.473.692.149.727.991 formas.

Uma das invenções de Hardy e Ramanujan foi uma fórmula que pode ser usada para prever o número de partições para números muito grandes. A fórmula é muito trabalhosa para ser calculada, então eles também inventaram uma fórmula menos elegante, porém mais fácil, que dava uma boa estimativa do número de partições para qualquer número de objetos. Além disso, Ramanujan fez uma observação interessante que até hoje gera reflexão: se o número de objetos termina com 4 ou 9, o número de partições é sempre divisível por 5. Para ilustrar a observação de Ramanujan, 4, 9, 14, 19, 24 e 29 objetos geram, respectivamente, 5, 30, 135, 490, 1.575 e 4.565 partições.

As realizações de Ramanujan foram inúmeras, complexas e brilhantes, e sua genialidade foi reconhecida em 1918, quando ele foi eleito o membro mais jovem a ter sido admitido até então pela Real Sociedade. Infelizmente, embora a mudança para Cambridge tenha permitido que sua mente embarcasse em aventuras incríveis, os duros invernos ingleses e a mudança na sua dieta tiveram um preço para a saúde de Ramanujan. No final de 1918, ele deixou Cambridge e deu entrada em uma casa de repouso, a Colinette House, em Putney, Londres. Foi lá que a conversa que o relaciona a *Futurama* ocorreu.

De acordo com Hardy: "Lembro-me de uma vez em que fui visitá-lo quando ele estava doente em Putney. Eu havia pegado um táxi cuja placa era 1729, e observei que o número me parecia muito chato, e que eu esperava não ter sido um mau sinal. 'Não', ele respondeu, 'é um número muito interessante; é o menor número que pode ser expresso como a soma de dois cubos de duas formas diferentes.'"

Os dois claramente não se sentiam confortáveis com conversas casuais. Como de costume, seus diálogos giravam em torno de números, e esse em particular pode ser expresso da seguinte maneira:

$$1.729 = 1^3 + 12^3$$
$$= 9^3 + 10^3$$

Em outras palavras, se pegarmos 1.729 cubelets,* poderíamos usá-los para montar dois cubos de dimensões $1 \times 1 \times 1$ e $12 \times 12 \times 12$, ou poderíamos montar dois cubos de dimensões $9 \times 9 \times 9$ e $10 \times 10 \times 10$. É raro um número poder ser dividido em dois cubos, e mais raro ainda um que possa ser dividido em dois cubos de duas formas diferentes... e 1.729 é o menor número que possui essa propriedade. Em homenagem ao comentário de Ramanujan sobre o táxi de Hardy, 1.729 passou a ser conhecido nos círculos matemáticos como *taxicab number* [número do táxi].

Estimulados pela observação inesperada de Ramanujan, os matemáticos levantaram uma questão relacionada a ela: Qual é o menor número que pode ser o resultado da soma de dois cubos de *três* formas diferentes? A resposta é 87.539.319, pois

---

* Kit de robótica voltado para crianças e jovens que permite a montagem de robôs. (N. da T.)

$$87.539.319 = 167^3 + 436^3$$
$$= 228^3 + 423^3$$
$$= 255^3 + 414^3$$

Este número, também chamado de *taxicab number*, aparece em um episódio especial exibido em quatro partes de *Futurama*, "O grande golpe de Bender" (2007). Quando Fry pega um táxi, o número exibido no teto dele é 87.539.319. É claro que é muito apropriado que um número do táxi (no sentido convencional) seja um número do táxi (no sentido matemático).

Portanto, ao fazerem repetidas referências a 1.729 e incluírem 87.539.319 em um episódio, os autores de *Futurama* estão homenageando Ramanujan, cuja história é muito pouco divulgada fora do mundo da matemática. Trata-se da história inspiradora de um gênio inato tirado da obscuridade por um professor de Cambridge, mas que acaba tragicamente. Com muitos problemas de saúde, inclusive deficiências vitamínicas e tuberculose, Ramanujan voltou para a Índia em 1919, esperando que o clima mais quente e a dieta vegetariana à qual estava acostumado pudessem restaurar sua saúde. Pouco depois de um ano na Índia, ele morreu em 26 de abril de 1920, aos 32 anos.

Não obstante, as ideias de Ramanujan continuaram no coração da matemática moderna, onde sempre estarão. Isso, em parte, se deve ao fato de a linguagem matemática ser universal, e em parte ao fato de que as provas matemáticas são absolutas. Ao contrário das ideias nascidas nas artes e nas ciências humanas, os teoremas matemáticos não entram e saem de moda. Como o próprio Hardy observou: "Arquimedes será lembrado depois que Ésquilo for esquecido, pois línguas morrem, mas ideias matemáticas não. 'Imortalidade' pode ser uma palavra tola, mas provavelmente um matemático é quem tem a maior chance de alcançá-la, o que quer que isso queira dizer."

• • • •

As referências de *Futurama* a números de táxi podem ser rastreadas até um autor, Ken Keeler, um dos autores mais matematicamente dotados tanto de *Os Simpsons* quanto de *Futurama*. De acordo com Keeler, seu fascínio pela matemática foi inspirado principalmente pelo seu pai, Martin Keeler, médico cujo hobby favorito eram os jogos com números. Sempre que a família ia a um restaurante e recebia a conta depois da refeição, ele procurava números primos, e seus filhos participavam da brincadeira. Em uma ocasião em particular, Ken se lembra de ter perguntado ao pai se havia uma forma rápida de somar números quadrados. Por exemplo, qual é a soma dos primeiros cinco, ou dos primeiros dez, ou dos primeiros *n* números quadrados? O dr. Keeler passou algum tempo pensando, e então respondeu com a fórmula correta: $n^3/3 + n^2/2 + n/6$. A fórmula de Keeler pode ser checada em um exemplo como $n = 5$:

Soma dos primeiros cinco números quadrados:    $1 + 4 + 9 + 16 + 25 = 55$

Fórmula do dr. Keeler:    $\dfrac{5^3}{3} + \dfrac{5^2}{2} + \dfrac{5}{6} = 55$

Não se trata de um problema muito desafiador para um matemático, mas o dr. Keeler não era um matemático. Além disso, ele resolveu o problema usando uma abordagem radical e intuitiva. Uma explicação rápida e moderadamente técnica, escrita nas palavras do próprio Ken Keeler, pode ser encontrada no apêndice 3.

A abordagem divertida de seu pai à matemática foi um dos fatores que levaram Ken Keeler a decidir estudar matemática aplicada na faculdade e depois fazer um doutorado nesse tema. Entretanto, depois de concluir o Ph.D., ele ficou dividido entre uma carreira na pesquisa e tentar sucesso como escritor de comédia, sua outra paixão. Embora tenha começado a trabalhar como pesquisador da AT&T Bell Labs, em Nova Jersey, ele já havia enviado seu currículo para os produtores de *Late Night with David Letterman*. Isso acabou sendo um divisor de águas. Ele foi convidado para se juntar à equipe de autores, deixou seu emprego como pesquisador e nunca olhou para trás. Depois, Keeler passou algum tempo escrevendo para *Wings*, e depois para *The Critic*, antes de se tornar parte da equipe de *Futurama*, trabalhando ao lado de meia dúzia de outros escritores matematicamente inclinados. Em nenhum outro lugar de Hollywood o amor de Keeler pelo número 1.729 seria tão apreciado.

Uma das outras contribuições matemáticas de Keeler para *Futurama* é o $\aleph_0$-Plex da Loew, que apareceu pela primeira vez em "O maior não é o melhor" (2000). A rede Loew ganhou sua reputação no século XX por operar algumas das maiores salas de cinema multiplex do mundo, mas o prefixo $\aleph_0$ sugere uma gigantesca ampliação das operações da companhia no século XXXI. $\aleph_0$ (pronunciado *alef zero*) é um símbolo matemático que representa o infinito, então o nome do cinema sugere que ele tem um número infinito de telas. De acordo com Keeler, quando o $\aleph_0$-Plex da Loew estreou em *Futurama*, o esboço do roteiro incluía um comentário dizendo que nem esse cinema, com seu número infinito de telas, seria "grande o bastante para exibir *Rocky* e todas as suas sequências de uma vez só".

Embora o símbolo $\aleph_0$ provavelmente seja desconhecido pela maioria dos leitores, há outro símbolo usado para representar o infinito, $\infty$, que vemos na escola. Então, talvez você queira saber qual é a diferença entre $\infty$ e $\aleph_0$. Para resumir, $\infty$ é um símbolo usado para o conceito de infinito em geral, enquanto $\aleph_0$ diz respeito a um tipo em particular de infinito!

A ideia de um "tipo em particular de infinito" pode parecer impossível, especialmente depois que a história do Hotel de Hilbert demonstrou duas conclusões claras:

(1) $\qquad$ infinito + 1 = infinito
(2) $\qquad$ infinito + infinito = infinito

Seria fácil concluirmos apressadamente que não há nada maior do que o infinito, e que todos os infinitos têm o mesmo tamanho, por assim dizer. Entretanto, na verdade, existem infinitos de tamanhos diferentes, e isso pode ser demonstrado com um argumento bastante simples.

Começamos nos concentrando no conjunto de números decimais que vai de 0 a 1. Isso inclui decimais simples, como 0,5, e também números com muito mais casas decimais, como 0,736829474638... Existe, claramente, um número infinito de decimais dentro desse conjunto, pois para qualquer decimal (por exemplo, 0,9) há um maior (0,99) e depois um maior ainda (0,999), e assim por diante. Em seguida, podemos considerar como o infinito de decimais entre 0 e 1 se compara ao infinito dos números naturais 1, 2, 3, ... Um tipo de infinito é maior do que o outro, ou todos têm o mesmo tamanho?

Para descobrir se algum infinito é maior, e, se a resposta for positiva, qual é o maior, imaginemos o que aconteceria se tentássemos associar todos os números naturais aos números decimais entre 0 e 1. O primeiro passo seria de alguma forma fazer uma lista com os números naturais e outra com os decimais entre 0 e 1. Nessa experiência, a lista de números naturais deve ser escrita em ordem numérica, enquanto a lista de decimais pode ser escrita em qualquer ordem. As listas são, então, colocadas lado a lado, combinando-se cada item a outro.

| Números naturais | Números decimais |
|---|---|
| 1 | 0,70052... |
| 2 | 0,15432... |
| 3 | 0,51348... |
| 4 | 0,82845... |
| 5 | 0,15221... |
| ⋮ | ⋮ |

Hipoteticamente, se pudermos combinar os números naturais a números decimais dessa forma, deve haver o mesmo número de itens em cada lista, de forma que os dois infinitos sejam iguais. Entretanto, na verdade, é impossível estabelecer uma correspondência de um para um.

Isso fica claro na última etapa da nossa investigação dos infinitos, que envolve a criação de um número pela retirada do primeiro algarismo do primeiro número decimal (7), do segundo algarismo do segundo número decimal (5), e assim por diante. Isso gera a sequência 7-5-3-4-1... Em seguida, se acrescentarmos 1 a cada dígito (0 → 1, 1 → 2, ..., 9 → 0), geraremos uma nova sequência: 8-6-4-5-2... Por fim, essa sequência pode ser usada para formar um número decimal: 0,86452...

O número 0,86452... é interessante, pois não pode existir na lista supostamente completa de números decimais entre 0 e 1. Essa parece uma afirmação ousada, mas ela pode ser verificada. O novo número não pode ser o primeiro número da lista, pois sabemos que o primeiro dígito não tem um correspondente. Ele também não pode ser o segundo número, pois o segundo dígito também não tem correspondente, e assim por diante. De forma mais geral, ele não pode ser o $n$-ésimo número, pois sabemos que o $n$-ésimo dígito não terá correspondente.

Pequenas variações deste argumento podem ser repetidas para mostrar que há muitos outros números faltando na lista de decimais. Em outras palavras, quando tentamos estabelecer uma correspondência entre os dois infinitos, a lista de números decimais de 0 a 1 sempre estará incompleta, presumivelmente porque o infinito de números decimais é maior do que o infinito de números naturais.

Este argumento é uma versão simplificada do *argumento de diagonalização de Cantor*, uma prova irrefutável publicada em 1892 por Georg Cantor. Depois de confirmar que alguns infinitos são maiores do que os outros, Cantor teve certeza de que o infinito que representa os números naturais era o menor conjunto infinito, então o chamou de $\aleph_0$, em que $\aleph$ (alef) é a primeira letra do alfabeto hebraico. Ele suspeitava que o conjunto de números decimais entre 0 e 1 representava o segundo tipo de infinito, maior do que o primeiro, então o chamou de $\aleph_1$ (alef um). Tipos maiores de infinitos — sim, eles existem — são, logicamente, chamados de $\aleph_2$, $\aleph_3$, $\aleph_4$, ...

Embora o cinema de *Futurama*, $\aleph_0$-Plex da Loew, tenha um número infinito de telas, agora sabemos que esse número é o menor tipo de infinito. Se ele fosse um cinema $\aleph_1$-Plex, teria mais telas ainda.

*Futurama* faz mais uma referência à categorização de Cantor dos infinitos. Os matemáticos descrevem $\aleph_0$ como um infinito contável, pois ele é o infinito associado aos números naturais, enquanto infinitos maiores são chamados de *infinitos incontáveis*. Como observado por David X. Cohen, esse termo recebe uma menção casual no episódio "Möbius Dick" (2011): "Entramos por um momento em um estranho universo tetradimensional, e há muitas, muitas cópias de Bender voando ao redor, dançando conga, e então ele volta à realidade e diz: 'Esse foi o melhor grupo de caras incontavelmente infinito que já conheci.'"

# 16
# UMA HISTÓRIA DE UM LADO SÓ

•••••

Em "Möbius Dick", a *Planet Express Ship* viaja pela galáxia, e acidentalmente entra no Tetraedro das Bermudas, um cemitério de espaçonaves contendo dúzias de famosas naves perdidas. A tripulação da *Planet Express* decide investigar a região, quando é atacada por uma assustadora baleia espacial tetradimensional que Leela apelida de Möbius Dick.

O nome da baleia espacial é ao mesmo tempo uma referência ao romance de Herman Melville *Moby Dick* e ao bizarro objeto matemático conhecido como *fita de Möbius* ou *banda de Möbius*. A fita de Möbius foi descoberta duas vezes, independentemente, pelos matemáticos alemães do século XIX August Möbius e Johann Listing. Usando a receita simples deles, você mesmo pode fazer a sua. Para isso, precisará de:

(a)  uma fita de papel e
(b)  uma fita adesiva.

Primeiro, pegue a fita e torça uma ponta em uma meia-volta, como mostrado a seguir. Então, conecte as duas pontas para criar a fita de Möbius. Uma fita de Möbius é essencialmente apenas um laço com uma parte torcida.

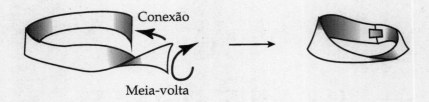

Até aqui, a fita de Möbius não parece muito especial, mas uma experiência simples revela sua propriedade notável. Pegue uma caneta hidrográfica e trace uma linha ao redor da fita sem tirar a caneta do papel, sem sair pelas extremidades, indo até o ponto onde começou. Você observará duas coisas: são necessárias duas voltas para voltar ao lugar de onde você partiu, e você terá desenhado ao longo de toda a fita. Isso é surpreendente, porque presumimos que um pedaço de papel tem dois lados, e só podemos desenhar nos dois se tirarmos a caneta de um e passarmos para o outro. Então o que acontece no caso da fita de Möbius?

Folhas de papel têm dois lados (frente e verso), e laços de papel também costumam ter dois lados (um lado interno e um lado externo), mas a fita de Möbius tem a característica incomum de possuir apenas um lado. Os dois lados da fita original de papel foram transformados em um único lado quando a meia-volta foi feita antes da conexão das duas pontas. Essa propriedade incomum da fita de Möbius serviu de base para a minha terceira piada matemática favorita de todos os tempos:

P: Por que a galinha atravessou a fita de Möbius?
R: Para chegar ao outro la... hã...!

Embora não vejamos a fita de Möbius no episódio "Möbius Dick", a boa notícia é que há planos para a inclusão de uma referência em uma trama inédita de *Futurama*. Quando visitei David X. Cohen na sede de *Futurama* no outono de 2012, ele me contou sobre um episódio que seria exibido na temporada seguinte intitulado "2-D",* que estrelará o Professor Farnsworth. Cohen explicou que a trama gira em torno do proprietário idoso da Planet Express, que fica alucinado por velocidade e envenena sua espaçonave para participar de uma corrida de Möbius. A característica interessante desse tipo de pista — como demonstrado pela experiência com a caneta hidrográfica — é que Farnsworth precisará dar duas voltas completas para voltar ao ponto de partida.

Cohen revelou alguns detalhes do enredo: "Leela fica chateada com o professor, e eles acabam correndo na pista de Möbius. Leela está na frente, mas o professor tem um truque chamado deriva dimensional. Ele gira o volante e ao mesmo tempo puxa o freio de mão, o que o leva a uma dimensão mais elevada do que aquela onde se encontra. Então, ele derrapa para fora da terceira dimensão e passa rápido pela quarta dimensão para poder reaparecer na terceira dimensão mais à frente na pista."

Infelizmente, essa troca de dimensões coloca o Professor Farnsworth na direção oposta à de Leela. Os veículos dos dois têm uma colisão frontal, o que leva os dois para a segunda dimensão! A cena seguinte se passa em um cenário cuja dimensão foi desafiada.

De várias formas, "2-D" é o antídoto para "Homer tridimensional". Esse episódio de *Os Simpsons* explorou as consequências de se passar para uma dimensão maior, inspirado em um episódio de *Além da imaginação*. Já "2-D" explora o que acontece quando se passa para uma dimensão mais baixa, e também foi inspirado por uma obra clássica da ficção científica.

"2-D" é uma homenagem a um romance vitoriano de ficção científica intitulado *Planolândia*, de Edwin A. Abbott. Com o subtítulo *Um romance de muitas dimensões*, a história começa com um mundo bidimensional chamado Planolândia. Esse universo é composto por uma única superfície povoada por várias formas, como segmentos de reta (mulheres), triângulos (homens da classe trabalhadora) e quadrados

---

* O título desse episódio, "2-D Blacktop", é uma referência a *Two-Lane Blacktop* [no Brasil, *Corrida sem fim*], um filme cult de 1971 sobre dois corredores de racha.

(homens de classe média). Essencialmente, quanto maior o número de lados, mais alto o status, então as mulheres têm o menor status de todos, enquanto os polígonos representam os mais elevados escalões da sociedade e os círculos são os sumos sacerdotes. Teólogo que havia estudado Matemática na Universidade de Cambridge, Abbott queria que os leitores apreciassem *Planolândia* ao mesmo tempo como uma sátira social e como uma aventura na geometria.

O personagem central e narrador é Quadrado, que tem um sonho no qual visita Linhalândia, um universo unidimensional onde uma população de pontos está confinada a viajar ao longo de uma única linha. Quadrado conversa com os pontos e tenta explicar o conceito de uma segunda dimensão e da variedade resultante de formas que ocupam Planolândia, mas os pontos ficam confusos. Eles não conseguem visualizar a verdadeira natureza de Quadrado, pois sua forma é inconcebível do seu ponto de vista unidimensional. Eles veem Quadrado como uma linha, pois esse é o corte transversal feito quando um quadrado cruza Linhalândia.

Ao acordar e perceber que está de volta a Planolândia, as aventuras de Quadrado continuam quando ele é visitado por uma Esfera, um objeto da exótica terceira dimensão. É claro que dessa vez é Quadrado que fica confuso, pois ele só consegue visualizar Esfera como um Círculo, que é o corte transversal gerado quando uma esfera cruza Planolândia da terceira dimensão. Entretanto, tudo começa a fazer sentido quando Esfera leva Quadrado para Espaçolândia. Quando Quadrado olha para os outros habitantes de Planolândia da terceira dimensão, ele começa a especular sobre as possibilidades de uma quarta, uma quinta e até de dimensões mais elevadas.

Assim que volta para Planolândia, Quadrado tenta divulgar os conhecimentos que obteve na terceira dimensão, mas ninguém quer ouvi-lo. Pior do que isso, as autoridades decidem puni-lo por tal blasfêmia. Na verdade, os líderes de Planolândia já sabem da existência de Esfera, então prendem Quadrado para manter a terceira dimensão em segredo. A história tem um fim trágico, com Quadrado preso por ter contado a verdade. Então, como esse episódio inédito de *Futurama* homenageará *Planolândia*? Quando os carros do Professor Farnsworth e de Leela batem em "2-D", o impacto frontal transforma-os em versões planas de si mesmos que deslizam em um cenário plano povoado por animais, plantas e nuvens planas.

A animação adere completamente às regras de um mundo bidimensional, o que quer dizer que nenhum objeto pode passar por outro sem contorná-lo. Entretanto, quando assisti a uma sequência bidimensional inacabada de "2-D" com o editor Paul Calder, ele observou que as extremidades fofinhas de uma nuvem se sobrepõem levemente às extremidades fofinhas de outra nuvem. Sobreposições são proibidas em um mundo bidimensional, então isso precisaria ser consertado antes de o episódio ser transmitido.

À medida que tentam compreender as implicações desse novo mundo, Leela e o professor gradualmente percebem que seus tubos digestivos desapareceram quando eles foram esmagados de três dimensões para duas. Essa é uma parte necessária do processo de transformação, pois um tubo digestivo em duas dimensões é uma receita para o desastre. Para entender o problema, imagine o professor como uma imagem recortada virada para a direita. Em seguida, desenhe uma linha da boca dele até o traseiro para representar o aparelho digestivo. Por fim, faça um corte ao longo dessa linha e separe as duas do corpo do professor; em três dimensões, o aparelho digestivo é um túnel, mas em duas ele não passa de uma lacuna. Agora você pode ver o problema. Com um sistema digestivo, o corpo do professor se separaria em duas dimensões. É claro que o mesmo se aplica a Leela.

No entanto, sem um aparelho digestivo, o professor e Leela ficam impossibilitados de comer. As outras criaturas desse mundo bidimensional sobrevivem porque de alguma forma absorvem os nutrientes em vez de comerem e excretarem, mas o professor e Leela ainda não dominaram esse truque.

Para resumir, para o professor e para Leela, o aparelho digestivo é um caso de "não consigo viver com ele nem consigo viver sem ele". Dessa forma, eles precisam sair do universo bidimensional antes de morrerem de fome. Por sorte, os autores vêm em seu socorro. Cohen explicou: "O professor e Leela se dão conta de uma coisa. Eles podem usar a deriva dimensional para sair da segunda dimensão e passar para a terceira. Temos uma sequência incrível, pois eles voam por uma imensa paisagem fractal que representa a área entre a segunda e a terceira dimensões. É uma bela cena de computação gráfica."

A paisagem *fractal* é particularmente apropriada, pois os fractais de fato exibem uma *dimensionalidade fracionária*. A paisagem fractal aparece na jornada entre o mundo bidimensional e o tridimensional, e é exatamente aqui que podemos esperar encontrar uma dimensão fracionária.

Se você quiser saber mais sobre fractais, dê uma olhada no apêndice 4, onde há um breve resumo sobre o tópico, concentrado principalmente em como um objeto pode ter dimensões fracionárias.

• • • •

A fita de Möbius que aparece em "2-D" está relacionada a um conceito matemático que aparece em "Uma lição para os filhos" (2002). Este episódio tem uma trama secundária em que Bender se transforma em uma cervejaria caseira. Ele tem essa ideia depois que visita uma loja de conveniência 7-Eleven com os colegas da Planet Express para comprar bebida alcoólica. A loja vende a cerveja Olde Fortran, uma referência a FORTRAN (FORmula TRANslation), uma linguagem de programação desenvolvida nos anos 1950. As prateleiras também contêm a St. Pauli's Exclusion Principle Girl, que combina o nome de uma cerveja que realmente existe (St. Pauli Girl) com uma das fundações da física quântica (o princípio da exclusão de Pauli). A mais interessante é uma terceira cerveja chamada Klein's, vendida em um frasco estranho. Os aficionados por formas geométricas incomuns reconhecerão a *garrafa de Klein*, que apresenta uma forte relação com a fita de Möbius.

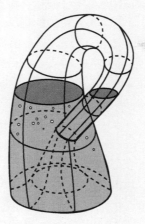

A cerveja se chama Klein's em homenagem a Felix Klein, um dos maiores matemáticos alemães do século XIX. Seu destino pode ter sido selado no momento em que ele nasceu, pois cada elemento da sua data de nascimento, 25 de abril de 1849, é o quadrado de um número primo:

| Abril | 25 | 1849 |
|-------|-----|-------|
| 4 | 25 | 1.849 |
| $2^2$ | $5^2$ | $43^2$ |

As pesquisas de Klein englobavam várias áreas, mas ele é mais famoso pela chamada garrafa de Klein. Como acontece com a fita de Möbius, será mais fácil entender a forma e a estrutura da garrafa de Klein se você construir a sua própria. Você precisará de:

(a)  uma folha de borracha,
(b)  fita adesiva,
(c)  uma quarta dimensão.

Se, como eu, você não tem acesso a uma quarta dimensão, então pode imaginar como poderíamos, teoricamente, construir uma pseudogarrafa de Klein em três dimensões. Primeiro, imagine enrolar uma folha de borracha em um cilindro e colá-la na direção do seu comprimento, como visto no diagrama a seguir. Depois, marque as duas pontas do cilindro com setas em direções opostas. Em seguida, e essa é a parte difícil, você deve torcer o cilindro de forma a poder conectar as duas pontas com as setas apontando para a mesma direção.

É aqui que a quarta dimensão seria muito útil, mas, em vez disso, você terá que improvisar. Conforme mostrado nos dois diagramas do meio, dobre o cilindro em direção a ele mesmo, e então se imagine puxando uma ponta do cilindro através da parede do mesmo cilindro e para cima no interior dele. Finalmente, depois dessa etapa de autoinserção, dobre as extremidades da ponta do cilindro que penetrou a parede para baixo, como mostra o quarto diagrama, para poder conectar suas duas pontas. Crucialmente, com esta conexão, as setas em cada ponta do cilindro passam a apontar para a mesma direção.

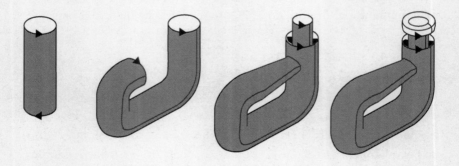

Tanto esta garrafa de Klein quanto a garrafa de cerveja de Klein de *Futurama* contêm uma autoinserção, pois existem em três dimensões. Por outro lado, uma garrafa de Klein em quatro dimensões evitaria a necessidade da autoinserção. Para explicar como uma dimensão extra pode evitar a autoinserção, consideremos uma situação semelhante com menos dimensões.

Imagine um desenho em forma de oito feito com uma caneta em um papel. Inevitavelmente, a linha feita com a tinta se cruza no centro do

8, da mesma forma que há uma interseção do cilindro consigo mesmo no centro da garrafa de Klein. A interseção de tinta ocorre porque a linha está restrita a uma superfície bidimensional. Esse problema, porém, pode ser eliminado com a adição de uma terceira dimensão e a criação do desenho em forma de oito em um pedaço de corda. Um segmento da corda pode ser puxado para a terceira dimensão ao se sobrepor ao outro segmento, de forma que não há necessidade de uma interseção da corda consigo mesma. Analogamente, se o cilindro feito de folha de borracha pudesse ser puxado para a quarta dimensão, seria possível criar a garrafa de Klein sem uma autoinserção.

Outra forma de pensar por que a garrafa de Klein sofre uma interseção consigo mesma em três dimensões, mas não em quatro, é comparar a visão que temos de um moinho de vento em três dimensões à que temos do mesmo moinho de vento em duas. Em três dimensões, podemos ver que as pás giram à frente da torre vertical. Por outro lado, a situação muda se observarmos a sombra do moinho de vento projetada na grama. Nessa representação bidimensional, as pás parecem cortar a torre repetidamente. Há uma interseção entre as pás e a torre na projeção bidimensional, mas não no mundo tridimensional.

A arquitetura de uma garrafa de Klein obviamente é diferente da de uma garrafa comum, o que leva a uma propriedade notável. Isso fica claro se imaginarmos um ponto viajando sobre a superfície da garrafa de Klein exibida a seguir. Em particular, imagine o ponto seguindo a direção da seta preta, posicionada na superfície externa da garrafa de Klein.

A seta sobe, depois contorna o exterior do gargalo e desce até o ponto de interseção, onde sua ponta torna-se cinza. Isso indica que a seta entrou no interior da garrafa. À medida que ela avança, logo chega ao ponto de partida, com a diferença de que agora está no interior da garrafa. Se a seta der continuidade à sua jornada para cima em direção ao gargalo e descer outra vez até a base, ela voltará à superfície externa, e no final estará novamente no ponto de partida. Como a seta pode viajar tranquilamente entre as superfícies interna e externa da garrafa de Klein, isso indica que as duas superfícies na verdade fazem parte da mesma superfície.

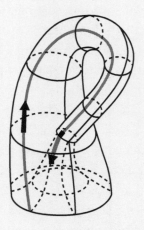

É claro que, sem uma parte interna e uma parte externa bem definidas, a garrafa de Klein foge aos principais critérios requeridos para uma garrafa funcional. Afinal de contas, como é possível colocar cerveja *dentro* da garrafa de Klein quando *dentro* é a mesma coisa que *fora*?

Na verdade, Klein não chamou sua criação de garrafa. Ela originalmente se chamava *Kleinsche Fläche*, ou "superfície de Klein", o que é apropriado, já que ela consiste em uma única superfície. Entretanto, os matemáticos, cujo idioma principal era o inglês, provavelmente confundiram *Kleinsche Fläche* com *Kleinsche Flasche*, ou "garrafa de Klein", e o nome ficou.

Por fim, voltando ao ponto levantado anteriormente, a garrafa de Klein e a fita de Möbius apresentam uma relação íntima. A conexão mais óbvia é que tanto a fita quanto a garrafa compartilham a curiosa propriedade de terem apenas uma superfície. Uma segunda relação, esta menos óbvia, é que uma garrafa de Klein cortada em duas metades cria duas fitas de Möbius.

Infelizmente, você não pode experimentar esse truque, pois só é possível cortar uma garrafa de Klein se você tiver acesso à quarta dimensão. Entretanto, você pode cortar uma fita de Möbius. Na verdade, eu sugeriria cortar uma fita de Möbius na direção do seu comprimento para descobrir o que acontece.

Por fim, se você ficou viciado em cortar fitas, aí vai mais uma sugestão para um novo hobby na cirurgia geométrica. Primeiro, crie uma fita com uma volta completa de 360° (e não a meia-volta da fita de Möbius). O que acontece quando essa fita é cortada na direção do seu comprimento? É preciso ter uma mente distorcida para prever o resultado dessa operação.

# 17
# O TEOREMA DE *FUTURAMA*

• • • •

Por causa de suas eventuais travessuras de delinquente geriátrico, é fácil esquecer que o Professor Hubert J. Farnsworth é um gênio da matemática. Aliás, no filme *Futurama: A besta de um bilhão de traseiros* (2008), tomamos conhecimento de que o Professor Farnsworth ganhou uma Medalha Fields, a mais importante homenagem da matemática. Ela costuma ser chamada de Prêmio Nobel da Matemática, mas podemos argumentar que o título de medalhista da Fields tem mais prestígio do que o de ganhador do Prêmio Nobel, pois essa medalha só é concedida a cada quatro anos.

O professor regularmente discute suas ideias matemáticas em um curso chamado "The Mathematics of Quantum Neutrino Fields"* na Universidade de Marte, onde é um professor efetivo. Uma posição efetiva é essencialmente um emprego para a vida inteira, o que significa que o professor precisa evitar o risco de uma estagnação mental induzida pela titularidade. Esse fenômeno é bastante conhecido nos círculos acadêmicos, e o problema foi destacado pelo filósofo americano Daniel C. Dennett em seu livro *Consciousness Explained*: "A ascídia jovem vaga pelo mar à procura de uma rocha ou um coral a que possa aderir, encontrando uma casa para a vida toda. Para essa tarefa, ela possui um

---

* Algo como "A matemática da teoria quântica dos campos de neutrinos". Na versão em português, o título da disciplina foi traduzido como "A matemática na área de canto e violino". (*N. da T.*)

sistema nervoso rudimentar. Quando encontra um ponto onde possa se enraizar, não precisa mais do seu cérebro, então o come! (É como ser efetivado.)"

Em vez de estagnar, Farnsworth usou sua posição efetiva para se aventurar em outras áreas de pesquisa. Assim, além de ser um matemático, ele também é um inventor. Na verdade, o nome escolhido por Groening e Cohen para o professor não é coincidência, pois é uma homenagem a Philo T. Farnsworth (1906-1971), um prolífico inventor americano que registrou mais de cem patentes nos Estados Unidos, que iam de tecnologia para televisão a um minidispositivo de fusão nuclear.

Uma das invenções mais antigas do professor é o Legômetro, que analisa precisamente o quão legal uma pessoa é por meio da medida, dada em unidades, dos *megafonzies*. Um fonzie é uma unidade de medida que representa o quanto uma pessoa é legal relacionada a Arthur Fonzarelli, o principal personagem da série da década de 1970 *Dias felizes*. Ao escolher uma nomenclatura com base em um personagem icônico, Farnsworth usava o mesmo padrão usado na criação do *mili-helena*, uma unidade de medida irônica da beleza baseada na famosa referência feita a Helena de Troia por Christopher Marlowe em *A trágica história do Doutor Fausto:* "Foi esse o rosto que lançou ao mar mil navios? / E queimou as torres imensas de Ílium?" Assim, a mili-helena é tecnicamente definida como "uma unidade de medida de beleza, correspondendo à quantidade de beleza necessária para lançar um navio".

De um ponto de vista matemático, a invenção mais interessante do professor é o Trocador de Mentes, que aparece em "O prisioneiro de Benda" (2010). Como o nome sugere, essa máquina pega dois seres conscientes e troca suas mentes, permitindo-lhes habitarem os corpos um do outro. A matemática não se encontra na troca das mentes em si, mas é necessária para ajudar a resolver a bagunça causada pelo malabarismo mental. Antes de discutir a natureza dessa aritmética mental, exploremos o episódio com detalhes a fim de entender exatamente como funciona o Trocador de Mentes.

"O prisioneiro de Benda" começa com uma legenda de abertura que diz "O que acontece no Cygnus X-1 fica no Cygnus X-1", uma referência à famosa máxima "O que acontece em Vegas fica em Vegas". No caso do Cygnus X-1, isso é literalmente verdade, pois este é o nome de um buraco negro da constelação Cygnus, e o que quer que aconteça em um buraco negro está condenado a permanecer para sempre no buraco negro. Os autores provavelmente escolheram o Cygnus X-1 porque ele é considerado um buraco negro glamouroso, graças ao fato de ter sido o objeto de uma famosa aposta. O matemático e cosmologista Stephen Hawking a princípio duvidou que o objeto em questão realmente fosse um buraco negro, então fez uma aposta com o colega Kip Thorne. Quando observações criteriosas provaram que ele estava errado, Hawking teve que comprar para Thorne uma assinatura de um ano da revista *Penthouse*.

O título do episódio é um trocadilho com o romance vitoriano *O prisioneiro de Zenda*, de Anthony Hope, em que o rei Rodolfo da Ruritânia (um país fictício) é drogado e sequestrado por seu irmão maléfico antes de ser coroado. Para evitar que a coroa caia nas mãos erradas, o primo inglês de Rodolfo explora a semelhança física existente entre ele e o rei e adota sua identidade. Para resumir, a trama de *O prisioneiro de Zenda* gira em torno da possibilidade de alguém assumir uma nova identidade, o que é também o tema central de "O prisioneiro de Benda".

As trocas de identidade começam quando o Professor Farnsworth usa o Trocador de Mentes para trocar de identidade com Amy a fim de poder experimentar a alegria de voltar a ser jovem no corpo dela. Amy também está animada para fazer a troca, pois agora pode comer o que quiser, já que o corpo franzino do professor pode muito bem ganhar algum peso.

A trama fica mais complicada quando Bender e Amy trocam as mentes. É claro que, antes da troca, o corpo de Amy está com a mente do professor, então o resultado da troca é que o corpo de Bender passa a conter a mente do professor, e o de Amy passa a conter a mente de

Bender. Isso permite que ele cometa um roubo seduzindo os guardas, com o bônus de que ele não pode ser corretamente identificado. Enquanto isso, o professor escapa para se juntar ao Circo Robótico. A situação fica mais confusa depois de uma orgia de trocas. A seguir está a sequência completa de trocas que ocorrem durante o episódio. Cada par de nomes se refere aos corpos envolvidos na troca de mentes, e não necessariamente às mentes dentro dos corpos em particular no momento da troca.

| 1 | Professor Farnsworth ↔ Amy |
| 2 | Amy ↔ Bender |
| 3 | Professor Farnsworth ↔ Leela |
| 4 | Amy ↔ Balde* |
| 5 | Fry ↔ Zoidberg |
| 6 | Leela ↔ Hermes |
| 7 | Balde ↔ Imperador Nikolai** |

Embora sejam feitas apenas sete trocas no total, as consequências desse malabarismo mental são muito confusas. Uma forma de não se perder é desenhar um *diagrama de Seeley*, inventado pelo dr. Alex Seeley, um fã de *Futurama* que vive em Londres. Uma rápida olhada no diagrama revela que as sete trocas de mentes eventualmente levam a mente de Leela ao corpo do professor, a mente de Hermes ao corpo de Leela, e assim por diante.

---

* Balde robótico usado na limpeza que apareceu em quatro episódios.
** O Imperador Nikolai é o imperador robô da Robô-Hungria.

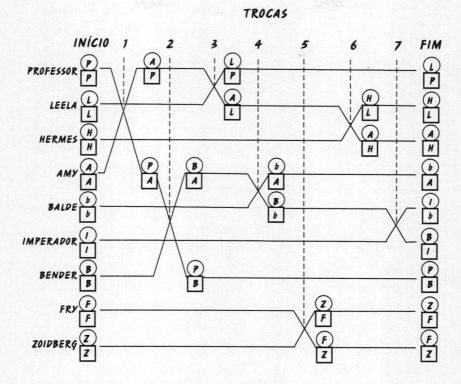

O diagrama de Seeley identifica as inúmeras trocas de mentes. Os círculos representam as mentes, os quadrados representam os corpos, e as letras dentro deles representam os vários indivíduos. No início, as nove combinações mente-corpo estão corretas, porque todos começam com a mente certa no seu corpo. As mentes, então, passam para corpos diferentes após cada troca. Por exemplo, depois da primeira troca, o corpo do professor, [P], é associado à mente de Amy, (A), e vice-versa. Os corpos sempre ficam na mesma linha horizontal, enquanto as mentes movimentam-se para cima e para baixo à medida que são trocadas.

Quando nos aproximamos do fim do episódio, todos ficam entediados com as trocas e querem retornar a seus corpos originais. Contudo, há um problema devido a uma restrição do Trocador de Mentes: depois que dois corpos trocam as mentes, o Trocador de Mentes não pode executar uma segunda troca entre o mesmo par de corpos. Assim, ninguém sabe se as mentes podem retornar aos seus próprios corpos.

A restrição do Trocador de Mentes foi inserida no episódio pelos autores para tornar a trama mais interessante. Entretanto, alguém depois precisou encontrar uma forma de superar essa barreira para que o episódio tivesse um final feliz, e a responsabilidade coube a Ken Keeler, o principal autor do episódio. Ele percebeu que uma forma de solucionar o impasse seria introduzir novos personagens no cenário, personagens que pudessem servir de vias indiretas para que as mentes do professor e de todos os outros pudessem voltar aos corpos corretos. Entretanto, em vez de resolver o problema em particular de "O prisioneiro de Benda", Keeler tentou encontrar uma solução para o problema mais geral: quantas novas pessoas precisam ser introduzidas em um grupo de qualquer tamanho para permitir a solução de qualquer confusão concebível gerada pela possibilidade de troca de identidades?

Quando começou a explorar o problema, Keeler teve um palpite para qual poderia ser a doença. Será que o número de novas pessoas a serem introduzidas dependeria do tamanho do grupo envolvido? Se assim fosse, talvez o número de novas pessoas fosse diretamente proporcional ao tamanho do grupo, ou talvez crescesse exponencialmente de forma proporcional ao tamanho do grupo. Ou talvez houvesse um número mágico de novas pessoas para resolver qualquer confusão causada pela troca de identidades dentro de um grupo.

Encontrar a resposta foi um grande desafio, até mesmo para alguém com um Ph.D. em Matemática Aplicada. A situação fez Keeler se lembrar dos problemas mais difíceis com que se deparou na universidade. Após um longo período de concentração e esforço mental, Keeler encontrou uma prova definitiva que gerou um resultado irrefutável. No final das contas, a resposta era simples. Keeler concluiu que bastava introduzir duas novas pessoas para solucionar um caos de qualquer magnitude gerado pela troca de mentes, contanto que as duas pessoas fossem empregadas da forma certa. A prova de Keeler, que é bastante técnica, passou a ser conhecida como o *teorema de* Futurama ou *teorema de Keeler*.

A prova é apresentada em "O prisioneiro de Benda" por "Sweet" Clyde Dixon e Ethan "Bubblegum" Tate, dois jogadores de basquete do Globetrotter Homeworld que também são famosos por seus talentos matemáticos e científicos (ver imagem 8 do encarte). Aliás, Bubblegum Tate é professor de Física da Universidade Globetrotter e de Física Aplicada na Universidade de Marte. Esses personagens aparecem em vários episódios de *Futurama*, e regularmente demonstram seus conhecimentos matemáticos. Por exemplo, em "O grande golpe de Bender", Bubblegum Tate ajuda Sweet Clyde a resolver uma equação da viagem no tempo: "Use a variação de parâmetros e expanda a Wronskiana."*

Quando "O prisioneiro de Benda" chega ao clímax, Sweet Clyde declara: "Q para E para D!... Não importa quantas vezes suas mentes foram trocadas, elas podem ser restauradas usando no máximo mais dois jogadores." Sweet Clyde apresenta um resumo da prova em um quadro.

A melhor maneira de entender a prova, expressa em notação técnica, é se concentrar em como ela é aplicada para ajudar os personagens a resolverem seu problema em "O prisioneiro de Benda". A prova essencialmente descreve uma estratégia inteligente de reordenação, que começa com a observação de que os indivíduos que tiveram suas mentes trocadas podem ser colocados em grupos bem definidos; no caso de "O prisioneiro de Benda", há dois grupos. Um exame meticuloso do diagrama de trocas de mentes de Seeley revela que o primeiro grupo é composto por Fry e Zoidberg. Isso fica claro a partir das primeiras duas linhas de baixo, que revelam que a mente de Fry acaba no corpo de Zoidberg, enquanto a de Zoidberg acaba no de Fry. Isso é considerado um conjunto porque podemos ver que há uma mente para cada corpo, e o único problema é que as mentes foram trocadas entre os corpos.

---

\* Wronskiana é uma função aplicada no estudo de equações diferenciais que leva o nome do matemático franco-polonês do século XIX Józef Maria Hoene-Wroński.

O outro grupo é composto por todos os outros personagens. O diagrama de Seeley mostra que a mente do professor está no corpo de Bender, e a de Bender está no corpo do Imperador, a do Imperador está no corpo do Balde, a do Balde está no corpo de Amy, a de Amy está no corpo de Hermes, a de Hermes está no corpo de Leela, e, finalmente, a mente de Leela está no corpo do professor, o que encerra o grupo onde ele começou. Mais uma vez, isso é considerado um grupo porque há uma mente para cada corpo, mas as mentes estão trocadas entre os corpos.

Depois de identificar os grupos, Keeler acrescentou mais duas pessoas à confusão, Bubblegum Tate e Sweet Clyde, que então desfazem as trocas nos dois grupos, um de cada vez. Para ver isso em ação, comecemos pelo primeiro grupo.

O diagrama de Seeley a seguir mostra exatamente o que acontece no episódio. Podemos ver que a fase de destrocas começa com uma troca de mentes entre Sweet Clyde e Fry (que está com a mente de Zoidberg), e depois Bubblegum Tate troca de mente com Zoidberg (que está com a mente de Fry). Com mais duas trocas, a mente de Fry retorna ao seu próprio corpo e a de Zoidberg retorna ao seu.

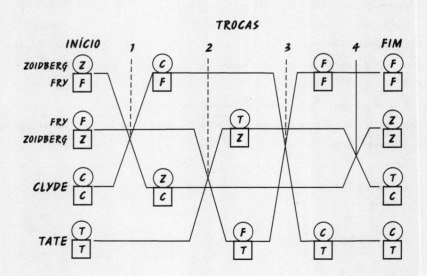

Sweet Clyde e Bubblegum Tate ainda estão com as mentes trocadas, e o próximo passo óbvio seria colocar suas mentes de volta nos corpos certos com mais uma troca — isso é permitido, pois eles não trocaram de mentes entre si. No entanto, essa seria uma troca prematura. Os gênios da matemática e do basquete foram introduzidos como novas pessoas para possibilitar as destrocas, e seu trabalho ainda não está completo. Então, devem continuar com as mentes trocadas até desfazerem as trocas do segundo grupo.

O próximo diagrama de Seeley mostra as nove trocas que ocorrem para que as mentes do segundo grupo voltem aos respectivos corpos. Não precisamos analisar o diagrama de Seeley troca por troca, mas o padrão geral mostra como a adição de Sweet Clyde e Bubblegum Tate cria o espaço necessário para a solução da situação. Eles são envolvidos em cada troca de mentes, o que explica por que a quarta parte inferior do diagrama parece tão mais movimentada do que a região acima dela. Sweet Clyde e Bubblegum Tate atuam como meios de transporte temporários para as mentes em busca do lar certo. Assim que recebem uma mente, trocam-na de forma a devolvê-la ao corpo apropriado. Seja qual for a mente que recebam, eles imediatamente a passam para o corpo certo na troca seguinte, e assim por diante.

Embora Keeler tenha feito um excelente trabalho resolvendo o problema das mentes trocadas e desenvolvendo o teorema de *Futurama*, é importante observar que ele ou deixou um truque passar despercebido, ou o ignorou para tornar o final de "O prisioneiro de Benda" mais interessante. O truque em questão é um possível atalho. Lembre-se de que, para resolver qualquer situação de trocas, é necessário introduzir dois novos personagens. Porém, no cenário que examinamos, um dos grupos que precisa ter as mentes destrocadas inclui apenas dois personagens (a mente de Fry no corpo de Zoidberg e a mente de Zoidberg no corpo de Fry). Portanto, eles poderiam ter atuado como as duas novas pessoas necessárias para desfazer as trocas do grupo maior. Isso é possível porque Fry e Zoidberg não haviam trocado de mente com ninguém desse grupo.

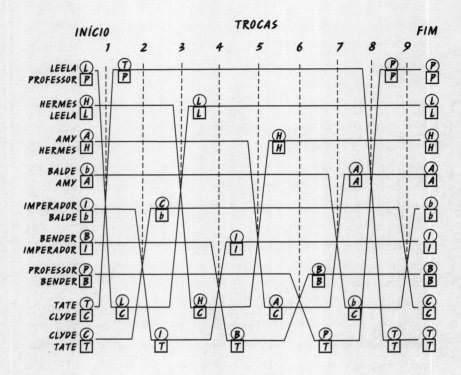

O processo de destrocas em duas etapas exibido no episódio precisou de quatro trocas seguidas por mais nove, o que dá um total de treze trocas. Por outro lado, se o atalho houvesse sido usado, todas as mentes poderiam ter sido devolvidas aos respectivos corpos em um total de apenas nove trocas.

O uso de um grupo preexistente para a obtenção de duas novas pessoas necessárias para as destrocas de outro grupo foi explorado pela primeira vez por James Grime, um matemático de Cambridge, Inglaterra. Por isso, alguns chamam o truque de *corolário de Grime*, um enunciado matemático proveniente do teorema de *Futurama*.

O trabalho de Keeler também inspirou um artigo de pesquisa sobre o tópico da troca de mentes a ser publicado na *American Mathematical Monthly*. De autoria de Ron Evans, Lihua Huang e Tuan Nguyen, da

Universidade da Califórnia, San Diego, o artigo ganhou o título de "Keeler's Theorem and Products of Distinct Transpositions" [O Teorema de Keeler e os Produtos de Transposições Distintas], e investiga como solucionar qualquer situação de trocas de mentes da forma mais eficiente.

Keeler, por sua vez, decidiu não publicar a própria pesquisa sobre trocas de mentes. Ele a descreve modestamente como um exemplar muito simples de matemática, e se mostra relutante a discutir a prova. Keeler me disse que sua descrição mais detalhada do teorema de *Futurama* foi incluída em um roteiro falso que ele distribuiu entre os colegas: "Quando um autor entrega seu esboço de um roteiro, o primeiro passo do processo de revisão é que os escritores recebem cópias e têm cerca de meia hora para lê-las. Para fazer uma pegadinha, comecei um roteiro com uma cena completamente cômica de Sweet Clyde explicando seu teorema ao professor em detalhes técnicos. Muitos dos escritores tentaram digeri-lo, os olhos vidrados, antes de descobrirem que o verdadeiro roteiro começava na página 4."

O trote de Keeler reforça a observação de que o verdadeiro roteiro de "O prisioneiro de Benda" é baseado em uma matemática genuinamente interessante e inovadora. Em muitos aspectos, o episódio é o auge de todas as referências matemáticas que já foram incluídas tanto em *Os Simpsons* quanto em *Futurama*. Mike Reiss e Al Jean começaram introduzindo piadas matemáticas em quadros congelados na primeira temporada de *Os Simpsons*, e, duas décadas depois, Ken Keeler criou um teorema inteiramente novo para ajudar a equipe da Planet Express. Na verdade, Keeler pode assumir o crédito de ter sido o primeiro autor da história da televisão a ter criado um novo teorema matemático apenas para uma série.

# EXAME V

NÍVEL DE PH.D.

**PIADA 1**   P: O que é roxo e comuta?   *1 ponto*
R: Uma uva abeliana.

[Grupo, em inglês, é "group", aqui é feito um trocadilho com "grape" [uva].]

**PIADA 2**   P: O que tem cor de lavanda e comuta?
R: Uma semiuva abeliana.

**PIADA 3**   P: O que é nutritivo e comuta?   *1 ponto*
R: Uma sopa abeliana.

[As piadas 2 e 3 seguem a mesma lógica da primeira, com a observação de que na 2 o trocadilho continua sendo entre "group" e "grape", enquanto na 3 o trocadilho é entre "group" e "soup" [sopa], que têm pronúncias parecidas.]

**PIADA 4**   P: O que é roxo, comuta e é adorado por um número limitado de pessoas?   *1 ponto*
R: Uma uva abeliana finitamente venerada.

**PIADA 5**   P: O que é roxo, perigoso e comuta?   *1 ponto*
R: Uma uva abeliana com uma metralhadora.

**PIADA 6**   P: O que é grande, cinza e prova que os números decimais são incontáveis?   *2 pontos*
R: O elefante da diagonalização de Cantor.

**PIADA 7**   P: Qual é a música mais longa do mundo?   *2 pontos*
R: "$\aleph_0$ Bottles of Beer on the Wall."

[Já vimos no capítulo 15 o que representa o símbolo $\aleph_0$. "99 Bottles of Beer on the Wall" [99 Garrafas de Cerveja na Parede] é uma música popular dos Estados Unidos.]

**PIADA 8**   P: O que o "B." em Benoit B. Mandelbrot   *4 pontos*
quer dizer?
R: Benoit B. Mandelbrot.

**PIADA 9**   P: Como chamamos uma ovelha jovem de   *1 ponto*
valor próprio?
A: Um carneiro, duh!

<small>[No original, a resposta é "A lamb, duh." Juntando "lamb" [carneiro] com "duh", temos a pronúncia de lambda.]</small>

**PIADA 10**   Um dia, o diretor de uma fábrica real de   *4 pontos*
cota de malha recebeu um pedido de uma
amostra que poderia lhe render um enorme pedido
de túnicas e leggings de cota de malha.

Embora a amostra de túnica tenha sido aceita, disseram-lhe que as leggings eram compridas demais. Ele enviou uma nova amostra, e desta vez as leggings foram melhores, mas continuavam compridas.

O diretor chamou a matemática e pediu ajuda. Ele confeccionou outro par de leggings de cota de malha de acordo com as instruções dela, e desta vez as amostras foram consideradas perfeitas.

O diretor perguntou à matemática como ela havia calculado as medidas, e ela respondeu: "Eu simplesmente usei o teste da bainha da convergência uniforme das calças de arame."

<small>[Aqui, o trocadilho encontra-se na resposta original da matemática, "I just used the wire-trousers hem test of uniform convergence" e "Weierstrass M-test of uniform convergence" [Teste M de Weierstrass de convergência uniforme].]</small>

**PIADA 11**  Um número infinito de matemáticos entra  *2 pontos*
em um bar. O garçom pergunta: "O que
os senhores vão querer?" O primeiro matemático
diz "Vou querer metade de uma cerveja." O segundo
matemático diz: "Vou querer um quarto de uma
cerveja." O terceiro matemático diz: "Vou querer um
oitavo de uma cerveja." O quarto matemático diz:
"Vou querer um 16 avos..." O garçom interrompe os
matemáticos, serve uma única cerveja e responde:
"Lembrem-se dos seus limites."

**TOTAL: 20 PONTOS**

# EπLOGO

• • • •

*Futurama* recebeu muitas honras ao longo dos anos, incluindo seis Emmys. Isso em parte explica por que o *Guinness Book of World Records* o reconheceu como a Série Animada Atualmente Mais Aclamada Pela Crítica.

*Os Simpsons*, por sua vez, ganhou mais de duas dúzias de Emmys e se tornou a série com roteiro para a televisão mais duradoura da história. Na retrospectiva da revista *Time* do século XX, *Os Simpsons* foi eleita a melhor série de TV, e Bart Simpson foi considerado uma das cem pessoas mais importantes do mundo. Ele foi o único personagem fictício a ser incluído na lista. Bart e sua família também fizeram história em 2009, quando se tornaram os primeiros personagens da TV ainda no ar a terem selos do Serviço Postal dos Estados Unidos. Matt Groening anunciou orgulhosamente: "Esta é a maior e mais adesiva honra já recebida por *Os Simpsons*."

Contudo, além desse muito merecido reconhecimento público, a série também ganhou o apreço e o respeito silenciosos da comunidade nerd. Para nós, as maiores realizações de *Os Simpsons* e de *Futurama* foram as homenagens e declarações de amor feitas à matemática. As duas séries enriqueceram o sistema geek. Seria fácil para aqueles que não são nerds menosprezarem as brincadeiras matemáticas de *Os Simpsons* e de *Futurama* como superficiais e frívolas, mas isso seria um insulto ao talento e à dedicação das equipes de escritores mais matematicamente dotadas da história da televisão. Eles nunca hesitaram em divulgar tudo da matemática, do último teorema de Fermat ao próprio teorema de *Futurama*.

Como sociedade, adoramos, com razão, nossos grandes músicos e romancistas, mas raramente ouvimos qualquer menção ao humilde matemático. Está claro que a matemática não é considerada parte da nossa cultura. Em vez disso, ela costuma ser temida, enquanto os matemáticos são ridicularizados. Apesar disso, os autores de *Os Simpsons* e de *Futurama* vêm inserindo ideias matemáticas complexas na televisão do horário nobre há quase um quarto de século.

Quando o meu último dia com os escritores em Los Angeles se aproximava, eu cheguei à conclusão de que eles tinham orgulho do seu legado matemático. Ao mesmo tempo, havia entre eles um sentimento de tristeza por não poderem ter dado continuidade às suas carreiras matemáticas. As oportunidades em Hollywood haviam-nos obrigado a deixar de lado quaisquer sonhos de provar grandes teoremas.

Quando levantei a possibilidade de arrependimento, David X. Cohen expressou reservas em relação ao seu abandono da pesquisa a favor da televisão: "Isso gera inseguranças dolorosas para nós, matemáticos, especialmente aqueles que deixaram carreiras na ciência e na matemática. Para mim, a principal forma de aplicar uma educação é descobrir algo novo. Na minha mente, a maneira mais notável de deixar sua marca no mundo é expandir a compreensão do homem sobre o mundo. Será que eu teria conseguido isso? É muito possível que não, então talvez eu tenha tomado uma decisão inteligente."

Quanto a Ken Keeler, ele olha para trás, para o tempo que passou como matemático, como parte do progresso que o levou a se tornar um escritor de comédia: "Tudo que nos acontece tem algum efeito sobre nós, e suponho que o tempo que passei na faculdade me tornou um escritor melhor. Posso afirmar com certeza que não me arrependo. Por exemplo, escolhi 1.729 para o número de série de Bender porque ele é um número relevante na matemática, e acho que essa mera referência justifica completamente meu doutorado. Por outro lado, não sei se o meu orientador pensa o mesmo."

APÊNDICE I

# A ABORDAGEM SABERMÉTRICA NO FUTEBOL

• • • •

Billy Beane começou a pensar em uma abordagem sabermétrica para o futebol logo depois que os proprietários do Oakland A demonstraram interesse em comprar um time da Major League Soccer. Desde então, ele passou a ser associado a times ingleses de futebol, incluindo o Liverpool, o Arsenal e o Tottenham Hotspur.

Entretanto, antes do envolvimento de Beane, outras pessoas já adotavam uma abordagem matemática em relação ao futebol. Particularmente, pesquisas rigorosas têm sido feitas sobre o impacto da punição de jogadores com o cartão vermelho. Essa questão provavelmente despertaria o interesse de Lisa Simpson, que recebeu um cartão vermelho do pai em um jogo de futebol em "Marge na Internet" (2007).

Três professores holandeses — G. Ridder, J. S. Cramer e P. Hopstaken — escreveram um artigo intitulado "Down to Ten: Estimating the Effect of a Red Card in Soccer" [Até Dez: Estimando o Efeito de um Cartão Vermelho no Futebol] e publicado pelo *Journal of the American Statistical Association* em 1994. No artigo, os autores propuseram "um modelo para o efeito do cartão vermelho que leva em conta as diferenças iniciais nos pontos fortes dos times e a variação da intensidade da pontuação durante a partida. Mais especificamente, propomos um modelo tempo-heterogêneo de Poisson com um efeito específico para a partida em relação a cada lado. Estimamos o efeito diferencial do cartão vermelho por meio de uma estimativa por máxima verossimilhança que é independente dos efeitos específicos da partida".

Os autores argumentaram que um zagueiro que comete uma falta deliberada sobre um atacante com chance de fazer um gol fora da grande área fará uma contribuição positiva para o time ao não permitir que ele sofra um gol, mas também causará um impacto negativo, já que precisará deixar o jogo e não poderá concluir a partida. Se o incidente ocorrer no último minuto de um jogo, a contribuição positiva pesa mais do que o efeito negativo, já que o jogador é expulso quando o jogo está prestes a acabar. Por outro lado, se o incidente ocorrer no primeiro minuto, o efeito negativo pesará mais do que a contribuição positiva, pois o time terá que jogar com dez jogadores durante quase o jogo inteiro. Os impactos gerais em situações extremas podem ser facilmente apreciados pelo senso comum, mas e se a oportunidade de evitar o gol com uma falta deliberada ocorrer no meio de um jogo? Vale a pena aproveitá-la?

O professor Ridder e seus colegas usaram uma abordagem matemática para determinar o ponto de corte na duração do jogo, que é o ponto em que ser expulso começa a valer a pena se a falta for cometida para impedir um gol.

Se presumirmos que os times apresentam as mesmas chances de vencer, e se o atacante se encontra em uma posição em que quase certamente marcará um gol, então vale a pena cometer a falta em qualquer momento após o 16º minuto de um jogo de 90 minutos. Se a chance de gol for de 60%, o zagueiro deve esperar até o 3º minuto do 2º tempo para derrubar o atacante. Porém, se a chance de gol for de apenas 30%, o zagueiro deve esperar até o 26º minuto do 2º tempo antes de jogar sujo. Essa não é a forma mais honrável de aplicar a matemática a um esporte, mas é útil.

APÊNDICE 2

# ENTENDENDO A EQUAÇÃO DE EULER

•••••

$$e^{i\pi} + 1 = 0$$

A equação de Euler é notável porque reúne cinco dos ingredientes fundamentais da matemática: 0, 1, π, e e i. Essa breve explicação é uma tentativa de lançar uma luz sobre o que significa elevar e a uma potência imaginária, com isso ajudando a mostrar por que a equação é verdadeira. Para isso, é necessário um conhecimento de tópicos moderadamente avançados, como funções trigonométricas, radianos e números imaginários.

Comecemos pela *série de Taylor*, que nos permite representar qualquer função como uma soma infinita de termos. Se você quiser saber um pouco mais sobre como a série de Taylor é construída, precisará fazer um dever de casa, pois para o nosso propósito a função $e^x$ pode ser representada da seguinte maneira:

$$e^x = 1 + \frac{x}{1!} + \frac{x^2}{2!} - \frac{x^3}{3!} + \frac{x^4}{4!} + \frac{x^5}{5!} + \ldots$$

Aqui, x pode representar qualquer valor, então podemos substituir x por ix, onde $i^2 = -1$. Por conseguinte, ficamos com a seguinte série:

$$e^{ix} = 1 + \frac{ix}{1!} - \frac{x^2}{2!} - \frac{ix^3}{3!} + \frac{ix^4}{4!} + \frac{ix^5}{5!} + \ldots$$

Em seguida, agrupamos os termos, separando os que contêm $i$ dos que não contêm:

$$e^{ix} = \left(1 - \frac{x^2}{2!} + \frac{x^4}{4!} - \ldots\right) + i\left(\frac{x}{1!} - \frac{x^3}{3!} + \frac{x^5}{5!} - \ldots\right)$$

Fazendo uma digressão que a princípio parece irrelevante, é possível encontrar duas séries de Taylor para representar as funções seno e cosseno, o que nos leva aos seguintes resultados:

$$\operatorname{sen} x = \frac{x}{1!} - \frac{x^3}{3!} + \frac{x^5}{5!} - \frac{x^7}{7!} + \ldots$$

$$\cos x = 1 - \frac{x^2}{2!} + \frac{x^4}{4!} - \frac{x^6}{6!} + \ldots$$

Portanto, podemos escrever $e^{ix}$ usando o seno de $x$ e o cosseno de $x$:

$$e^{ix} = \cos x + i \operatorname{sen} x$$

A identidade de Euler contém o termo $e^{i\pi}$, e agora estamos prontos para calculá-lo substituindo $x$ por $\pi$:

$$e^{i\pi} = \cos \pi + i \operatorname{sen} \pi$$

Nesse contexto, $\pi$ é uma medida angular em radianos, tal que 360° = $2\pi$ radianos. Portanto, $\cos \pi = -1$ e $\operatorname{sen} \pi = 0$. Isso significa que:

$$e^{i\pi} = -1$$

Consequentemente,

$$e^{i\pi} + 1 = 0$$

De acordo com o professor Keith Devlin, matemático britânico da Universidade de Stanford e autor do blog *Devlin's Angle*: "Como um soneto shakespeariano que captura a própria essência do amor, ou uma pintura que traz à tona a beleza da forma humana que vai muito além da pele, a equação de Euler alcança as profundezas da existência."

APÊNDICE 3

# A RECEITA DO DR. KEELER PARA A SOMA DOS NÚMEROS QUADRADOS

•••••

Em uma entrevista para a dra. Sarah Greenwald, da Appalachian State University, Ken Keeler contou o seguinte episódio sobre seu pai, Martin Keeler, que usava uma abordagem intuitiva para a matemática.

> Minha principal influência foi o meu pai, que era médico... Ele só fez Cálculo no primeiro ano, mas lembro que certa vez lhe perguntei qual era a soma dos primeiros $n$ números quadrados, e ele conseguiu produzir uma fórmula em questão de minutos: $n^3/3 + n^2/2 + n/6$,
>
> O que até hoje me surpreende é que ele não fez isso por meio de um argumento geométrico (a maneira pela qual costumamos encontrar a soma dos primeiros $n$ números inteiros) nem indutivo. Ele presumiu que a fórmula era uma equação cúbica polinomial com coeficientes desconhecidos, então encontrou os coeficientes resolvendo um sistema de quatro equações lineares geradas pelo cálculo das primeiras quatro somas dos números quadrados. (E ele resolveu tudo à mão, sem determinantes.) Quando lhe perguntei como ele sabia que a fórmula seria uma equação cúbica polinomial, ele respondeu: "O que mais seria?"

APÊNDICE 4

# FRACTAIS E DIMENSÕES FRACIONÁRIAS

·····

Geralmente, pensamos em fractais como padrões que consistem em padrões semelhantes entre si em todas as escalas. Em outras palavras, o padrão geral associado a um objeto é o mesmo quando ampliamos ou reduzimos o zoom. Como apontou o pai dos fractais, Benoit Mandelbrot, esses padrões semelhantes entre si são encontrados na natureza: "Uma couve-flor mostra como um objeto pode ser composto de várias partes, cada uma das quais é igual ao todo, mas menor. Muitas plantas são assim. Uma nuvem é composta por massas sobre massas sobre massas que parecem nuvens. À medida que você se aproxima de uma nuvem, não encontramos algo homogêneo, mas regularidades em uma escala menor."

Os fractais também podem ser identificados porque exibem dimensões fracionárias. Para entender o que quer dizer ter uma dimensionalidade fracionária, examinaremos um objeto em particular, o *triângulo de Sierpinski*, que é montado de acordo com a seguinte receita.

Primeiro, pegue um triângulo normal e recorte um triângulo central, o que resulta no primeiro dos quatro triângulos exibidos a seguir no primeiro diagrama. Essa forma contém três subtriângulos, e cada um teve um triângulo central removido, o que resulta no segundo dos quatro triângulos. Os triângulos centrais são removidos outra vez, resultando no terceiro esqueleto de triângulo. Se esse processo for repetido infinitamente, o resultado final será o quarto triângulo, que é um triângulo de Sierpinski.

Um modo de pensar na dimensionalidade é considerar como a área dos objetos muda quando seu comprimento é alterado. Por exemplo, se dobrarmos os comprimentos dos lados de um triângulo bidimensional normal, sua área será quadruplicada. Aliás, se dobrarmos os comprimentos de qualquer forma bidimensional normal, sua área será quadruplicada.

Porém, se dobrarmos os comprimentos do triângulo de Sierpinski acima para criarmos o triângulo de Sierpinski maior abaixo, sua área não será quadruplicada.

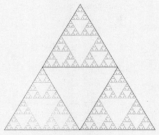

Se aumentarmos seus comprimentos em um fator de 2, a área do triângulo de Sierpinski aumentará em um fator de apenas 3 (e não 4), pois o triângulo maior pode ser construído a partir de apenas três versões do triângulo cinza pequeno original. Essa taxa de crescimento surpreendentemente baixa da área indica que o triângulo de Sierpinski não é bidimensional. Sem entrar nos detalhes matemáticos, o triângulo de Sierpinski tem 1.585 dimensões (ou, para ser exato, log 3/log 2 dimensões).

Uma dimensionalidade de 1.585 parece absurda, mas faz sentido se pensarmos no processo de construção que dá origem ao triângulo de Sierpinski. O processo começa com um triângulo sólido bidimensional com uma área óbvia. Mas se removemos repetidamente — um número infinito de vezes — os triângulos centrais dos subtriângulos criados a cada remoção, isso quer dizer que o triângulo de Sierpinski tem algo em comum com uma rede de fibras unidimensionais, ou até uma coleção de pontos zerodimensionais.

# APÊNDICE 5

# O TEOREMA DE KEELER

• • • •

A prova de "Sweet" Clyde Dixon para o teorema de Keeler (também conhecido como o teorema de *Futurama*) aparece no quadro em "O prisioneiro de Benda", como pode ser visto na imagem 8 do encarte. Segue-se uma transcrição dessa prova:

Em primeiro lugar, π é um tipo de $k$-ciclo em $[n] = \{1, ..., n\}$: SPG, escreva:

$$\pi = \begin{pmatrix} 1 & 2 & \cdots & k & k+1 & \cdots & n \\ 2 & 3 & \cdots & 1 & k+1 & \cdots & n \end{pmatrix}$$

$\langle a, b \rangle$ representa a transposição que troca os conteúdos de $a$ e $b$. Por hipótese, π é gerado por trocas DISTINTAS em $[n]$. Introduza dois "novos corpos" $\{x, y\}$ e escreva:

$$\pi = \begin{pmatrix} 1 & 2 & \cdots & k & k+1 & \cdots & n & x & y \\ 2 & 3 & \cdots & 1 & k+1 & \cdots & n & x & y \end{pmatrix}$$

Para qualquer $i = 1, ..., k$, σ é a série (L-para-R) de trocas

$$\sigma = (\langle x, 1 \rangle \langle x, 2 \rangle \cdots \langle x, i \rangle)(\langle y, i+1 \rangle \langle y, i+2 \rangle \cdots \langle y, k \rangle)(\langle x, i+1 \rangle)(\langle y, 1 \rangle)$$

Observe que cada troca é de um elemento de $[n]$ por um de $\{x, y\}$, de forma que todas são distintas das trocas ocorridas dentro de $[n]$ que geraram π, bem como de $\langle x, y \rangle$. Por verificação,

$$\pi = \begin{pmatrix} 1 & 2 & \cdots & n & x & y \\ 2 & 3 & \cdots & n & x & y \end{pmatrix}$$

Ou seja, σ reverte o $k$-ciclo e deixa $x$ e $y$ trocados (sem a realização de $\langle x, y \rangle$).

AGORA, π passa a ser uma permutação ARBITRÁRIA em $[n]$: ela consiste em ciclos (não triviais) disjuntos, e cada um é invertido como acima em sequência, depois do que $x$ e $y$ podem ser trocados, se necessário, via $\langle x, y \rangle$, como era desejado.

# AGRADECIMENTOS

••••

Eu não poderia ter escrito este livro sem o apoio dos vários autores de *Os Simpsons* e de *Futurama*, que dispensaram seu tempo para serem entrevistados, e que muitas vezes fizeram o possível e o impossível para me ajudar. Meus agradecimentos em particular a J. Stewart Burns, Al Jean, Ken Keeler, Tim Long, Mike Reiss, Matt Selman, Patric Verrone, Josh Weinstein e Jeff Westbrook. Acima de tudo, David X. Cohen foi incrivelmente simpático, paciente e generoso com seu tempo desde o primeiro e-mail que lhe enviei em 2005. Preciso também acrescentar que Ken, Mike, Al e David forneceram fotos pessoais para o livro, assim como Mike Bannan. Minha gratidão também à Fox e a Matt Groening por terem me dado sua permissão para usar imagens de *Os Simpsons* e de *Futurama*.

Obrigado a Roni Brunn, que me mandou informações sobre o Clube de Matemática, e a Amy Jo Perry, que me ajudou a marcar entrevistas e me fez sentir muito bem-vindo durante minha viagem a Los Angeles. Também sou grato à professora Sarah Greenwald e ao professor Andrew Nestler por terem doado seu tempo para as entrevistas. Encorajo os leitores a visitarem seus websites para descobrirem ainda mais sobre a matemática por trás de *Os Simpsons* e de *Futurama*.

Este é o meu primeiro livro desde que me tornei pai, então agradeço ao meu filho, Hari Singh, de 3 anos, que passou grande parte do último ano batendo no meu teclado e rabiscando meus manuscritos sempre que eu me distraía. Ele foi a melhor distração possível.

Enquanto eu ficava trancado no meu escritório, a senhora Singh (também conhecida como Anita Anand) fez um excelente trabalho mantendo Hari entretido preparando bolos, pintando, observando borboletas saírem dos casulos, matando dragões e brincando de pique-esconde. Quando foi a vez dela de ficar trancada no escritório escrevendo seu próprio livro, deixamos Hari correr livre pelas ruas ou contamos com várias pessoas para cuidar dele. Obrigado à vovó e ao vovô Singh, à vovó Anand, a Natalie, Isaac e Mahalia.

Como sempre, Patrick Walsh, Jake Smith-Bosanquet e seus colegas da Conville & Walsh Literary Agency foram uma fonte constante de apoio e conselhos. Foi incrível trabalhar com a nova editora inglesa Natalie Hunt, e foi duplamente brilhante trabalhar mais uma vez com George Gibson, que confiou em mim mesmo quando eu era um novo escritor ao publicar meu primeiro livro, sobre o último teorema de Fermat.

Em minha pesquisa, usei várias fontes da web criadas e administradas por fãs dedicados de *Os Simpsons* e de *Futurama*. Detalhes desses websites podem ser encontrados na seção que apresenta as fontes online. Obrigado também a Dawn Dzedzy e Mike Webb pelos conselhos sobre beisebol, a Adam Rutherford e James Grime pelas várias sugestões, a Alex Seeley por outras sugestões, a John Woodruff por mais sugestões ainda, e a Laura Stooke por ter transcrito minhas entrevistas. Eu gostaria, também, de agradecer a Suzanne Pera, que organizou toda a minha papelada e tarefas administrativas por mais do que os últimos dez anos e que se aposenta este ano. Ela foi uma perfeita superestrela e impediu que minha vida desabasse. Não sei como vou me virar em 2014.

Por fim, eu havia planejado escrever este livro em 2005, mas me distraí com afirmações falsas feitas por muitos terapeutas alternativos, de homeopatas a quiropráticos. Então, em vez de escrever sobre *Os Simpsons* e *Futurama*, fui o coautor de um livro chamado *Truque ou tratamento: verdades e mentiras sobre a medicina alternativa* com o professor Edzard Ernst.

Então, depois de escrever um artigo para o *Guardian* sobre o tratamento quiroprático, fui processado por difamação pela Associação Britânica de Quiropraxia. Esse evento, juntamente aos casos de difamação contra o dr. Peter Wilmshurst, o dr. Ben Goldacre, e muitos outros, ajudou a desencadear a Campanha pela Reforma da Difamação na Grã-Bretanha. A batalha legal levou dois anos de sofrimento, mas durante esse tempo percebi que tenho muitos amigos leais, e também fiz muitos amigos novos.

A primeira campanha pela reforma da difamação foi organizada por David Allen Green, que teve meu advogado, Robert Dougans, ao seu lado. Trezentos blogueiros, céticos e cientistas se apertaram no bar Penderel's Oak, em Holborn, Londres, onde ouviram discursos de Tracey Brown, Nick Cohen, Brian Cox, Chris French, Dave Gorman e Evan Harris. Recebemos também mensagens de apoio de Richard Wiseman, Tim Minchin, Dara Ó Briain, Phil Plait, Sile Lane e muitos outros. Muitas dessas pessoas exerceriam sua influência na política e falariam em outras campanhas de reforma da difamação.

Isso foi apenas o início. Recebi o apoio da James Randi Educational Foundation nos Estados Unidos, da revista *Cosmos* na Austrália, de grupos do Skeptics in the Pub do mundo inteiro, do Hay Festival of Literature and the Arts, do QEDcon, do Sense About Science, do Science Media Centre, do Index on Censorship, do PEN inglês e de muitos outros grupos e indivíduos. De repente eu me tornei membro de uma família muito maior, uma família que promovia a ciência, o racionalismo e a liberdade de expressão. Essa família inclui o dr. Robin Ince, que organizou um evento para a arrecadação de fundos e que se mostrou disposto a ajudar sempre que necessário. Ele é um tesouro nacional um pouco rabugento.

Em 10 de fevereiro de 2010, num momento em que a Campanha Pela Reforma da Difamação precisava desesperadamente de apoio, prometi que meu livro seguinte mencionaria todos aqueles que fizeram tudo que estava ao seu alcance naquele mês para convencer outras pessoas a assinarem uma petição pela reforma. No final, mais de 60 mil pessoas assinaram a petição, o que mostrou aos políticos que o público pedia uma lei que lhes desse maior liberdade de expressão. Conforme prometido, eu quero agradecer a: Eric Agle, Therese Ahlstam, João

P. Ary, Leonardo Assumpcão, Matthew Bakos, Dilip G. Banhatti, David V. Barrett, James Barwell, Ritchie Beacham-Paterson, Susan Bewley, Russell Blackford, Rosie, Florian e Hans Breuer, Matt Burke, Bob Bury, Cobey Cobb, Crispin Cooper, Simon Cotton, Rebecca Crawford, Andi Lee Davis, Malcolm Dodd, Tim Doyle, John Emsley, Tony Flinn, Teresa Gott, Sheila Greaves, Sherin Jackson, Elliot Jokl, Bronwyn Klimach, John Lambert, Daniel Lynch, Toby Macfarlaine, Duncan Macmillan, Alastair Macrae, Curtis Palasiuk, Anil Pattni, Mikko Petteri Salminen, Colette Phillips, Steve Robson, Dennis Rydgren, Mark Salter, Joan Scanlon, Adrian Shaughnessy, David Spratt, Jon Starbuck, Sarah Such, Ryan Tanna, James Thomas, Stephen Tordoff, Edward Turner, Ayesha W., Lee Warren, Martin Weaver, Mark Wilcox, Peter S. Wilson, Bill Wroath e Roger van Zwanenberg.

Hoje há uma placa no Penderel's Oak que diz: "Após uma campanha de quatro anos que envolveu milhares de pessoas e centenas de organizações, as leis foram derrubadas. A nova Defamation Act tornou-se lei em 25 de abril de 2013."

# FONTES ONLINE

• • • • •

Os professores Andrew Nestler e Sarah Greenwald forneceram excelentes fontes online para aqueles que queiram explorar mais a matemática por trás de *Os Simpsons* e *Futurama*, inclusive material para professores.

### *The Simpsons* and Mathematics
www.simpsonsmath.com
http://homepage.smc.edu/nestler_andrew/SimpsonsMath.htm

### *The Simpsons* Activity Sheets
http://mathsci2.appstate.edu/~sjg/simpsonsmath/worksheets.html

### *Futurama* and Mathematics
http://www.futuramamath.com
http://mathsci2.appstate.edu/~sjg/futurama

Vários outros sites oferecem informações gerais sobre *Os Simpsons* e *Futurama*. Alguns deles contêm seções discutindo referências matemáticas.

### *The Simpsons*
http://www.thesimpsons.com/
http://simpsons.wikia.com/wiki/Simpsons_Wiki
http://www.snpp.com/

### *Futurama*
http://theinfosphere.org/Main_Page
http://futurama.wikia.com/wiki/Futurama_Wiki
http://www.gotfuturama.com/

# ÍNDICE

• • • •

Observações: Os números de páginas em *itálico* se referem a ilustrações.
\* denota personagem fictício da TV

## A

Abbott, Edwin A.,
   *Planolândia,* 217-18
ABC, rede de televisão, 145
Absoluto/Infinito Absoluto, 119, 220
Advanced Value Matrix Systems, 83
Ésquilo, 209
estética, 88
Alcuíno de York, *Propositiones ad Acuendos Juvenes* (Problemas Para Estimular os Jovens), 48, 49
alef zero ($\aleph_0$) ou infinito, 211-14
Alexander, Carter, 79
Allen, Gracie, 27
Alon, Noga, 68
   alt.tv.simpsons, 146
*American Mathematical Monthly,* 236
*Apolo 13* (filme), 69
Arquimedes, 28-30, 96, 97, 209
Arizona Diamondbacks, 85
Armbruster, Jack, 83

ASCII, 175
*Asteroids* (jogo eletrônico), 116
Azaria, Hank, 63, 173n

## B

Bacon, Kevin, 68-71
Bacon, número de, 68-71
Bailey, David, 166
Baird, Abigail A., 71
Baker, H. F., 205
juros bancários, 151, 152, 153
Bart, Harm, 140n
Bart, teorema de, 140
base 8 (octal), 168, 170,
base 10 (decimal), 166n, 168, 170
base 16 (hexadecimal), 166n, 175
beisebol, estatísticas, 75, 76, 80, 81, 82, 83
   sobre *clutch hitters*, 81, 82
   e o Oakland Athletics, 82, 83, 245
   porcentagem de *on-base* (OBP), 80, 81, 86

porcentagem de *on-base plus slugging* (OPS), 80, 81
e a sabermetrics, 82, 86, 245
porcentagem de slugging (SLG), 80
BASIC, *190*, 191, 201, 202
Bauer, Rob, 129, 130
Bayer, Dave, 68, 70
Beane, Billy, 82, 86, 245
Beasley, Charles, 135, 136
*Futurama: A besta de um bilhão de traseiros* (filme), 227
*Uma mente brilhante* (filme), 69, 70
*Endiabrado* (filme), 43
São Beda, 170
Bell Laboratories, 122, 211
Bellos, Alex, *Alex no país dos números*, 170
Belphegor, primo de, 192
Bender*, *184*
   hobbies de, 188
   em "Robocar assassino", 192
   em "Meu amigo robô", 190
   em "Möbius Dick", 214
   em "Quero meu corpo de volta", 197
   em "Uma lição para os filhos", 220
   número de série de, 202, 203
*The Big Bang Theory* (TV), "The Lizard-Spock Expansion", 114, *114*
*A grande comédia* (filme), 70
Binky, 13
Binômio de Newton, 57, 64
Black Sabbath, 68n

Bletchley Park, Inglaterra, 138
Blum, Manuel, 68, 127
*Bob, o Construtor* (desenho animado), 169,
partes do corpo, contagem com, 169, 170
Bolger, Ray, 136
Borden, David, 37
Boston Red Sox, 85
Brannigan, Zapp*, *184, 201*
Brin, Sergey, 149
Brinkley, Dahlia*, 74
Brooks, James L., 13, 14
Brown, Dan, *O Código Da Vinci*, 48
Brunn, Roni, 121, 122
Brun, constante, 156n
Buffett, Warren, 213
bugs, computador, 67
Burgoyne, Chris, 90
Burns, J. Stewart, 11, 50, 52, 122, 198, 200
Bush, George H. W., 10

## C

Calder, Paul, 219
Cambridge, Apóstolos de, 204
Cantor, Georg, 118, 119, 120, 213
Cantor, argumento de diagonalização de 213
Cardano, Girolamo, 194
teorema de Carlson-Simpson, 140
Carr, G. S., *A Synopsis of Elementary Results in Pure Mathematics*, 204
Carson, Johnny, 22

Carter, Harvey L., 32
Cartwright, Nancy, 73
Carvello, Creighton, 164
Castellaneta, Dan, 63
catenárias, 155
porta para gato, 36
Catarina, a Grande, 132
CERN (European Organization for Nuclear Research), 38
Ceulen, Ludolf van, 30
Chalmers, Superintendente*, 74
Chao Lu, 164
Chudnovsky, Gregory e David, 163
Ato dos Direitos Civis (1964), 138, 140
Clarke, Arthur C., 187
Clay, Landon, 179
Clay Mathematics Institute, 179
Cleveland Indians, 85
COBOL, 67
Cohen, David S., 11, 36, 37, 53
   e problema das panquecas queimadas, 127
   número de Erdős de, 68
   e *Futurama*, 189; *ver também* Cohen, David X.
   e o último teorema de Homer, 123
   e "Homer tridimensional", 171, 179, 180, 217
   e "Lisa, uma Simpson", 51
   e o Clube de Matemática, 123
   e "Muito Apu por quase nada", 166
   e P = NP, 179
   e problema de ordenação de panquecas, 123
   e "O Mágico de Springfield", 36, 46
Cohen, David X., 214, 216, 244
   e o Madison Cube Garden, 198, 200
   mudança de nome, 189
Cohen, Joel H., 120
análise combinatória, 155
Cara dos Quadrinhos*, 89
juros compostos, 151
tecnologia de animação digital, 171, 172
computação gráfica, demonstração de softwares, 177
Conrad, Hermes*, 188
Legômetro, 228
Copenhagen, interpretação de, 191
cosmologia, 130
função cotangente (cot), 161n
Cramer, J. S., 245, 246
Cramer, Richard, 80
conjectura do corvo, 136, 137
Crowe, Russell, 68, 69
criptografia, 193
   frequência de letras em, 193
   cifras de substituição em, 193
   cifra de texto autokey, 194
cubos, 109, 174
   hipercubos, 174
   Madison Cube Garden, 198, 200
Maldição de Bambino, 85
cibernética, 56
Cygnus X-1, 229

## D

D'Amico, Marion Anthony*, 49
Dennett, Daniel C., 227
DePodesta, Paul, 83, 84
Devlin, Keith, 248
*Devlin's Angle* (blog), 248
Diderot, Denis, 132
Diofanto de Alexandria,
   *Arithmetica*, 41, 42
*Discrete Applied Mathematics*, 127
matemática discreta, 197
ciclos (não triviais) disjuntos, 254
Disney, Walt, 169
divisores, 19, 108, 110
Dixon, "Sweet" Clyde*, 232, 233, 234, 237, 253
*Doctor Who* (BBC TV), 43, 44
transformação de um donut em uma esfera, 39, 41
DreamWorks, 172
Dweighter, Harry*, 124

## E

*e*, 151, 152
   em catenárias, 155
   e o crescimento exponencial, 152, 153
   no problema do chapeleiro, 153
   memorização de seus dígitos, 1157, 163
   e o número 1.729, 203
   nas teias das aranhas, 155
   como patrocinadora do episódio de *Os Simpsons*, 158

$E = mc^2$, 15
EC Comics, 179
Edison, Thomas A., 36
Einstein, Albert, 15, 76, 130
codificação, 178
Erdős, Paul, 66, 67, 70
número de Erdős-Bacon, 69, 71
número de Erdős, 67, 68
Escher, M. C., *Relativity*, 105
Euclides, 20
Euler, Leonhard, 132, 161
equação de Euler, identidade de Euler, 151, 247
Evans, Ron, 236
Eves, Howard, 56
crescimento exponencial, 151, 152

## F

Fabre, Jean-Henri, 156
fatoração, 178
*Uma família da pesada* (TV), 145
Farnsworth, Hubert J.*, 184, 188, 217, 219, 227
Farnsworth, Philo T., 227
Gato Félix*, 168
*O Gato Félix* (desenho animado), 31
Fermat, Clément-Samuel, 42
Fermat, Pierre de, 40, 42, 44, 45
Fermat, o último teorema de, 11, 40-46, 97, 176, 195n, 243
Ferranti Pegasus, 162
*Questão de honra* (filme), 68
Feynman, Richard, 69n, 87, 88
Fields, Medalha, 227

Firth, Colin, 70, 71
Flanders, Ned e Todd*, 74, 118, 119, 131, 173
FLEET, 38
Os Flintstones (TV), 145
Flynt, Larry, 90
Fonzarelli, Arthur*, 226
FORTRAN, 220
Fox, rede de televisão, 13, 186, 187
fractais, 219, 251, 252
dimensões fracionárias, 251, 252
Fraser, Brendan, 43
piadas em quadros congelados, 143, 145, 196, 237
Freud, Sigmund, 53
Frink, John Nerdelbaum Jr.*, 31, 32, 75, 91, 103, 167, 173, 175
frinkaedro, 174, 175
Fry, Philip J., 186, 187, 188, 203, 208
Furstenberg-Katznelson, argumento de, 141
Futurama:
 mensagens alienígenas em, 193
 prêmios recebidos por, 243
 "O grande golpe de Bender", 208, 233
 nascimento de, 187, 201
 personagens de, 185
 "O código de Da Vinci", 195
 "O universo paralelo", 191
 piadas em quadros congelados em, 195, 197
 "Mamãe ataca de novo", 196
 "Robocar assassino", 191
 influência de, 244
 "Meu amigo robô", 199
 "O nascimento de novas vidas", 202
 "Lei e oráculo", 191
 "Inspeção letal", 193
 Madison Cube Garden em, 196, 197, 198
 "O macaco gênio", 190
 "Möbius Dick", 214-17
 "Os parasitas perdidos", 197
 "O prisioneiro de Benda", 228, 234, 253
 "Quero meu corpo de volta", 197
 "O maior não é o melhor", 211
 "Renascimento", 197
 "Uma lição para os filhos", 219
 cenário de ficção científica em, 11, 186
 e 1.729: 202, 207, 244
 "2-D", 216, 218
 "Natal entre amigos", 202
Futurama, teorema de, 231-33, 242, 253

# G

Galton, Francis, 64
Galton, tábua de, 63, 64
teoria dos jogos, 111, 112
Nebulosa Gandhi*, 202
Gardner, Martin, 21, 37
 *The Unexpected Hanging and Other Mathematical Diversions*, 18
Gasarch, William, 179

Gates, W. I. E., 78
Gates, William H. (Bill), 114, 126
Gauss, Carl Friedrich, 97
*Disquisitiones Arithmeticae*, 97
Gauss, distribuição de, 65
geeks, 12
*The George Burns and Gracie Allen Show* (TV), 27
Germain, Sophie, 96, 99
Germain, primo de, 98
Gervais, Ricky, 145
gigaelétron-volts (GeV), 38
Gleason, Jackie, 16
Glenn, John, 50
Glitchmasters, 37
Deus:
  existência de, 131
  e o infinito, 120
  dez dedos de, 170
Goodman, Jacob E., 125
Goodwin, Edwin J., 33
Google, Googleplex, 149, 156
googolplex, 149
googols, 148, 149
Graham, Fred, 162
Graham, Ronald, 124
Greenwald, Sarah, 103, 106, 110, 249
Grienberger, Christoph, 158
Grime, James, 235
Grime, corolário de, 235
Groening, Matt:
  nas sequências dos créditos, 179
  e *Futurama*, 187, 189, 228
  e *Comichão e Coçadinha*, 92n

e *Os Simpsons*, 13, 14, 73, 145
e os selos postais de *Os Simpsons*, 243
Guicciardini, Niccolò, 140
*Guinness Book of World Records*, 243
Gumble, Barney*, 166

## H

Haldane, J. B. S., 132
Hales-Jewett, teorema de, 140
Hall, Marshall, 68
Hanna-Barbera, 16
*Dias felizes* (TV), 228
Hardy, Godfrey Harold, 203, 205, 209
Hardy Har Har*, 17
harshad, número, 203
*Harvard Lampoon*, 23, 36, 122, 150
  *Bored of the Rings*, 22
  *Lemmings*, 22
problema dos chapéus, 153
Hauer, Rutger, 71
Hawking, Stephen, 88, 130, 131, 228
Helena de Troia, 228
Herschbach, Dudley R., 173
hexágonos, 29-30
Hibbert, dr.*, 173
Higgs, bóson, 37
Hilbert, David, 119, 120
Hilbert, Hotel de, 119, 120, 121, 211
Hill, M. J. M., 205
Hobson, E. W., 205
Hoene-Wroński, Józef Maria, 233n
Hofmann, Ken, 82
formas homeomorfas, 39, 40

Homero, *Ilíada* e *Odisseia*, 145
*The Honeymooners* (TV), 17
Hope, Anthony, *O prisioneiro de Zenda*, 229
Hopper, Grace, 67
Hopstaken, P., 245
Howard, Rance, 69
Huang, Lihua, 236
Hubbell, Orrin, 33
Hurley, Elizabeth, 43
Hutz, Lionel*, 159
hipercubos, 174

## I

IBM, Centro de Processamento de Dados da, 162
imortalidade, 211
Projeto de Lei Para Pi de Indiana, 33, 34
séries infinitas, 161, 162
infinito, 118, 121
  alef zero ($\aleph_0$), 211-14
  contável e incontável, 213-14
  tamanhos diferentes, 211-12
Intel, 153
números iniciais, 27, 31, 152
triângulos isósceles, 133-37
*Comichão e Coçadinha*\*, 92n, 112
*The IT Crowd* (TV), 188
*It's Garry Shandling's Show* (TV), 122

## J

James, Bill, 76-78, 31-83, 85

James Randi Educational Foundation, 22
Tiago Menor, 196
Jean, Al, 11, 21-25, 43n, *150*
  como escritor de comédia, 13, 37
  infância e juventude, 21, 36, 55
  e *Os Simpsons*, 22, 26, 32, 119, 165, 167, 180, 235
Jeans, Sir James, 164
Jefferson, Thomas, 155
Jeter, Derek, 82
piadas, *vide* piadas matemáticas
Jones, Godfrey*, 146
Jones, Jimbo*, 95
Jones, William, *A New Introduction to the Mathematics*, 27
*Journal of the American Statistical Association*, 245
Jumbo-Vision, tela*, 104-10

## K

Kanada, Yasumasa, 162
Kanai, Ryota, 69
Kaplan, Eric, 121, 202
Kaprekar, D. R., 203
Karmakar, Bhaskar, 157
Karpov, Anatoly, 145, 146
Kasner, Edward, 146
  *Mathematics and the Imagination*, 148
Kass, Sam, 113
Kavner, Julie, 64
Keats, John, "Lamia", 85
Keeler, Ken, 244, 249

e *Futurama*, 198, 199, 210-11, 232-33
e *Os Simpsons*, 11, 122, 127
"Teorema de Sweet Clyde", 237
Keeler, Martin, 210, 249
teorema de Keeler, 210, 232, 253
Kindi, Abu al-, 194
Kirk, James T.*, 162
Kissinger, Henry A., 132, 135, 136
Klawe, Maria, 68
Klein, Felix, 221, 222
Klein, garrafa de, 221-226
knurds, 12n
Knuth, Donald, *The Art of Computer Programming*, 157
Kondo, Shigeru, 163
Krabappel, Edna*, 105
Krellner, Juliana*, 92
Kroker, Kif*, 185, 202
Krusty*, 164

## L

Lagrange, Joseph-Louis, 96
Lander, David, 80
Lang, Andrew, 79
Larsson, Stieg, *A menina que brincava com fogo*, 43
*Late Night with David Letterman* (TV), 211
Leela*, 185, 215 - 17
Lem, Stanislaw, 186
Leonardo da Vinci, *A última ceia*, 196
Lewis, Jerry, 172n
Lewis, Michael, *Moneyball*, 83, 84
Campanha Pela Reforma da Difamação (Libel Reform Campaign) (Reino Unido), 256
Lietzow, Andreas, 157
*Life in Hell* (tirinha), 13
Lippy, o leão*, 18
Listing, Johann, 215
Long, Tim, 80
Los Angeles Dodgers, 84
*Lou Grant* (TV), 13
Lovejoy, reverendo*, 172
Luczak, Tomasz, 71
*variável de confusão*, 141

## M

Machale, Des, 79
Machin, John, 161
Maclean, Nicholas, 113
Madison Cube Garden, 198-201
Madonna, 105
Mahadevan, Rajan, 163
Mailer, Norman, 80
Mandelbrot, Benoit, 251
Marlowe, Christopher, *A trágica história do Doutor Fausto*, 226
*The Mary Tyler Moore Show* (TV), 13
Maspro Denkoh, 19m
*Mestre dos mares: o lado mais distante do mundo* (filme), 68
Mateer, Dirk, 111
Clube de Matemática, 120, 127
piadas matemáticas, 26, 47-58
base de dados de, 105

e Matemática Discreta, 198
Exame I, 60-62
Exame II, 99-101
Exame III, 141-42
Exame IV, 181-83
Exame V, 239-41
e lógica, 54-55
e a fita de Möbius, 217
e enigmas, 52, 54
e estatísticas, 78
provas matemáticas, absolutas, 209
matemática, linguagem
universal da, 209
educação em matemática, 92, 94
Mauriello, Ken, 82
Maybank, Preston, 71
McDowall, Roddy, 70
Melville, Herman, *Moby Dick*, 214
Menger, Fred, 78
Mensa, 89
Mersenne, Marin, 106
Mersenne, primos de, 106, 110, 197
Metafont, software, 157
Meyer, George, 120
Michelangelo:
*Davi*, 175
*Pietá*, 104
*O moinho e a cruz* (filme), 70
Millennium Prize Problems, 179
Trocas de mentes, 228, 237
Mirkin, David, 120, 135n
Mitchell, Buck "Home Run King"*,
103, 105
Möbius, August, 211

Möbius, fita de, 211-12, 200, 223
aritmética modular, 195n
Mom*, *184, 202*
*O homem que mudou o jogo*
(filme), 84
*Monstros S.A.* (filme), 177
Montucla, Jean-Étienne, *Histoire des
Mathematiques,* 96
Moore, Demi, 98
Moore, Gordon, 153
Moore, Mandy, 103
lei de Moore, 153
Morton, Tom, 164
Mouse, Mickey*, 168-69
Muntz, Nelson*, 32, 74, 86, 95

## N

Nahasapeemapetilon, Apu*, 159,
163, 165, 168
números narcisistas, 109, 110
NASA Ames Research Center,
165, 166
Nasar, Sylvia, 68
Nash, John, 68, 69
*The National Lampoon Radio
Hour,* 22
Nator, Yuri*, 47
*Nature,* 130
nerds, 12
Nestler, Andrew, 104, 107, 113
Newell, Martin, 176
Newton, Sir Isaac, 34
*New York,* concurso de humor, 20, 21
*Nova York, eu te amo* (filme), 70

New York Mets, 84
New York Yankees, 83, 84
Nguyen, Tuan, 236
*Nimbus**, 200-03
*N Is a Number* (film), 70
dados não transitivos, 114-17
*Droga da sedução* (filme), 70
problemas do tipo NP (tempo polinomial não determinístico), 176, 178
número da besta binária, 193

## O
Oakland Athletics, 82, 245
Oakley, Bill, 135, 164
Odenkirk, Bill, 189
*The Office* (TV), 145
*101 Dálmatas* (filme), 92n
orbivariedades, 111
Ore, Øystein, 68

## P
P = NP, 176-78
Pacific Data Images (PDI), 172, 176
Page, Larry, 149
Palais de la Découverte, Sala de π, 161
quadrados perfeitos palindrômicos, 19
Palmer, Pete, 79
problema de ordenação de panquecas, 123 - 127, 198
problema das panquecas queimadas, 126
Papadimitriou, Christos H., 126
universos paralelos, 202, 203
Centro de Processamento de Dados de Paris, 163
partição, 207
Pascal, Blaise, 63
Pauli, princípio de exclusão de, 221
números perfeitos, 108, 111
Pernety, Joseph-Marie, 97
Phillips, Ted, *150*
filosofia, 86
pi (π), 26-34, 160-70
    aplicações de, 27-28
    na base 10 (decimal), 168, 168
    em "Adeusinho, boboca", 28, 32, 44
    legislação sobre, 32, 33
    memorização dos dígitos de, 163, 166
    em "Homer Torta", 27-28
    e a quadratura do círculo, 32-33
    valor de, 29, 32, 34, 159, 163
    o que é, 26
Pinsky, Mark I., *O Evangelho segundo Os Simpsons*, 9 - 10
Pitt, Brad, 84, 122
Planck, constante de, 38
Planet Express*, 187, 202, 214, 215, 219, 236
Poindexter*, 31
*poindextrose*, *31*, 74n
Poisson, distribuição de, 65
polígonos, 30, 159,
Porges, Arthur, "The Devil and Simon Flagg", 42-43
Portman, Natalie, 70

*Garotas lindas aos montes* (filme), 69
números narcisistas selvagens, 110, 111
divisores primos, 19, 20
números primos, 19, 20, 104, 107, 112
  primos de Germaine, 97
  primos gigantes, 108
  megaprimos, 108
  Mersenne, primos de, 107, 112, 197
  primos titânicos, 108
Prince, Martin*, 15, 49-50, 95, 104
teoria das probabilidades, 64
problema dos desarranjos, 157-60
prova por contradição, 19
Pryor, doutor*, 15
*The Psychology of the Simpsons*, 9
problemas do tipo P (polinomiais), 177-79
Pitágoras, teorema de, 29n, 40, 133-35, 136
pitagóricos, ternos, 40

**Q**
*Rápida e mortal* (filme), 69
Quimby, prefeito*, 89

**R**
Rafiee, Anahita, 136, 137
Ramanujan, Srinivasa, 203-09
números aleatórios, 159
r dr r (*har-de-har-har*), 16, 19

reductio ad absurdum, 20
Rees, Geraint, 70, 71
Rege, Ashu, 166
Reiss, Mike, 19-24, 36, 54, 149, 236
Renyi, Alfred, 67
Convenção Nacional Republicana (1992), 10
Aposentados da Nebulosa Assistida*, 202
Reznick, Bruce, 69
Ribet, Ken, 44
Ridder, G., 245
triângulos retângulos, 133-35
Pedra, Papel e Tesoura (PPT), 112-15
  a adição de mais opções a, 114
  hierarquia circular de, 113, 117
  ou Elefante, Humano e Inseto, 114
  e dados não transitivos, 114, 115
  PPT-101, 114
  ou OVNI, Micróbio e Vaca, 113
  Sociedade Mundial de Pedra, Papel e Tesoura, 112
  Pedra, Papel, Tesoura, Lagarto e Spock (PPTLS), 112
Roddenberry, Gene, 69
Ross, Arnold, 24
geometria da folha de borracha, 39
Rubik, cubo de, 47-48

**S**
Sabbath, número do, 69n
sabermetrics, 81, 86, 245
SABR (Society for American Baseball Research), 81-82

St. Louis Cardinals, 84
Salinger, J. D., 103
San Diego Padres, 84
Sanker, David, 163
Ajudante de Papai Noel
   (cachorro), 49, 50
conjectura do Espantalho, 136, 137
Schiminovich, David, 87, 177
Schott, Steve, 82
Schrödinger, Erwin, 191
gato de Schrödinger, 191
*Science Friday* (NPR), 105
Seeley, Alex, 231
Seeley, diagrama de, 231, 233,
   234, 235
Selman, Matt, 54, 90, 96
Subcomitê do Senado para
   Delinquência Juvenil, 179
*Vila Sésamo* (TV), 158
Shandling, Garry, 22
Shanks, William, 161
*O iluminado* (filme), 192
Sierpinski, triângulo de, 251, 252
Simon, Sam, 14
Simpson, Bart*:
  em "A prova final", 50
  em "Bart, o Gênio", 14, 18
  em "Momento da verdade",
     73, 74, 117
  "Coma meus shorts", 14
  em "A barreira", 113
  em "MoneyBART", 75, 85, 86
  em "Papai muito louco", 10
  voz de, 73

na "lista das pessoas mais
   importantes do mundo", 245
Simpson, Edward H., 138
Simpson, Homer*:
  em "Bart, o Gênio", 15
  em "Momento da verdade",
     73, 74, 117
  Cilindro Milagroso Para a Coluna
     do doutor Homer, 35
  em "Homer, o Fazendeiro", 129
  em "O desaparecimento de
     Maggie", 49, 50
  em "O tarado Homer", 146
  em "Definindo Homer", 47, 48
  em "Homer, o Herege", 10
  em "Homer contra a Lei Seca", 129
  em "Homer tridimensional", 171,
     173, 175, 177, 179, 180
  em "É o Homer!", 131
  o humor da personalidade de,
     164
  em "Como casei com Marge", 169
  em "Marge vai para a cadeia", 159
  em "Mamãe coruja", 35
  em "A Associação de Pais e Mestres
     debanda", 129
  em "Homer Torta", 18
  e a conjectura de Simpson,
     132-135, 137
  em "Como aprendi a gostar do
     jogo legalizado", 132, 135
  em "Eles salvaram a inteligência de
     Lisa", 130, 131
  e o tomaco, 129-130

em "O mundo dos negócios de
    Marge", 125
voz de, 63
em "O Mágico de Springfield", 35,
    36, 37, 40, 44, 129
Simpson, Lisa*:
  em "Bart, o Gênio", 15
  em "Adeusinho, boboca", 32
  desenvolvimento do personagem,
    73, 75, 104
  em "Momento da verdade", 73, 74
  em "A barreira", 112, 113
  em "Futuro-Drama", 92
  em "Garotas só querem
    somar", 94-97
  em "O saxofone de Lisa", 167
  em "Lisa, uma Simpson", 49, 50, 51
  em "Marge na Internet", 245
  em "MoneyBART", 74, 75, 76, 79,
    83, 86, 151
  em "A Associação de Pais e Mestres
    debanda", 129
  em "Eles salvaram a inteligência de
    Lisa", 90, 91, 92, 130
  em "A casa da árvore dos
    horrores X", 73
  voz de, 64
Simpson, Maggie*:
  em "Bart, o Gênio", 14, 15
  em "O desaparecimento de
    Maggie", 48, 49
Simpson, Marge*:
  em "Bart, o Gênio", 15
  em "Homer tridimensional", 173

em "Como casei com Marge", 169
em "Marge vai para a cadeia",
    159, 164
em "A saga de Carl", 64
voz de, 64
escrever roteiros sobre, 164
Simpson, Thomas, 140
Os Simpsons, 8, 12
  prêmios recebidos, 243
  "A prova final", 49
  "Bart tem duas mães", 148
  "Bart, o Gênio", 27, 32, 34
  "Bart vs. Lisa vs. Terceira Série", 148
  "Adeusinho, boboca", 27, 32, 34
  "Dia da Codependência", 148
  em cursos universitários, 9, 110,
    111, 112
  "Coronel Homer", 146, 149
  conceito inventado para, 13, 14
  equipe principal de, 19-25
  "Momento da verdade", 73, 74, 117
  estreia, 13, 14, 73
  "Donnie Bolasco", 47, 48
  "Indenização desastrada", 147
  "Homer, o Fazendeiro", 129
  "A luta antes do Natal", 157
  "Quatro arrependimentos e um
    funeral", 63
  "Frinkenstein", 173
  "A barreira", 112, 113
  "Futuro-Drama", 91
  "Garotas só querem somar", 92-96
  "O desaparecimento de
    Maggie", 48, 49

as mãos dos personagens de, 168, 169
"O tarado Homer", 146, 147
"Definindo Homer", 47, 48
o último teorema de Homer, 122
"Homer, o Grande", 104-106
"Homer, o Herege", 10
"Homer contra a Lei Seca", 129
"Homer tridimensional", 10, 11, 17, 180, 187, 218
"É o Homer!", 47, 131
"Furacão Neddy", 47
"Como casei com Marge", 169
influência de, 145, 172
"O amante de Lady Bouvier", 169
"A banha do baile", 147
"A última tentação de Homer", 36, 37, 135n
"O saxofone de Lisa", 167
"O professor substituto", 22
"Lisa, uma Simpson", 49, 50, 51
"Conselheiros Marge e Homer", 103, 111
"Marge na Internet", 245
"Marge vai para a cadeia", 159, 164, 167
"A motivação moral de Marge", 9
"Milhouse duro de matar", 150
"MoneyBART", 74, 75, 76, 79, 83, 84, 86, 150, 157, 177
"O mundo moral da família Simpson: uma perspectiva kantiana", 9
"Muito Apu por quase nada", 167
"Mamãe coruja", 35
selos postais de, 244
ensaios de psicologia sobre, 9
"A Associação de Pais e Mestres debanda", 129
"Bart radialista", 150
"O ursinho", 135n
"A saga de Carl", 63, 64
"Homer Torta", 21, 22
"O prêmio de Natal", 14
significados espirituais, 9, 10
"Como aprendi a gostar do jogo legalizado", 132, 134
"Papai muito louco", 10
sucesso, 9
"Eles salvaram a inteligência de Lisa", 89, 90, 130, 131
"Um novo amigo", 102
"Assim falava Bart: Nietzsche e as virtudes de ser mau", 9
"A casa da árvore dos horrores VI", 10, 11, 179
"A casa da árvore dos horrores X", 73
"A casa da árvore dos horrores XIV", 173, 174
"22 curtas sobre Springfield", 166, 167
"O mundo dos negócios de Marge", 124
formato único, 23
vozes de, 63, 73, 173n
"O Mágico de Springfield", 35, 36, 37, 40, 44, 47, 129, 176

equipe de autores, *vide* autores
*Os Simpsons e a filosofia*, 9
Simpson, paradoxo de, 138, 141
Simpson, fórmula de, 141
Sinise, Gary, 68
Sirotta, Milton, 146, 147
seis graus de separação de Kevin Bacon, 68, 69
seis graus de separação de Paul Erdős, 66, 67
seis graus de separação, 66
666 (número da besta), 192, 193
Skinner, diretor*, 15, 73, 74, 88, 92
Smith, Matt, 44
Smith, Yeardley, 63
futebol:
   *sabermetrics* no, 240, 245
Sokol, Joel, 110
*South Park* (TV), 145
velocidade da luz, 127
teia de aranha, 155
algoritmo spigot, 166n
Springfield Isotots*, 75, 84, 85
raízes quadradas, 133, 138
quadratura do círculo, 33, 34
*Facalote: O Musical de Comichão e Coçadinha**, 92
Stallone, Sylvester, 67
Starbeam, Dolph*, 94, 96
*Jornada nas estrelas* (filme), 70, 88
*Jornada nas estrelas* (TV), 187
   "Corte marcial", 162
   "Um lobo entre os cordeiros", 162

*Star Trek: Deep Space Nine* (TV), 123
*Star Trek: A Nova Geração* (TV), 44
estatística:
   beisebol, *vide* beisebol, estatísticas
   uso inadequado, 77
   citações sobre, 77, 78
Stewart, Ian, *Concepts of Modern Mathematics*, 56
Stoppard, Tom, *Arcadia*, 44
Studio 44, 198
números sublimes, 110
cifras desubstituição 193
Summers, Lawrence, 91
teoria superultrassimétrica das cordas, 190, 191
sobreposição quântica, 191
teoria das supercordas, 190
Sykes, Charles J., 31
Szyslak, Moe*, 47, 48, 63

**T**

Taft, Martha, 78
*Tales from the Crypt* (revista em quadrinhos), 179, 180
Tarjan, Robert, 65, 66, 68
Tate, Ethan "Bubblegum", 230, 234
Tatum, Drederick*, 27, 32
*Taxi* (TV), 13
taxicab numbers, 208, 209
Taylor, série de, 247
Taylor, expansão da série de, 161n
*Laços de ternura* (filme), 13
Thorn, John, 80
Thorne, Kip, 228

experimentos mentais, 191
*Today* (programa da BBC Radio), 70
tomaco, 129, 130
Tomoyori, Hideaki, 164
*The Tonight Show*, 21, 22
topologia, 38, 40
*Toy Story* (filme), 177
*The Tracey Ullman Show*, 13, 14, 72
relacionamentos transitivos, 116, 117
números triangulares, 108, 109
divisores triviais, 20
Turner, Chris, *Planet Simpson*, 146
Twain, Mark, 77
*Além da imaginação*, "Little Girl Lost", 172, 173, 217
*Two-Lane Blacktop* (filme), 217n

## U

Ullman, Tracey, 13, 14
Liga dos Robôs Lutadores *, 200
*Unhappily Ever After* (TV), 50
universo:
  aceleração, 187
  densidade, 39
  formato de donut, 39-41
  destino, 39
  visão quântica do, 191
  tridimensional, 131, 171, 177, 218
Upfoot, Melanie*, 92, 93
Serviço Postal dos Estados Unidos, 244
bule de Utah, 177

## V

números vampiros, 110
Verrone, Patric, 145, 150, 202, 233
vértices, 175
Vixx, Tabitha*, 103, 105, 110

## W

Waldo, C. A., 34
Walker, Eric, 86
Warburton, Matt, 120, 121
Washington Nationals, 84
*Aliança mortal* (filme), 71
Weinstein, Josh, 164, 165
Westbrook, Jeff, 11
  "Algorithms and Data Structures for Dynamic Graph Algorithms", 68
  infância e juventude, 65, 66
  número de Erdős-Bacon de, 69
  e *Futurama*, 194, 195
  "Short Encodings of Planar Graphs and Maps", 123
  e *Os Simpsons*, 53, 66, 106
*Verdade nua* (filme), 71
Wiener, Norbert, 57
Wiggum, Ralph*, 86, 95, 173
Wiles, Andrew, 43, 44, 45
Witten, Ed, 190, 191
Witten's Dog*, 190, 191
O Mágico de Menlo Park, 35
*O Mágico de Oz* (filme), 135
Wolfskehl, Paul, 42
Wolfskehl, Prêmio, 151
mulheres, na academia, 92, 96

Wong, Amy*, 186, 188
Wright, J. M. F., 36
Wright, Steven, 78
autores:
   de animações vs. programas ao vivo, 55
   e controle criativo, 188
   números de Erdős-Bacon dos, 69
   de *Futurama*, 189
   e o Clube de Matemática, 120, 122, 127
   interesse pela matemática, 11, 18, 22, 24, 36, 38, 50, 54, 121, 127, 134, 165, 210, 211, 244
   cientistas, 121
   colaboração em enredos, 53
Wronskiana, 233

## X

*Arquivo X* (TV), 189

## Y

Yakuza (Japão), 169
Yee, Alexander, 163
*Yentl* (filme), 95, 96
Yick, James, 136, 137
*Your Studio and You* (filme), 68
Yupno, tribo da Papua-Nova Guiné, 170

## Z

Zoidberg, John A.*, 185, 187
Zzyzwicz, Kearney*, 95

# SOBRE O AUTOR

• • • •

Simon Singh fez Ph.D. em Física de Partículas na Universidade de Cambridge. Ex-produtor da BBC, ele dirigiu um documentário ganhador do prêmio sobre o último teorema de Fermat, e escreveu um livro campeão de vendas sobre o assunto. Seu best-seller *O livro dos códigos* foi a base para a série do Channel Four *The Science of Secrecy*. Seu terceiro livro, *Big Bang*, também foi um best-seller, e *Truque ou tratamento: verdades e mentiras sobre a medicina alternativa*, escrito com Edzard Ernst, não vendeu muito, mas causou bastante controvérsia.

Singh vive em Londres.

Este livro foi composto na tipografia
Minion Pro, em corpo 11/15,5, e impresso em
papel off-white no Sistema Digital Instant Duplex
da Divisão Gráfica da Distribuidora Record.